OEUVRES COMPLÈTES

DE

ALFRED DE MUSSET

—

TOME VI

Imprimeries réunies, **B**, rue Mignon, 2.

OEUVRES COMPLÈTES
DE
ALFRED DE MUSSET

ÉDITION ORNÉE DE 28 GRAVURES

D'APRÈS LES DESSINS DE BIDA

D'UN PORTRAIT GRAVÉ PAR FLAMENG D'APRÈS L'ORIGINAL DE LANDELLE

ET ACCOMPAGNÉE D'UNE NOTICE SUR ALFRED DE MUSSET PAR SON FRÈRE

TOME SIXIÈME

NOUVELLES ET CONTES
I

PARIS
ÉDITION CHARPENTIER
L. HÉBERT, LIBRAIRE
7, RUE PERRONET, 7
1888

EMMELINE

1837

EMMELINE

I

Vous vous souvenez sans doute, madame, du mariage de mademoiselle Duval. Quoiqu'on n'en ait parlé qu'un jour à Paris, comme on y parle de tout, ce fut un événement dans un certain monde. Si ma mémoire est bonne, c'était en 1825. Mademoiselle Duval sortait du couvent, à dix-huit ans, avec quatre-vingt mille livres de rente. M. de Marsan, qui l'épousa, n'avait que son titre et quelques espérances d'arriver un jour à la pairie, après la mort de son oncle, espérances que la révolution de juillet a détruites. Du reste, point de fortune, et d'assez grands désordres de jeunesse. Il quitta, dit-on, le troisième étage d'une maison garnie, pour conduire mademoiselle Duval à Saint-Roch, et rentrer avec elle dans un des plus beaux hôtels du faubourg Saint-Honoré. Cette étrange alliance, faite en apparence à la légère, donna lieu à mille interprétations dont pas une ne fut vraie, parce que pas une n'était simple, et qu'on voulut trouver à toute force une cause extraordinaire à un fait inusité. Quelques détails, nécessaires pour expliquer les choses, vous donneront en même temps une idée de notre héroïne.

Après avoir été l'enfant le plus turbulent, studieux, maladif et entêté qu'il y eût au monde, Emmeline était devenue, à quinze ans, une jeune fille au teint blanc et rose, grande, élancée, et d'un caractère indépendant. Elle avait l'humeur d'une égalité incomparable et une grande insouciance, ne montrant de volonté qu'en ce qui touchait son cœur. Elle ne connaissait aucune contrainte; toujours seule dans son cabinet, elle n'avait guère, pour le travail, d'autre règle que son bon plaisir. Sa mère, qui la connaissait et savait l'aimer, avait exigé pour elle cette liberté dans laquelle il y avait quelque compensation au manque de direction; car un goût naturel de l'étude et l'ardeur de l'intelligence sont les meilleurs maîtres pour les esprits bien nés. Il entrait autant de sérieux que de gaieté dans celui d'Emmeline; mais son âge rendait cette dernière qualité plus saillante. Avec beaucoup de penchant à la réflexion, elle coupait court aux plus graves méditations par une plaisanterie, et dès lors n'envisageait plus que le côté comique de son sujet. On l'entendait rire aux éclats toute seule, et il lui arrivait, au couvent, de réveiller sa voisine, au milieu de la nuit, par sa gaieté bruyante.

Son imagination très flexible paraissait susceptible d'une teinte d'enthousiasme; elle passait ses journées à dessiner ou à écrire; si un air de son goût lui venait en tête, elle quittait tout aussitôt pour se mettre au piano, et se jouer cent fois l'air favori dans tous les tons; elle était discrète et nullement confiante, n'avait point d'épanchement d'amitié, une sorte de pudeur s'opposant en elle à l'expression parlée de ses sentiments. Elle aimait à résoudre elle-même les petits problèmes qui, dans ce monde, s'offrent à chaque pas; elle se donnait ainsi des plaisirs assez étranges que, certes, les gens qui l'entouraient ne soupçonnaient pas. Mais sa curiosité avait toujours pour bornes un certain respect d'elle-même; en voici un exemple entre autres.

Elle étudiait toute la journée dans une salle où se trouvait une grande bibliothèque vitrée, contenant trois mille volumes environ. La clef était à la serrure, mais Emmeline avait promis de ne point y toucher. Elle garda toujours scrupuleusement sa promesse, et il y avait quelque mérite dans cette conduite, car elle avait la rage de tout apprendre. Ce qui n'était pas défendu, c'était de dévorer les livres des yeux; aussi en savait-elle tous les titres par cœur; elle parcourait successivement tous les rayons, et, pour atteindre les plus élevés, plantait une chaise sur la table; les yeux fermés, elle eût mis la main sur le volume qu'on lui aurait demandé. Elle affectionnait les auteurs par les titres de leurs ouvrages, et, de cette façon, elle a eu de terribles mécomptes. Mais ce n'est pas de cela qu'il s'agit.

Dans cette salle était une petite table près d'une grande croisée qui dominait une cour assez sombre. L'exclamation d'un ami de sa mère fit apercevoir Emmeline de la tristesse de sa chambre; elle n'avait jamais ressenti l'influence des objets extérieurs sur son humeur. Les gens qui attachent de l'importance à ce qui compose le bien-être matériel étaient classés par elle dans une catégorie de maniaques. Toujours nu-tête, les cheveux en désordre, narguant le vent, le soleil, jamais plus contente que lorsqu'elle rentrait mouillée par la pluie, elle se livrait, à la campagne, à tous les exercices violents, comme si là eût été toute sa vie. Sept ou huit lieues à cheval, au galop, étaient un jeu pour elle; à pied, elle défiait tout le monde; elle courait, grimpait aux arbres, et si on ne marchait pas sur les parapets plutôt que sur les quais, si on ne descendait pas les escaliers sur leurs rampes, elle pensait que c'était par respect humain. Par-dessus tout elle aimait, chez sa mère, à s'échapper seule, à regarder dans la campagne et ne voir personne. Ce goût d'enfant pour la solitude, et le plaisir qu'elle prenait à sortir par des temps affreux, tenaient, disait-elle, à ce qu'elle était sûre qu'alors on ne viendrait pas *la chercher en se promenant*. Toujours entraînée par cette bizarre idée, à ses risques et périls, elle se mettait dans un bateau en pleine eau, et sortait ainsi du parc, que la rivière traversait, sans se demander où elle aborderait. Comment lui laissait-on courir tant de dangers? Je ne me chargerai pas de vous l'expliquer.

Au milieu de ces folies, Emmeline était railleuse; elle avait un oncle tout rond, avec un rire bête, excellent homme. Elle lui avait persuadé que de figure et d'esprit elle était tout son portrait, et cela avec des raisons à faire rire un mort. De là le digne oncle avait conçu pour sa nièce une tendresse sans bornes. Elle jouait avec lui comme avec un enfant, lui sautait au cou quand il arrivait, lui grimpait sur les épaules; et jusqu'à quel âge? c'est ce que je ne vous dirai pas non plus. Le plus grand amusement de la petite espiègle était de faire faire à ce personnage, assez grave du reste, des lectures à haute voix : c'était difficile, attendu qu'il trouvait que les livres n'avaient aucun sens, et cela s'expliquait par sa façon de ponctuer; il respirait au milieu des phrases, n'ayant pour guide que la mesure de son souffle. Vous jugez quel galimatias, et l'enfant de rire à se pâmer. Je suis obligé d'ajouter qu'au théâtre elle en faisait autant pendant les tragédies, mais qu'elle trouvait quelquefois moyen d'être émue aux comédies les plus gaies.

Pardonnez, madame, ces détails puérils, qui, après tout, ne peignent qu'un enfant gâté. Il faut que vous compreniez qu'un pareil caractère devait plus tard agir à sa façon, et non à celle de tout le monde.

A seize ans, l'oncle en question, allant en Suisse, emmena Emmeline. A l'aspect des montagnes, on crut qu'elle perdait la raison, tant ses transports de joie parurent vifs. Elle criait, s'élançait de la calèche; il fallait qu'elle allât plonger son petit visage dans les sources qui s'échappaient des roches. Elle voulait gravir des pics, ou descendre jusqu'aux torrents dans les précipices; elle ramassait des pierres, arrachait la mousse. Entrée un jour dans un chalet, elle n'en voulait plus sortir; il fallut presque l'enlever de force, et lorsqu'elle fut remontée en voiture, elle cria en pleurant aux paysans : Ah! mes amis, vous me laissez partir!

Nulle trace de coquetterie n'avait encore paru en elle lorsqu'elle entra dans le monde. Est-ce un mal de se trouver lancée dans la vie sans grande maxime en portefeuille? Je ne sais. D'autre part, n'arrive-t-il pas souvent de tomber dans un danger en voulant l'éviter? Témoin ces pauvres personnes auxquelles on a fait de si terribles peintures de l'amour, qu'elles entrent dans un salon les cordes du cœur tendues par la crainte, et qu'au plus léger soupir elles résonnent comme des harpes. Quant à l'amour, Emmeline était encore fort ignorante sur ce sujet. Elle avait lu quelques romans où elle avait choisi une collection de ce qu'elle nommait des niaiseries sentimentales, chapitre qu'elle traitait volontiers d'une façon divertissante. Elle s'était promis de vivre uniquement en spectateur. Sans nul souci de sa tournure, de sa figure, ni de son esprit, devait-elle aller au bal, elle posait sur sa tête une fleur, sans s'inquiéter de l'effet de sa coiffure, endossait une robe de gaze comme un costume de chasse, et, sans se mirer les trois quarts du temps, partait joyeuse.

Vous sentez qu'avec sa fortune (car du vivant de sa mère sa dot était considérable) on lui proposait tous les jours des partis. Elle n'en refusait aucun sans examen; mais ces examens successifs n'étaient pour elle que l'occasion d'une galerie de caricatures. Elle toisait les gens de la tête aux pieds avec plus d'assurance qu'on n'en a ordinairement à son âge; puis, le soir, enfermée avec ses bonnes amies, elle leur donnait une représentation de l'entrevue du matin; son talent naturel pour l'imitation rendait cette scène d'un comique achevé. Celui-là avait l'air embarrassé, celui-ci était fat; l'un parlait du nez, l'autre saluait de travers. Tenant à la main le chapeau de son oncle, elle entrait, s'asseyait, causait de la pluie et du beau temps comme à une première visite, en venait peu à peu à effleurer la question matrimoniale, et, quittant brusquement son rôle, éclatait de rire; réponse décisive qu'on pouvait porter à ses prétendants.

Un jour arriva cependant où elle se trouva devant son miroir, arrangeant ses fleurs avec un peu plus d'art que de coutume. Elle était ce jour-là d'un grand dîner, et sa femme de chambre lui avait mis une robe neuve qui ne lui parut pas de bon goût. Un vieil air d'opéra avec lequel on l'avait bercée lui revint en tête :

> Aux amants lorsqu'on cherche à plaire,
> On est bien près de s'enflammer.

L'application qu'elle se fit de ces paroles la plongea tout à coup dans un émoi singulier. Elle demeura rêveuse tout le soir, et pour la première fois on la trouva triste.

M. de Marsan arrivait alors de Strasbourg, où était son régiment; c'était un des plus beaux hommes qu'on pût voir, avec cet air fier et un peu violent que vous lui connaissez. Je ne sais s'il était du dîner où avait paru la robe neuve, mais il fut prié pour une partie de chasse chez madame Duval, qui avait une fort belle terre près de Fontainebleau. Emmeline était de cette partie. Au moment d'entrer dans le bois, le bruit du cor fit emporter le cheval qu'elle montait. Habituée aux caprices de l'animal, elle voulut l'en punir après l'avoir calmé; un coup de cravache donné trop vivement faillit lui coûter la vie. Le cheval ombrageux se jeta à travers champs, et il entraînait à un ravin profond la cavalière imprudente, quand M. de Marsan, qui avait mis pied à terre, courut l'arrêter; mais le choc le renversa, et il eut le bras cassé.

Le caractère d'Emmeline, à dater de ce jour, parut entièrement changé. A sa gaieté succéda un air de distraction étrange. Madame Duval étant morte peu de temps après, la terre fut vendue, et on prétendit qu'à la maison du faubourg Saint-Honoré, la petite Duval soulevait régulièrement sa jalousie à l'heure où un beau garçon à cheval passait, allant aux Champs-Élysées. Quoi qu'il en soit, un an après, Emmeline déclara à sa famille ses intentions, que rien ne put ébranler. Je n'ai pas besoin de vous parler du haro et de tout le tapage qu'on fit pour la convaincre. Après six mois de résistance opiniâtre, malgré tout ce qu'on put dire et faire, il fallut céder à la demoiselle, et la faire comtesse de Marsan.

II

Le mariage fait, la gaieté revint. Ce fut un spectacle assez curieux de voir une femme redevenir enfant après ses noces; il semblait que la vie d'Emmeline eût été suspendue par son amour; dès qu'il fut satisfait, elle reprit son cours, comme un ruisseau arrêté un instant.

Ce n'était plus maintenant dans la chambrette obscure que se passaient les enfantillages journaliers, c'était à l'hôtel de Marsan comme dans les salons les plus graves, et vous imaginez quels effets ils y produisaient. Le comte, sérieux et parfois sombre, gêné peut-être par sa position nouvelle, promenait assez tristement sa jeune femme, qui riait de tout sans songer à rien. On s'étonna d'abord, on murmura ensuite, enfin on s'y fit, comme à toute chose. La réputation de M. de Marsan n'était pas celle d'un homme à marier, mais était très bonne pour un mari; d'ailleurs, eût-on voulu être plus sévère, il n'était personne que n'eût désarmé la bienveillante gaieté d'Emmeline. L'oncle Duval avait eu soin d'annoncer que le contrat, du côté de la fortune, ne mettait pas sa nièce à la merci d'un maître; le monde se contenta de cette confidence qu'on voulait bien lui faire, et, pour ce qui avait précédé et amené le mariage, on en parla comme d'un caprice dont les bavards firent un roman.

On se demandait pourtant tout bas quelles qualités extraordinaires avaient pu séduire une riche héritière et la déterminer à ce coup de tête. Les gens que le hasard a maltraités ne se figurent pas aisément qu'on dispose ainsi de deux millions sans quelque motif surnaturel. Ils ne savent pas que, si la plupart des hommes tiennent avant tout à la richesse, une jeune fille ne se doute quelquefois pas de ce que c'est que l'argent, surtout lorsqu'elle est née avec, et qu'elle n'a pas vu son père le gagner. C'était précisément l'histoire d'Emmeline; elle avait épousé M. de Marsan uniquement parce qu'il lui avait plu et qu'elle n'avait ni père ni mère pour la contrarier; mais, quant à la différence de fortune, elle n'y avait seulement pas pensé. M. de Marsan l'avait séduite par les qualités extérieures qui annoncent l'homme, la beauté et la force. Il avait fait devant elle et pour elle la seule action qui eût fait battre le cœur de la jeune fille; et, comme une gaieté habituelle s'allie quelquefois à une disposition romanesque, ce cœur sans expérience s'était exalté. Aussi la folle comtesse aimait-elle son mari à l'excès; rien n'était beau pour elle que lui, et, quand elle lui donnait le bras, rien ne valait la peine qu'elle tournât la tête.

Pendant les quatre premières années après le mariage, on les vit très peu l'un et l'autre. Ils avaient loué une maison de campagne au bord de la Seine, près de Melun; il y a dans cet endroit deux ou trois villages qui s'appellent le May, et comme apparemment la maison est bâtie à la place d'un ancien moulin, on l'appelle le *Moulin de May*. C'est une habitation charmante; on y jouit d'une vue délicieuse. Une grande terrasse, plantée de tilleuls, domine la rive gauche du fleuve, et on descend du parc au bord de l'eau par une colline de verdure. Derrière la maison est une basse-cour d'une propreté et d'une élégance singulières, qui forme à elle seule un grand bâtiment au milieu duquel est une faisanderie; un parc immense entoure la maison, et va rejoindre le bois de la Rochette. Vous connaissez ce bois, madame; vous souvenez-vous de l'*allée des Soupirs?* Je n'ai jamais su d'où lui vient ce nom; mais j'ai toujours trouvé qu'elle le mérite. Lorsque le oleil donne sur l'étroite charmille, et qu'en s'y promenant seul au frais pendant la chaleur de midi, on voit cette longue galerie s'étendre à mesure qu'on avance, on est inquiet et charmé de se trouver seul, et la rêverie vous prend malgré vous.

Emmeline n'aimait pas cette allée; elle la trouvait sentimentale, et ses railleries du couvent lui revenaient quand on en parlait. La basse-cour, en revanche, faisait ses délices; elle y passait deux ou trois heures par jour avec les enfants du fermier. J'ai peur que mon héroïne ne vous semble niaise si je vous dis que, lorsqu'on venait la voir, on la trouvait quelquefois sur une meule, remuant une énorme fourche et les cheveux entremêlés de foin ; mais elle sautait à terre comme un oiseau, et, avant que vous eussiez le temps de voir l'enfant gâté, la comtesse était près de vous, et vous faisait les honneurs de chez elle avec une grâce qui fait tout pardonner.

Si elle n'était pas à la basse-cour, il fallait alors, pour la rencontrer, gagner au fond du parc un petit tertre vert au milieu des rochers : c'était un vrai désert d'enfant, comme celui de Rousseau à Ermenonville, trois cailloux et une bruyère ; là, assise à l'ombre, elle chantait à haute voix en lisant les Oraisons funèbres de Bossuet, ou tout autre ouvrage aussi grave. Si là encore vous ne la trouviez pas, elle courait à cheval dans la vigne, forçant quelque rosse de la ferme à sauter les fossés et les échaliers, et se divertissant toute seule aux dépens de la pauvre bête avec un imperturbable sang-froid. Si vous ne la voyiez ni à la vigne, ni au désert, ni à la basse-cour, elle était probablement devant son piano, déchiffrant une partition nouvelle, la tête en avant, les yeux animés et les mains tremblantes ; la lecture de la musique l'occupait tout entière, et elle palpitait d'espérance en pensant qu'elle allait découvrir un air, une phrase de son goût. Mais si le piano était muet comme le reste, vous aperceviez alors la maîtresse de la maison assise ou plutôt accroupie sur un coussin au coin de la cheminée, et tisonnant, la pincette à la main. Ses yeux distraits cherchent dans les veines du marbre des figures, des animaux, des paysages, mille aliments de rêveries, et, perdue dans cette contemplation, elle se brûle le bout du pied avec sa pincette rougie au feu.

Voilà de vraies folies, allez-vous dire; ce n'est pas un roman que je fais, madame, et vous vous en apercevez bien.

Comme, malgré ses folies, elle avait de l'esprit, il se trouva que, sans qu'elle y pensât, il s'était formé au bout de quelque temps un cercle de gens d'esprit autour d'elle. M. de Marsan, en 1829, fut obligé d'aller en Allemagne pour une affaire de succession qui ne lui rapporta rien. Il ne voulut point emmener sa femme et la confia à la marquise d'Ennery, sa tante, qui vint loger au Moulin de May. Madame d'Ennery était d'humeur mondaine; elle avait été belle aux beaux jours de l'empire, et elle marchait avec une dignité folâtre, comme si elle eût traîné une robe à queue. Un vieil éventail à paillettes, qui ne la quittait pas, lui servait à se cacher à demi lorsqu'elle se permettait un propos grivois, qui lui échappait volontiers; mais la décence restait toujours à portée de sa main, et, dès que l'éventail se baissait, les paupières de la dame en faisaient autant. Sa façon de voir et de parler étonna d'abord Emmeline à un point qu'on ne peut se figurer; car, avec son étourderie, madame de Marsan était restée d'une innocence rare. Les récits plaisants de sa tante, la manière dont celle-ci envisageait le mariage, ses demi-sourires en parlant des autres, ses hélas! en parlant d'elle-même, tout cela rendait Emmeline tantôt sérieuse et stupéfaite, tantôt folle de plaisir, comme la lecture d'un conte de fées.

Quand la vieille dame vit l'*allée des Soupirs*, il va sans dire qu'elle l'aima beaucoup; la nièce y vint par complaisance. Ce fut là qu'à travers un déluge de sornettes Emmeline entrevit le fond des choses, ce qui veut dire, en bon français, la façon de vivre des Parisiens.

Elles se promenaient seules toutes deux un matin, et gagnaient, en causant, le bois de la Rochette; madame d'Ennery essayait vainement de faire raconter à la comtesse l'histoire de ses amours; elle la questionnait de cent manières sur ce qui s'était passé à Paris, pendant l'année mystérieuse où M. de Marsan faisait la cour à mademoiselle Duval; elle lui demandait en riant s'il y avait eu quelques rendez-vous, un baiser pris avant le contrat, enfin comment la passion était venue. Emmeline, sur ce sujet, a été muette toute sa vie; je me trompe peut-être, mais je crois que la raison de ce silence, c'est qu'elle ne peut parler de rien sans en plaisanter, et qu'elle ne veut pas plaisanter là-dessus. Bref, la douairière, voyant sa peine perdue, changea de thèse, et demanda si, après quatre ans de mariage, cet amour étrange vivait encore. — Comme il vivait au premier jour, répondit Emmeline, et comme il vivra à mon dernier jour. Madame d'Ennery, à cette parole, s'arrêta, et baisa majestueusement sa nièce sur le front. — Chère enfant, dit-elle, tu mérites d'être heureuse, et le bonheur est fait, à coup sûr, pour l'homme qui est aimé de toi. Après cette phrase prononcée d'un ton emphatique, elle se redressa tout d'une pièce, et ajouta en minaudant : Je croyais que M. de Sorgues te faisait les yeux doux?

M. de Sorgues était un jeune homme à la mode, grand amateur de chasse et de chevaux, qui venait souvent au Moulin de May, plutôt pour le comte que pour sa femme. Il était cependant assez vrai qu'il avait fait les *yeux doux* à la comtesse ; car quel homme désœuvré, à douze lieues de Paris, ne regarde une jolie femme quand il la rencontre? Emmeline ne s'était jamais guère occupée de lui, sinon pour veiller à ce qu'il ne manquât de rien chez elle. Il lui était indifférent, mais l'observation de sa tante le lui fit secrètement haïr malgré elle. Le hasard voulut qu'en rentrant du bois elle vît précisément dans la cour une voiture qu'elle reconnut pour celle de M. de Sorgues. Il se présenta un instant après, témoignant le regret d'arriver trop tard de la campagne où il avait passé l'été, et de ne plus trouver M. de Marsan. Soit étonnement, soit répugnance, Emmeline ne put cacher quelque émotion en le voyant ; elle rougit, et il s'en aperçut.

Comme M. de Sorgues était abonné à l'Opéra, et qu'il avait entretenu deux ou trois figurantes, à cent écus par mois, il se croyait homme à bonnes fortunes, et obligé d'en soutenir le rôle. En allant dîner, il voulut savoir jusqu'à quel point il avait ébloui, et serra la main de madame de Marsan. Elle frissonna de la tête aux pieds, tant l'impression lui fut nouvelle; il n'en fallait pas tant pour rendre un fat ivre d'orgueil.

Il fut décidé par la tante, un mois durant, que M. de Sorgues était l'*adorateur;* c'était un sujet intarissable d'antiques fadaises et de mots à double entente qu'Emmeline supportait avec peine, mais auxquels son bon naturel la forçait de se plier. Dire par quels motifs la vieille marquise trouvait l'adorateur aimable, par quels autres motifs il lui plaisait moins, c'est malheureusement ou heureusement une chose impossible à écrire et impossible à deviner. Mais on peut aisément supposer l'effet que produisaient sur Emmeline de pareilles idées, accompagnées, bien entendu, d'exemples tirés de l'histoire moderne, et de tous les principes des gens bien élevés qui font l'amour comme des maîtres de danse. Je crois que c'est dans un livre aussi dangereux que les liaisons dont parle son titre, que se trouve une remarque dont on ne connaît pas assez la profondeur : « Rien ne corrompt plus vite une jeune femme, y est-il dit, que de croire corrompus ceux qu'elle doit respecter. » Les propos de madame d'Ennery éveillaient dans l'âme de sa nièce un sentiment d'une autre nature. — Qui suis-je donc, se disait-elle, si le monde est ainsi? La pensée de son mari absent la tourmentait; elle aurait voulu le trouver près d'elle lorsqu'elle rêvait au coin du feu;

elle eût du moins pu le consulter, lui demander la vérité ; il devait la savoir, puisqu'il était homme, et elle sentait que la vérité dite par cette bouche ne pouvait pas être à craindre.

Elle prit le parti d'écrire à M de Marsan, et de se plaindre de sa tante. Sa lettre était faite et cachetée, et elle se disposait à l'envoyer, quand, par une bizarrerie de son caractère, elle la jeta au feu en riant. — Je suis bien sotte de m'inquiéter, se dit-elle avec sa gaieté habituelle ; ne voilà-t-il pas un beau monsieur pour me faire peur avec ses yeux doux ! M. de Sorgues entrait au moment même. Apparemment que, pendant sa route, il avait pris des résolutions extrêmes ; le fait est qu'il ferma brusquement la porte, et, s'approchant d'Emmeline sans lui dire un mot, il la saisit et l'embrassa.

Elle resta muette d'étonnement, et, pour toute réponse, tira sa sonnette. M. de Sorgues, en sa qualité d'homme à bonnes fortunes, comprit aussitôt et se sauva. Il écrivit le soir même une grande lettre à la comtesse, et on ne le revit plus au Moulin de May.

III

Emmeline ne parla de son aventure à personne. Elle n'y vit qu'une leçon pour elle, et un sujet de réflexion. Son humeur n'en fut pas altérée; seulement, quand madame d'Ennery, selon sa coutume, l'embrassait le soir avant de se retirer, un léger frisson faisait pâlir la comtesse.

Bien loin de se plaindre de sa tante, comme elle l'avait d'abord résolu, elle ne chercha qu'à se rapprocher d'elle et à la faire parler davantage. La pensée du danger étant écartée par le départ de l'adorateur, il n'était resté dans la tête de la comtesse qu'une curiosité insatiable. La marquise avait eu, dans la force du terme, ce qu'on appelle une jeunesse orageuse; en avouant le tiers de la vérité, elle était déjà très divertissante, et avec sa nièce, après dîner, elle en avouait quelquefois la moitié. Il est vrai que tous les matins elle se réveillait avec l'intention de ne plus rien dire, et de reprendre tout ce qu'elle avait dit; mais ses anecdotes ressemblaient, par malheur, aux moutons de Panurge : à mesure que la journée avançait, les confidences se multipliaient; en sorte que, quand minuit sonnait, il se trouvait quelquefois que l'aiguille semblait avoir compté le nombre des historiettes de la bonne dame.

Enfoncée dans un grand fauteuil, Emmeline écoutait gravement; je n'ai pas besoin d'ajouter que cette gravité était troublée à chaque instant par un fou rire et les questions les plus plaisantes. A travers les scrupules et les réticences indispensables, madame de Marsan déchiffrait sa tante, comme un manuscrit précieux où il manque nombre de feuillets, que l'intelligence du lecteur doit remplacer; le monde lui apparut sous un nouvel aspect; elle vit que, pour faire mouvoir les marionnettes, il fallait connaître et saisir les fils. Elle prit dans cette pensée une indulgence pour les autres qu'elle a toujours conservée; il semble, en effet, que rien ne la choque, et personne n'est moins sévère qu'elle pour ses amis; cela vient de ce que l'expérience l'a forcée à se regarder comme un être à part, et qu'en s'amusant innocemment des faiblesses d'autrui elle a renoncé à les imiter.

Ce fut alors que, de retour à Paris, elle devint cette comtesse de Marsan dont on a tant parlé, et qui fut si vite à la mode. Ce n'était plus la petite Duval, ni la jeune mariée turbulente et presque toujours décoiffée. Une seule épreuve et sa volonté l'avaient subitement métamorphosée. C'était une femme de tête et de cœur qui ne voulait ni amours ni conquêtes, et qui, avec une sagesse reconnue, trouvait moyen de plaire partout. Il semblait qu'elle se fût dit : Puisque c'est ainsi que va le monde, eh bien ! nous le prendrons comme il est. Elle avait deviné la vie, et pendant un an, vous vous en souvenez, il n'y eut pas de plaisir sans elle. On a cru et on a dit, je le sais, qu'un changement si extraordinaire n'avait pu être fait que par l'amour, et on a attribué à une passion nouvelle le nouvel éclat de la comtesse. On juge si vite, et on se trompe si bien ! Ce qui fit le charme d'Emmeline, ce fut son parti pris de n'attaquer personne, et d'être elle-même inattaquable. S'il y a quelqu'un à qui puisse s'appliquer ce mot charmant d'un de nos poëtes : « Je vis par curiosité*, » c'est à madame de Marsan; ce mot la résume tout entière.

M. de Marsan revint; le peu de succès de son voyage ne l'avait pas mis de bonne humeur. Ses projets étaient renversés. La révolution de juillet vint par là-dessus, et il perdit ses épaulettes. Fidèle au parti qu'il servait, il ne sortit plus que pour faire de rares visites dans le faubourg Saint-Germain. Au milieu de ces tristes circonstances, Emmeline tomba malade; sa santé délicate fut brisée par de longues souffrances, et elle pensa mourir. Un an après, on la reconnaissait à peine. Son oncle l'emmena en Italie, et ce ne fut qu'en 1832 qu'elle revint de Nice avec le digne homme.

Je vous ai dit qu'il s'était formé un cercle autour d'elle; elle le retrouva au retour; mais, de vive et alerte

---

* Victor Hugo, *Marion Delorme*. (*Note de l'auteur.*)

qu'elle était, elle devint sédentaire. Il semblait que l'agilité de son corps l'eût quittée, et ne fût restée que dans son esprit. Elle sortait rarement, comme son mari, et on ne passait guère le soir sous sa fenêtre sans voir la lumière de sa lampe. Là se rassemblaient quelques amis; comme les gens d'élite se cherchent, l'hôtel de Marsan fut bientôt un lieu de réunion très agréable, que l'on n'abordait ni trop difficilement ni trop aisément, et qui eut le bon sens de ne pas devenir un bureau d'esprit. M. de Marsan, habitué à une vie plus agitée, s'ennuyait de ne savoir que faire. Les conversations et l'oisiveté n'avaient jamais été fort à son goût. On le vit d'abord plus rarement chez la comtesse, et peu à peu on ne le vit plus. On a dit même que, fatigué de sa femme, il avait pris une maîtresse; comme ce n'est pas prouvé, nous n'en parlerons pas.

Cependant Emmeline avait vingt-cinq ans, et sans se rendre compte de ce qui se passait en elle, elle sentait aussi l'ennui la gagner. L'*allée des Soupirs* lui revint en mémoire, et la solitude l'inquiéta. Il lui semblait éprouver un désir, et, quand elle cherchait ce qui lui manquait, elle ne trouvait rien. Il ne lui venait pas à la pensée qu'ont pût aimer deux fois dans sa vie; sous ce rapport, elle croyait avoir épuisé son cœur, et M. de Marsan en était pour elle l'unique dépositaire; lorsqu'elle entendait la Malibran, une crainte involontaire la saisissait; rentrée chez elle et renfermée, elle passait quelquefois la nuit entière à chanter seule, et il arrivait que sur ses lèvres les notes devenaient convulsives.

Elle crut que sa passion pour la musique suffirait pour la rendre heureuse; elle avait une loge aux Italiens, qu'elle fit tendre de soie, comme un boudoir. Cette loge, décorée avec un soin extrême, fut pendant quelque temps l'objet constant de ses pensées; elle en avait choisi l'étoffe, elle y fit porter une petite glace gothique qu'elle aimait. Ne sachant comment prolonger ce plaisir d'enfant, elle y ajoutait chaque jour quelque chose; elle fit elle-même pour sa loge un petit tabouret en tapisserie qui était un chef-d'œuvre; enfin, quand tout fut décidément achevé, quand il n'y eut plus moyen de rien inventer, elle se trouva seule, un soir, dans son coin chéri, en face du *Don Juan* de Mozart. Elle ne regardait ni la salle ni le théâtre; elle éprouvait une impatience irrésistible; Rubini, madame Heinefetter et mademoiselle Sontag chantaient le trio des masques, que le public leur fit répéter. Perdue dans sa rêverie, Emmeline écoutait de toute son âme; elle s'aperçut, en revenant à elle, qu'elle avait étendu le bras sur une chaise vide à ses côtés, et qu'elle serrait fortement son mouchoir à défaut d'une main amie. Elle ne se demanda pas pourquoi M. de Marsan n'était pas là, mais elle se demanda pourquoi elle y était seule, et cette réflexion la troubla.

Elle trouva en rentrant son mari dans le salon, jouant aux échecs avec un de ses amis. Elle s'assit à quelque distance, et, presque malgré elle, regarda le comte. Elle suivait les mouvements de cette noble figure, qu'elle avait vue si belle à dix-huit ans lorsqu'il s'était jeté au-devant de son cheval. M. de Marsan perdait, et ses sourcils froncés ne lui prêtaient pas une expression gracieuse. Il sourit tout à coup; la fortune tournait de son côté, et ses yeux brillèrent.

— Vous aimez donc beaucoup ce jeu? demanda Emmeline en souriant.

— Comme la musique, pour passer le temps, répondit le comte.

Et il continua sans regarder sa femme.

— Passer le temps! se répéta tout bas madame de Marsan, dans sa chambre, au moment de se mettre au lit. Ce mot l'empêchait de dormir. — Il est beau, il est brave, se disait-elle, il m'aime. Cependant son cœur battait avec violence; elle écoutait le bruit de la pendule, et la vibration monotone du balancier lui était insupportable; elle se leva pour l'arrêter. — Que fais-je? demanda-t-elle; arrêterai-je l'heure et le temps, en forçant cette petite horloge à se taire?

Les yeux fixés sur la pendule, elle se livra à des pensées qui ne lui étaient pas encore venues. Elle songea au passé, à l'avenir, à la rapidité de la vie; elle se demanda pourquoi nous sommes sur terre, ce que nous y faisons, ce qui nous attend après. En cherchant dans son cœur, elle n'y trouva qu'un jour où elle eût vécu, celui où elle avait senti qu'elle aimait. Le reste lui sembla un rêve confus, une succession de journées uniformes comme le mouvement du balancier. Elle posa sa main sur son front, et sentit un besoin invincible de vivre; dirai-je de souffrir? Peut-être. Elle eût préféré en cet instant la souffrance à sa tristesse. Elle se dit qu'à tout prix elle voulait changer son existence. Elle fit cent projets de voyage, et aucun pays ne lui plaisait. Qu'irait-elle chercher? L'inutilité de ses désirs, l'incertitude qui l'accablait l'effrayèrent; elle crut avoir eu un moment de folie; elle courut à son piano, et voulut jouer son trio des masques, mais aux premiers accords elle fondit en larmes, et resta pensive et découragée.

IV

Parmi les habitués de l'hôtel de Marsan se trouvait un jeune homme nommé Gilbert. Je sens, madame, qu'en vous parlant de lui, je touche ici à un point délicat, et je ne sais trop comment je m'en tirerai.

Il venait depuis six mois une ou deux fois par semaine chez la comtesse, et ce qu'il ressentait près d'elle ne doit peut-être pas s'appeler de l'amour. Quoi qu'on en dise, l'amour c'est l'espérance ; et telle que ses amis la connaissaient, si Emmeline inspirait des désirs, sa conduite et son caractère n'étaient pas faits pour les enhardir. Jamais, en présence de madame de Marsan, Gilbert ne s'était adressé de questions de ce genre. Elle lui plaisait par sa conversation, par ses manières de voir, par ses goûts, par son esprit, et par un peu de malice, qui est le hochet de l'esprit. Éloigné d'elle, un regard, un sourire, quelque beauté secrète entrevue, que sais-je? mille souvenirs s'emparaient de lui et le poursuivaient incessamment, comme ces fragments de mélodie dont on ne peut se débarrasser à la suite d'une soirée musicale ; mais, dès qu'il la voyait, il retrouvait le calme, et la facilité qu'il avait de la voir souvent l'empêchait peut-être de souhaiter davantage ;

car ce n'est quelquefois qu'en perdant ceux qu'on aime qu'on sent combien on les aimait.

En allant le soir chez Emmeline, on la trouvait presque toujours entourée; Gilbert n'arrivait guère que vers dix heures, au moment où il y avait le plus de monde, et personne ne restait le dernier : on sortait ensemble à minuit, quelquefois plus tard, s'il s'était trouvé une histoire amusante en train. Il en résultait que, depuis six mois, malgré son assiduité chez la comtesse, Gilbert n'avait point eu de tête-à-tête avec elle. Il la connaissait cependant très bien, et peut-être mieux que de plus intimes, soit par une pénétration naturelle, soit par un autre motif qu'il faut vous dire aussi. Il aimait la musique autant qu'elle ; et, comme un goût dominant explique bien des choses, c'était par là qu'il la devinait : il y avait telle phrase d'une romance, tel passage d'un air italien qui était pour lui la clef d'un trésor : l'air achevé, il regardait Emmeline, et il était rare qu'il ne rencontrât pas ses yeux. S'agissait-il d'un livre nouveau ou d'une pièce représentée la veille, si l'un d'eux en disait son avis, l'autre approuvait d'un signe de tête. A une anecdote, il leur arrivait de rire au même endroit ; et le récit touchant d'une belle action leur faisait détourner les regards en même temps, de peur de trahir l'émotion trop vive. Pour tout exprimer par un bon vieux mot, il y avait entre eux sympathie. Mais, direz-vous, c'est de l'amour; patience, madame, pas encore.

Gilbert allait souvent aux Bouffes, et passait quelquefois un acte dans la loge de la comtesse. Le hasard fit qu'un de ces jours-là on donnât encore *Don Juan*. M. de Marsan y était. Emmeline, lorsque vint le trio, ne put s'empêcher de regarder à côté d'elle et de se souvenir de son mouchoir; c'était, cette fois, le tour de Gilbert de rêver au son des basses et de la mélancolique harmonie; toute son âme était sur les lèvres de mademoiselle Sontag, et qui n'eût pas senti comme lui aurait pu le croire amoureux fou de la charmante cantatrice; les yeux du jeune homme étincelaient. Sur son visage un peu pâle, ombragé de longs cheveux noirs, on lisait le plaisir qu'il éprouvait; ses lèvres étaient entr'ouvertes, et sa main tremblante frappait légèrement la mesure sur le velours de la balustrade. Emmeline sourit; et en ce moment, je suis forcé de l'avouer, en ce moment, assis au fond de la loge, le comte dormait profondément.

Tant d'obstacles s'opposent ici-bas à des hasards de cette espèce, que ce ne sont que des rencontres; mais, par cela même, ils frappent davantage, et laissent un plus long souvenir. Gilbert ne se douta même pas de la pensée secrète d'Emmeline et de la comparaison qu'elle avait pu faire. Il y avait pourtant de certains jours où il se demandait au fond du cœur si la comtesse était heureuse; en se le demandant, il ne le croyait pas; mais, dès qu'il y pensait, il n'en savait plus rien. Voyant à peu près les mêmes gens, et vivant dans le même monde, ils avaient tous deux nécessairement mille occasions de s'écrire pour des motifs légers ; ces billets indifférents, soumis aux lois de la cérémonie, trouvaient toujours moyen de renfermer un mot, une pensée, qui donnaient à rêver. Gilbert restait souvent une matinée avec une lettre de madame de Marsan ouverte sur la table ; et, malgré lui, de temps en temps il y jetait les yeux. Son imagination excitée lui faisait chercher un sens particulier aux choses les plus insignifiantes. Emmeline signait quelquefois en italien : *Vostrissima* ; et il avait beau n'y voir qu'une formule amicale, il se répétait que ce mot voulait pourtant dire : toute à vous.

Sans être homme à bonnes fortunes comme M. de Sorgues, Gilbert avait eu des maîtresses : il était loin de professer pour les femmes cette apparence de mépris précoce que les jeunes gens prennent pour une mode ; mais il avait sa façon de penser, et je ne vous l'expliquerai pas autrement qu'en vous disant que la comtesse de Marsan lui paraissait une exception. Assurément, bien des femmes sont sages ; je me trompe, madame, elles le sont toutes ; mais il y a manière de l'être. Emmeline à son âge, riche, jolie, un peu triste, exaltée sur certains points, insouciante à l'excès sur d'autres, environnée de la meilleure compagnie, pleine de talents, aimant le plaisir, tout cela semblait au jeune homme d'étranges éléments de sagesse. — Elle est belle pourtant ! se disait-il, tandis que par les douces soirées d'août il se promenait sur le boulevard Italien. Elle aime son mari sans doute, mais ce n'est que de l'amitié; l'amour est passé; vivra-t-elle sans amour? Tout en y pensant, il fit réflexion que depuis six mois il vivait sans maîtresse.

Un jour qu'il était en visites, il passa devant la porte de l'hôtel de Marsan, et y frappa, contre sa coutume, attendu qu'il n'était que trois heures : il espérait trouver la comtesse seule, et il s'étonnait que l'idée de cet heureux hasard lui vînt pour la première fois. On lui répondit qu'elle était sortie. Il reprit le chemin de son logis de mauvaise humeur, et, comme c'était son habitude, il parlait seul entre ses dents. Je n'ai que faire de vous dire à quoi il songeait. Ses distractions l'entraînèrent peu à peu, et il s'écarta de sa route. Ce fut, je crois, au coin du carrefour Buci qu'il heurta assez rudement un passant, et d'une manière au moins bizarre; car il se trouva tout à coup face à face avec un visage inconnu, à qui il venait de dire tout haut : Si je vous le disais, pourtant, que je vous aime?

Il s'esquivait honteux de sa folie, dont il ne pouvait s'empêcher de rire, lorsqu'il s'aperçut que son apostrophe ridicule faisait un vers assez bien tourné. Il en avait fait quelques-uns du temps qu'il était au collège; il lui prit fantaisie de chercher la rime, et il la trouva comme vous allez voir.

Le lendemain était un samedi, jour de réception de la comtesse. M. de Marsan commençait à se relâcher

de ses résolutions solitaires, et il y avait grande foule ce
jour-là, les lustres allumés, toutes les portes ouvertes,
cercle énorme à la cheminée, les femmes d'un côté,
les hommes de l'autre; ce n'était pas un lieu à billets
doux. Gilbert s'approcha, non sans peine, de la maîtresse de la maison; après avoir causé de choses indifférentes avec elle et ses voisines un quart d'heure, il
tira de sa poche un papier plié qu'il s'amusait à chiffonner. Comme ce papier, tout chiffonné qu'il était,
avait pourtant un air de lettre, il s'attendait qu'on le
remarquerait; quelqu'un le remarqua, en effet, mais
ce ne fut pas Emmeline. Il le remit dans sa poche, puis
l'en tira de nouveau; enfin la comtesse y jeta les yeux
et lui demanda ce qu'il tenait. — Ce sont, lui dit-il,
des vers de ma façon que j'ai faits pour une belle
dame, et je vous les montrerais si vous me promettiez
que, dans le cas où vous devineriez qui c'est, vous ne
me nuirez pas dans son esprit.

Emmeline prit le papier et lut les stances suivantes :

A NINON

Si je vous le disais, pourtant, que je vous aime,
Qui sait, brune aux yeux bleus, ce que vous en diriez ?
L'amour, vous le savez, cause une peine extrême ;
C'est un mal sans pitié que vous plaignez vous-même ; —
Peut-être cependant que vous m'en puniriez.

Si je vous le disais, que six mois de silence
Cachent de longs tourments et des vœux insensés : —

Ninon, vous êtes fine, et votre insouciance
Se plaît, comme une fée, à deviner d'avance ; —
Vous me répondriez peut-être : Je le sais.

Si je vous le disais, qu'une douce folie
A fait de moi votre ombre et m'attache à vos pas : —
Un petit air de doute et de mélancolie,
Vous le savez, Ninon, vous rend bien plus jolie ; —
Peut-être diriez-vous que vous n'y croyez pas.

Si je vous le disais, que j'emporte dans l'âme
Jusques aux moindres mots de nos propos du soir : —
Un regard offensé, vous le savez, madame,
Change deux yeux d'azur en deux éclairs de flamme ; —
Vous me défendriez peut-être de vous voir.

Si je vous le disais, que chaque nuit je veille,
Que chaque jour je pleure et je prie à genoux : —
Ninon, quand vous riez, vous savez qu'une abeille
Prendrait pour une fleur votre bouche vermeille ; —
Si je vous le disais, peut-être en ririez-vous.

Mais vous n'en saurez rien ; — je viens, sans en rien dire,
M'asseoir sous votre lampe et causer avec vous ; —
Votre voix, je l'entends, votre air, je le respire ;
Et vous pouvez douter, deviner et sourire,
Vos yeux ne verront pas de quoi m'être moins doux.

Je récolte en secret des fleurs mystérieuses :
Le soir, derrière vous, j'écoute au piano
Chanter sur le clavier vos mains harmonieuses,
Et dans les tourbillons de nos valses joyeuses,
Je vous sens dans mes bras plier comme un roseau.

La nuit, quand de si loin le monde nous sépare,
Quand je rentre chez moi pour tirer mes verrous,

De mille souvenirs en jaloux je m'empare ;
Et là, seul devant Dieu, plein d'une joie avare,
J'ouvre comme un trésor mon cœur tout plein de vous.

J'aime, et je sais répondre avec indifférence ;
J'aime, et rien ne le dit ; j'aime, et seul je le sais ;
Et mon secret m'est cher, et chère ma souffrance ;
Et j'ai fait le serment d'aimer sans espérance,
Mais non pas sans bonheur ; — je vous vois, c'est assez.

Non, je n'étais pas né pour ce bonheur suprême,
De mourir dans vos bras et de vivre à vos pieds,
Tout me le prouve, hélas ! jusqu'à ma douleur même...
Si je vous le disais, pourtant, que je vous aime,
Qui sait, brune aux yeux bleus, ce que vous en diriez ?

Lorsque Emmeline eut achevé sa lecture, elle rendit le papier à Gilbert, sans rien dire. Un peu après, elle le lui redemanda, relut une seconde fois, puis garda le papier à la main d'un air indifférent, comme il avait fait tout à l'heure, et, quelqu'un s'étant approché, elle se leva, et oublia de rendre les vers.

V

Qui sommes-nous, je vous le demande, pour agir aussi légèrement? Gilbert était sorti joyeux pour se rendre à cette soirée; il revint tremblant comme une feuille. Ce qu'il y avait dans ces vers d'un peu exagéré et d'un peu *plus que vrai,* était devenu vrai dès que la comtesse y avait touché. Elle n'avait cependant rien répondu, et, devant tant de témoins, impossible de l'interroger. Était-elle offensée? Comment interpréter son silence? Parlerait-elle la première fois, et que dirait-elle? Son image se présentait tantôt froide et sévère, tantôt douce et riante. Gilbert ne put supporter l'incertitude; après une nuit sans sommeil, il retourna chez la comtesse; il apprit qu'elle venait de partir en poste, et qu'elle était au Moulin de May.

Il se rappela que peu de jours auparavant il lui avait demandé par hasard si elle comptait aller à la campagne, et qu'elle lui avait répondu que non; ce souvenir le frappa tout à coup. — C'est à cause de moi qu'elle part, se dit-il, elle me craint, elle m'aime! A ce dernier mot, il s'arrêta. Sa poitrine était oppressée; il respirait à peine, et je ne sais quelle frayeur le saisit; il tressaillit malgré lui à l'idée d'avoir touché si vite un si noble cœur. Les volets fermés, la cour de l'hôtel déserte, quelques domestiques qui chargeaient un fourgon, ce départ précipité, cette sorte de fuite, tout cela le troubla et l'étonna. Il rentra chez lui à pas lents; en un quart d'heure, il était devenu un autre homme. Il ne prévoyait plus rien, ne calculait rien; il ne savait plus ce qu'il avait fait la veille, ni quelles circonstances l'avaient amené là; aucun sentiment d'orgueil ne trouvait place dans sa pensée; durant cette journée entière, il ne songea pas même aux moyens de profiter de sa position nouvelle, ni à tenter de voir Emmeline; elle ne lui apparaissait plus ni douce ni sévère; il la voyait assise à la terrasse, relisant les stances qu'elle avait gardées; et, en se répétant : Elle m'aime! il se demandait s'il en était digne.

Gilbert n'avait pas vingt-cinq ans; lorsque sa conscience eut parlé, son âge lui parla à son tour. Il prit la voiture de Fontainebleau le lendemain, et arriva le soir au Moulin de May; quand on l'annonça, Emmeline était seule; elle le reçut avec un malaise visible; en le voyant fermer la porte, le souvenir de M. de Sorgues la fit pâlir. Mais, à la première parole de Gilbert, elle vit qu'il n'était pas plus rassuré qu'elle-même. Au lieu de lui toucher la main comme il faisait d'ordinaire, il s'assit d'un air plus timide et plus réservé qu'auparavant. Ils restèrent seuls environ une heure, et il ne fut question ni des stances, ni de l'amour qu'elles exprimaient. Quand M. de Marsan rentra de la promenade, un nuage passa sur le front de Gilbert; il se dit qu'il avait bien mal profité de son premier tête-à-tête. Mais il en fut tout autrement d'Emmeline; le respect de Gilbert l'avait émue, elle tomba dans la plus dangereuse rêverie; elle avait compris qu'elle était aimée, et de l'instant qu'elle se crut en sûreté, elle aima.

Lorsqu'elle descendit, le jour suivant, au déjeuner, les belles couleurs de la jeunesse avaient reparu sur ses joues; son visage, aussi bien que son cœur, avait rajeuni de dix ans. Elle voulut sortir à cheval, malgré un temps affreux; elle montait une superbe jument qu'il n'était pas facile de faire obéir, et il semblait qu'elle voulût exposer sa vie; elle balançait, en riant, sa cravache au-dessus de la tête de l'animal inquiet, et elle ne put résister au singulier plaisir de le frapper sans qu'il l'eût mérité; elle le sentit bondir de colère, et, tandis qu'il secouait l'écume dont il était couvert, elle regarda Gilbert. Par un mouvement rapide, le jeune homme s'était approché, et voulait saisir la bride du cheval. — Laissez, laissez, dit-elle en riant, je ne tomberai pas ce matin.

Il fallait pourtant bien parler de ces stances, et ils s'en parlaient en effet beaucoup tous deux, mais des yeux seulement; ce langage en vaut bien un autre. Gilbert passa trois jours au Moulin de May, sur le point de tomber à genoux à chaque instant. Quand il regardait la taille d'Emmeline, il tremblait de ne pouvoir résister à la tentation de l'entourer de ses bras ; mais, dès qu'elle faisait un pas, il se rangeait pour la laisser passer, comme s'il eût craint de toucher sa robe. Le troisième jour au soir, il avait annoncé son départ pour le lendemain matin ; il fut question de valse en prenant le thé, et de l'ode de Byron sur la valse. Emmeline remarqua que, pour parler avec tant d'animosité, il fallait que le plaisir eût excité bien vivement l'envie du poète qui ne pouvait le partager ; elle fut chercher le livre à l'appui de son dire, et, pour que Gilbert pût lire avec elle, elle se plaça si près de lui, que ses cheveux lui effleurèrent la joue. Ce léger contact causa au jeune homme un frisson de plaisir auquel il n'eût pas résisté si M. de Marsan n'eût été là. Emmeline s'en aperçut et rougit : on ferma le livre, et ce fut tout l'événement du voyage.

Voilà, n'est-il pas vrai, madame, un amoureux assez bizarre ? Il y a un proverbe qui prétend que ce qui est différé n'est pas perdu. J'aime peu les proverbes en général, parce que ce sont des selles à tous chevaux ; il n'en est pas un qui n'ait son contraire, et, quelque conduite que l'on tienne, on en trouve un pour s'appuyer. Mais je confesse que celui que je cite me paraît faux cent fois dans l'application, pour une fois qu'il se trouvera juste, tout au plus à l'usage de ces gens aussi patients que résignés, aussi résignés qu'indifférents. Qu'on tienne ce langage en paradis, que les saints se disent entre eux que ce qui est différé n'est pas perdu, c'est à merveille ; il sied à des gens qui ont devant eux l'éternité, de jeter le temps par les fenêtres. Mais nous, pauvres mortels, notre chance n'est pas si longue. Aussi, je vous livre mon héros pour ce qu'il est ; je crois pourtant que, s'il eût agi de toute autre manière, il eût été traité comme de Sorgues.

Madame de Marsan revint au bout de la semaine. Gilbert arriva un soir chez elle de très bonne heure. La chaleur était accablante. Il la trouva seule au fond de son boudoir, étendue sur un canapé. Elle était vêtue de mousseline, les bras et le col nus. Deux jardinières pleines de fleurs embaumaient la chambre ; une porte ouverte sur le jardin laissait entrer un air tiède et suave. Tout disposait à la mollesse. Cependant une taquinerie étrange, inaccoutumée, vint traverser leur entretien. Je vous ai dit qu'il leur arrivait continuellement d'exprimer en même temps, et dans les mêmes termes, leurs pensées, leurs sensations ; ce soir-là ils n'étaient d'accord sur rien, et par conséquent tous deux de mauvaise foi. Emmeline passait en revue certaines femmes de sa connaissance. Gilbert en parla avec enthousiasme, et elle en disait du mal à proportion. L'obscurité vint ; il se fit un silence. Un domestique entra, apportant une lampe ; madame de Marsan dit qu'elle n'en voulait pas, et qu'on la mît dans le salon. A peine cet ordre donné, elle parut s'en repentir, et, s'étant levée avec quelque embarras, elle se dirigea vers son piano. — Venez voir, dit-elle à Gilbert, le petit tabouret de ma loge, que je viens de faire monter autrement ; il me sert maintenant pour m'asseoir là; on vient de me l'apporter tout à l'heure, et je vais vous faire un peu de musique, pour que vous en ayez l'étrenne.

Elle préludait doucement par de vagues mélodies, et Gilbert reconnut bientôt son air favori, *le Désir*, de Beethoven. S'oubliant peu à peu, Emmeline répandit dans son exécution l'expression la plus passionnée, pressant le mouvement à faire battre le cœur, puis s'arrêtant tout à coup comme si la respiration lui eût manqué, forçant le son et le laissant s'éteindre. Nulles paroles n'égaleront jamais la tendresse d'un pareil langage. Gilbert était debout, et de temps en temps les beaux yeux se levaient pour le consulter. Il s'appuya sur l'angle du piano, et tous deux luttaient contre le trouble, quand un accident presque ridicule vint les tirer de leur rêverie.

Le tabouret cassa tout à coup, et Emmeline tomba aux pieds de Gilbert. Il s'élança pour lui tendre la main; elle la prit et se releva en riant; il était pâle comme un mort, craignant qu'elle ne se fût blessée.
— C'est bon, dit-elle, donnez-moi une chaise; ne dirait-on pas que je suis tombée d'un cinquième?

Elle se mit à jouer une contredanse, et, tout en jouant, à le plaisanter sur la peur qu'il avait eue. — N'est-il pas tout simple, lui dit-il, que je m'effraye de vous voir tomber? — Bah! répondait-elle, c'est un effet nerveux; ne croyez-vous pas que j'en suis reconnaissante? Je conviens que ma chute est ridicule, mais je trouve, ajouta-t-elle assez sèchement, je trouve que votre peur l'est davantage.

Gilbert fit quelques tours de chambre, et la contredanse d'Emmeline devenait moins gaie d'instant en instant. Elle sentait qu'en voulant le railler, elle l'avait blessé. Il était trop ému pour pouvoir parler. Il revint s'appuyer au même endroit, devant elle; ses yeux gonflés ne purent retenir quelques larmes; Emmeline se leva aussitôt et fut s'asseoir au fond de la chambre, dans un coin obscur. Il s'approcha d'elle et lui reprocha sa dureté. C'était le tour de la comtesse à ne pouvoir répondre. Elle restait muette et dans un état d'agitation impossible à peindre; il prit son chapeau pour sortir, et, ne pouvant s'y décider, s'assit près d'elle; elle se détourna et étendit le bras comme pour lui faire signe de partir; il la saisit et la serra sur son cœur. Au même instant on sonna à la porte, et Emmeline se jeta dans un cabinet.

Le pauvre garçon ne s'aperçut le lendemain qu'il allait chez madame de Marsan qu'au moment où il y arrivait. L'expérience lui faisait craindre de la trouver sévère et offensée de ce qui s'était passé. Il se trompait, il la trouva calme et indulgente, et le premier mot de la comtesse fut qu'elle l'attendait. Mais elle lui annonça fermement qu'il leur fallait cesser de se voir. — Je ne me repens pas, lui dit-elle, de la faute que j'ai commise, et je ne cherche à m'abuser sur rien. Mais, quoi que je puisse vous faire souffrir et souffrir moi-même,

M. de Marsan est entre nous; je ne puis mentir; oubliez-moi.

Gilbert fut atterré par cette franchise, dont l'accent persuasif ne permettait aucun doute. Il dédaignait les phrases vulgaires et les vaines menaces de mort qui arrivent toujours en pareil cas; il tenta d'être aussi courageux que la comtesse, et de lui prouver du moins par là quelle estime il avait pour elle. Il lui répondit qu'il obéirait et qu'il quitterait Paris pour quelque temps; elle lui demanda où il comptait aller, et lui promit de lui écrire. Elle voulut qu'il la connût tout entière, et lui raconta en quelques mots l'histoire de sa vie, lui peignit sa position, l'état de son cœur, et ne se fit pas plus heureuse qu'elle n'était. Elle lui rendit ses vers, et le remercia de lui avoir donné un moment de bonheur.

— Je m'y suis livrée, lui dit-elle, sans vouloir y réfléchir; j'étais sûre que l'impossible m'arrêterait; mais je n'ai pu résister à ce qui était possible. J'espère que vous ne verrez pas dans ma conduite une coquetterie que je n'y ai pas mise. J'aurais dû songer davantage à vous; mais je ne vous crois pas assez d'amour pour que vous n'en guérissiez bientôt.

— Je serai assez franc, répondit Gilbert, pour vous dire que je n'en sais rien, mais je ne crois pas en guérir. Votre beauté m'a moins touché que votre esprit et votre caractère, et si l'image d'un beau visage peut s'effacer par l'absence ou par les années, la perte d'un être tel que vous est à jamais irréparable. Sans doute, je guérirai en apparence, et il est presque certain que dans quelque temps je reprendrai mon existence habituelle; mais ma raison même dira toujours que vous eussiez fait le bonheur de ma vie. Ces vers que vous me rendez ont été écrits comme par hasard, un instant d'ivresse les a inspirés; mais le sentiment qu'ils expriment est en moi depuis que je vous connais, et je n'ai eu la force de le cacher que par cela même qu'il est juste et durable. Nous ne serons donc heureux ni l'un ni l'autre, et nous ferons au monde un sacrifice que rien ne pourra compenser.

— Ce n'est pas au monde que nous le ferons, dit Emmeline, mais à nous-mêmes, ou plutôt c'est à moi que vous le ferez. Le mensonge m'est insupportable, et hier soir, après votre départ, j'ai failli tout dire à M. de Marsan. Allons, ajouta-t-elle gaiement, allons, mon ami, tâchons de vivre.

Gilbert lui baisa la main respectueusement, et ils se séparèrent.

VI

A peine cette détermination fut-elle prise, qu'ils la sentirent impossible à réaliser. Ils n'eurent pas besoin de longues explications pour en convenir mutuellement. Gilbert resta deux mois sans venir chez madame de Marsan, et pendant ces deux mois ils perdirent l'un et l'autre l'appétit et le sommeil. Au bout de ce temps, Gilbert se trouva un soir tellement désolé et ennuyé, que, sans savoir ce qu'il faisait, il prit son chapeau et arriva chez la comtesse à son heure ordinaire, comme si de rien n'était. Elle ne songea pas à lui adresser un reproche de ce qu'il ne tenait pas sa parole. Dès qu'elle l'eut regardé, elle comprit ce qu'il avait souffert; et il la vit si pâle et si changée, qu'il se repentit de n'être pas revenu plus tôt.

Ce qu'Emmeline avait dans le cœur n'était ni un caprice ni une passion; c'était la voix de la nature même qui lui criait qu'elle avait besoin d'un nouvel amour. Elle n'avait pas fait grande réflexion sur le caractère de Gilbert; il lui plaisait, et il était là; il lui disait qu'il l'aimait, et il l'aimait d'une tout autre manière que M. de Marsan ne l'avait aimée. L'esprit d'Emmeline, son intelligence, son imagination enthousiaste, toutes les nobles qualités renfermées en elle souffraient à son insu. Les larmes qu'elle croyait répandre sans raison demandaient à couler malgré elle, et la forçaient d'en chercher le motif; tout alors le lui apprenait, ses livres, sa musique, ses fleurs, ses habitudes même et sa vie solitaire; il fallait aimer et combattre, ou se résigner à mourir.

Ce fut avec une fierté courageuse que la comtesse de Marsan envisagea l'abîme où elle allait tomber. Lorsque Gilbert la serra de nouveau dans ses bras, elle regarda le ciel, comme pour le prendre à témoin de sa faute et de ce qu'elle allait lui coûter. Gilbert comprit ce regard mélancolique; il mesura la grandeur de sa tâche à la noblesse du cœur de son amie, il sentit qu'il avait entre les mains le pouvoir de lui rendre l'existence ou de la dégrader à jamais. Cette pensée lui inspira moins d'orgueil que de joie; il se jura de se consacrer à elle, et remercia Dieu de l'amour qu'il éprouvait.

La nécessité du mensonge désolait pourtant la jeune femme; elle n'en parla plus à son amant, et garda cette peine secrète; du reste, l'idée de résister plus ou moins longtemps, du moment qu'elle ne pouvait résister toujours, ne lui vint pas à l'esprit. Elle compta, pour ainsi dire, ses chances de souffrance et ses chances de bonheur, et mit hardiment sa vie pour enjeu. Au moment où Gilbert revint, elle se trouvait forcée de passer trois jours à la campagne. Il la conjurait de lui accorder un rendez-vous avant de partir. — Je le ferai si vous voulez, lui répondit-elle, mais je vous supplie de me laisser attendre.

Le quatrième jour, un jeune homme entra vers minuit au Café Anglais. — Que veut monsieur? demande le garçon. — Tout ce que vous avez de meilleur, répondit le jeune homme avec un air de joie qui fit retourner tout le monde. — A la même heure, au fond de l'hôtel de Marsan, une persienne entr'ouverte laissait apercevoir une lueur derrière un rideau. Seule, en déshabillé de nuit, madame de Marsan était assise sur une petite chaise, dans sa chambre, les verrous tirés derrière elle. — Demain je serai à lui. Sera-t-il à moi?

Emmeline ne pensait pas à comparer sa conduite à celle des autres femmes. Il n'y avait pour elle, en cet instant, ni douleurs ni remords; tout faisait silence devant l'idée du lendemain. Oserai-je vous dire à quoi elle pensait? Oserai-je écrire ce qui, à cette heure redoutable, inquiétait une belle et noble femme, la plus sensible et la plus honnête que je connaisse, à la veille de la seule faute qu'elle ait jamais eu à se reprocher?

Elle pensait à sa beauté. Amour, dévouement, sincérité du cœur, constance, sympathie de goût, crainte, dangers, repentir, tout était chassé, tout était détruit par la plus vive inquiétude sur ses charmes, sur sa beauté corporelle. La lueur que nous apercevons, c'est celle d'un flambeau qu'elle tient à la main. Sa psyché est en face d'elle; elle se retourne, écoute; nul témoin, nul bruit; elle a entr'ouvert le voile qui la couvre, et, comme Vénus devant le berger de la fable, elle comparaît timidement.

Pour vous parler du jour suivant, je ne puis mieux faire, madame, que de vous transcrire une lettre d'Emmeline à sa sœur, où elle peint elle-même ce qu'elle éprouvait :

« J'étais à lui. A toutes mes anxiétés avait succédé un abattement extrême. J'étais brisée, et ce malaise me plaisait. Je passai la soirée en rêverie; je voyais des formes vagues, j'entendais des voix lointaines; je distinguais : « Mon ange, ma vie ! » et je m'affaissais encore, plus encore. Pas une fois ma pensée ne s'est reportée sur les inquiétudes du jour précédent, durant cette demi-léthargie qui me reste en mémoire comme l'état que je choisirais en paradis. Je me couchai et dormis comme un nouveau-né. Au réveil, le matin, un souvenir confus des événements de la veille fit rapidement porter le sang au cœur. Une palpitation me fit dresser sur mon séant, et là je m'entendis m'écrier à haute voix : *C'en est fait !* J'appuyai ma tête sur mes genoux, et je me précipitai au fond de mon âme. Pour la première fois, il me vint la crainte qu'il ne m'eût mal jugée. La simplicité avec laquelle j'avais cédé pouvait lui donner cette opinion. En dépit de son esprit, de son tact, je pouvais craindre une mauvaise expérience du monde. Si ce n'était pour lui qu'une fantaisie, une difficulté à vaincre? Trop étonnée, trop émue, bouleversée par tous les sentiments qui me subjuguaient, je n'avais pas assez étudié les siens. J'avais peur, je respirais court. Eh bien! me dis-je bravement, le jour où il me connaîtra, il aura un arriéré à payer. Tout ce sombre fut éclairé tout à coup par de doux soupirs. Je sentais un sourire errer autour de ma bouche; comme la veille, je revis toute sa figure, belle d'une expression que je n'ai vue nulle part, même dans les chefs-d'œuvre des grands maîtres : j'y lisais l'amour, le respect, le culte, et ce doute, cette crainte de ne pas obtenir, tant on désire vivement. Voilà pour la femme l'instant suprême, et, ainsi bercée, je m'habillai. On a grand plaisir à la toilette quand on attend son amant. »

VII

Emmeline avait mis cinq ans à s'apercevoir que son premier choix ne pouvait la rendre heureuse ; elle en avait souffert pendant un an ; elle avait lutté six mois contre une passion naissante, deux mois contre un amour avoué ; elle avait enfin succombé, et son bonheur dura quinze jours.

Quinze jours, c'est bien court, n'est-ce pas ? J'ai commencé ce conte sans y réfléchir, et je vois qu'arrivé au moment dont la pensée m'a fait prendre la plume, je n'ai rien à en dire, sinon qu'il fut bien court. Comment tenterai-je de vous le peindre ? Vous raconterai-je ce qui est inexprimable et ce que les plus grands génies de la terre ont laissé deviner dans leurs ouvrages, faute d'une parole qui pût le rendre ? Certes, vous ne vous y attendez pas, et je ne commettrai pas ce sacrilège. Ce qui vient du cœur peut s'écrire, mais non ce qui est le cœur lui-même.

D'ailleurs, en quinze jours, si on est heureux, a-t-on le temps de s'en apercevoir ? Emmeline et Gilbert étaient encore étonnés de leur bonheur ; ils n'osaient y croire, et s'émerveillaient de la vive tendresse dont leur cœur était plein. — Est-il possible, se demandaient-ils, que nos regards se soient jamais rencontrés avec indifférence, et que nos mains se soient touchées froidement? — Quoi! je t'ai regardé, disait Emmeline, sans que mes yeux se soient voilés de larmes? Je t'ai écouté sans baiser tes lèvres? Tu m'as parlé comme à tout le monde, et je t'ai répondu sans te dire que je t'aimais? — Non, répondait Gilbert, ton regard, ta voix, te trahissaient; grand Dieu! comme ils me pénétraient! C'est moi que la crainte a arrêté, et qui suis cause que nous nous aimons si tard. Alors ils se serraient la main, comme pour se dire tacitement : Calmons-nous, il y a de quoi en mourir.

A peine avaient-ils commencé à s'habituer de se voir en secret, et à jouir des frayeurs du mystère ; à peine Gilbert connaissait-il ce nouveau visage que prend tout à coup une femme en tombant dans les bras de son amant ; à peine les premiers sourires avaient-ils paru à travers les larmes d'Emmeline ; à peine s'étaient-ils juré de s'aimer toujours ; pauvres enfants! confiants dans leur sort, ils s'y abandonnaient sans crainte, et savouraient lentement le plaisir de reconnaître qu'ils ne s'étaient pas trompés dans leur mutuelle espérance; ils en étaient encore à se dire: Comme nous allons être heureux! quand leur bonheur s'évanouit.

Le comte de Marsan était un homme ferme, et sur les choses importantes son coup d'œil ne le trompait pas. Il avait vu sa femme triste ; il avait pensé qu'elle l'aimait moins, et il ne s'en était pas soucié. Mais il la vit préoccupée et inquiète, et il résolut de ne pas le souffrir. Dès qu'il prit la peine d'en chercher la cause, il la trouva facilement. Emmeline s'était troublée à sa première question, et à la seconde avait été sur le point de tout avouer. Il ne voulut point d'une confidence de cette nature, et, sans en parler autrement à personne, il s'en fut à l'hôtel garni qu'il habitait avant son mariage, et y retint un appartement. Comme sa femme allait se coucher, il entra chez elle en robe de chambre, et, s'étant assis en face d'elle, il lui parla à peu près ainsi :

— Vous me connaissez assez, ma chère, pour savoir que je ne suis pas jaloux. J'ai eu pour vous beaucoup d'amour, j'ai et j'aurai toujours pour vous beaucoup d'estime et d'amitié. Il est certain qu'à notre âge, et après tant d'années passées ensemble, une tolérance réciproque nous est nécessaire pour que nous puissions continuer de vivre en paix. J'use, pour ma part, de la liberté que doit avoir un homme, et je trouve bon que vous en fassiez autant. Si j'avais apporté dans cette maison autant de fortune que vous, je ne vous parlerais pas ainsi, je vous laisserais le comprendre. Mais je suis pauvre, et notre contrat de mariage m'a laissé pauvre par ma volonté. Ce qui, chez un autre, ne serait que de l'indulgence ou de la sagesse, serait pour moi de la bassesse. Quelque précaution qu'on prenne, une intrigue n'est jamais secrète ; il faut, tôt ou tard, qu'on en parle. Ce jour arrivé, vous sentez que je ne serais rangé ni dans la catégorie des maris complaisants, ni même dans celle des maris ridicules, mais qu'on ne verrait en moi qu'un misérable à qui l'argent fait tout supporter. Il n'entre pas dans mon caractère de faire un éclat qui déshonore à la fois deux familles, quel qu'en soit le résultat; je n'ai de haine ni contre vous ni contre personne; c'est pour cette raison même que je viens vous annoncer la résolution que j'ai prise, afin de prévenir les suites de l'étonnement qu'elle pourra causer. Je demeurerai, à partir de la semaine prochaine, dans l'hôtel garni que j'habitais quand j'ai fait la connaissance de votre mère. Je suis fâché de rester à Paris, mais je n'ai pas de quoi voyager; il faut que je me loge, et cette maison-là me plaît. Voyez ce que vous voulez faire, et si c'est possible, j'agirai en conséquence.

Madame de Marsan avait écouté son mari avec un étonnement toujours croissant. Elle resta comme une statue; elle vit qu'il était décidé, et elle n'y pouvait croire; elle se jeta à son cou presque involontairement; elle s'écria que rien au monde ne la ferait consentir à cette séparation. A tout ce qu'elle disait il n'opposait que le silence. Emmeline éclata en sanglots; elle se mit à genoux et voulut confesser sa faute; il l'arrêta, et refusa de l'entendre. Il s'efforça de l'apaiser, lui répéta qu'il n'avait contre elle aucun ressentiment; puis il sortit malgré ses prières.

Le lendemain, ils ne se virent pas; lorsque Emmeline demanda si le comte était chez lui, on lui répondit qu'il était parti de grand matin, et qu'il ne rentrerait pas de la journée. Elle voulut l'attendre, et s'enferma à six heures du soir dans l'appartement de M. de Marsan; mais le courage lui manqua, et elle fut obligée de retourner chez elle.

Le jour suivant, au déjeuner, le comte descendit en habit de cheval. Les domestiques commençaient à faire ses paquets, et le corridor était plein de hardes en désordre. Emmeline s'approcha de son mari en le voyant entrer, et il la baisa sur le front; ils s'assirent en silence; on déjeunait dans la chambre à coucher de la comtesse. En face d'elle était sa psyché; elle croyait y voir son fantôme. Ses cheveux en désordre, son visage abattu, semblaient lui reprocher sa faute. Elle demanda au comte d'une voix mal assurée s'il comptait toujours quitter l'hôtel. Il répondit qu'il s'y disposait, et que son départ était fixé pour le lundi suivant.

— N'y a-t-il aucun moyen de retarder ce départ? demanda-t-elle d'un ton suppliant.

— Ce qui est ne peut se changer, répliqua le comte; avez-vous réfléchi à ce que vous comptez faire?

— Que voulez-vous que je fasse? dit-elle.

M. de Marsan ne répondit pas.

— Que voulez-vous? répéta-t-elle; quel moyen puis-je avoir de vous fléchir? quelle expiation, quel sacrifice puis-je vous offrir que vous consentiez à accepter?

— C'est à vous de le savoir, dit le comte. — Il se leva et s'en fut sans en dire plus ; mais le soir même il revint chez sa femme, et son visage était moins sévère.

Ces deux jours avaient tellement fatigué Emmeline, qu'elle était d'une pâleur effrayante. M. de Marsan ne put, en le remarquant, se défendre d'un mouvement de compassion.

— Eh bien! ma chère! dit-il, qu'avez-vous?

— Je pense, répondit-elle, et je vois que rien n'est possible.

— Vous l'aimez donc beaucoup? demanda-t-il.

Malgré l'air froid qu'il affectait, Emmeline vit dans cette question un mouvement de jalousie. Elle crut que la démarche de son mari pouvait bien n'être qu'une tentative de se rapprocher d'elle, et cette idée lui fut pénible. Tous les hommes sont ainsi, pensa-t-elle ; ils méprisent ce qu'ils possèdent, et reviennent avec ardeur à ce qu'ils ont perdu par leur faute. Elle voulut savoir jusqu'à quel point elle devinait juste, et répondit d'un ton hautain :

— Oui, monsieur, je l'aime, et là-dessus, du moins, je ne mentirai pas.

— Je conçois cela, reprit M. de Marsan, et j'aurais mauvaise grâce à vouloir lutter ici contre personne ; je n'en ai ni le moyen ni l'envie.

Emmeline vit qu'elle s'était trompée; elle voulait parler et ne trouvait rien. Que répondre, en effet, à la façon d'agir du comte? Il avait deviné clairement ce qui s'était passé, et le parti qu'il avait pris était juste sans être cruel. Elle commençait une phrase et ne pouvait l'achever; elle pleurait. M. de Marsan lui dit avec douceur :

— Calmez-vous, songez que vous avez commis une faute, mais que vous avez un ami qui la sait, et qui vous aidera à la réparer.

— Que ferait donc cet ami, dit Emmeline, s'il était aussi riche que moi, puisque cette misérable question de fortune le décide à me quitter? Que feriez-vous si notre contrat n'existait pas?

Emmeline se leva, alla à son secrétaire, en tira son contrat de mariage, et le brûla à la bougie qui était sur la table. Le comte la regarda faire jusqu'au bout.

—Je vous comprends, lui dit-il enfin; et, bien que ce que vous venez de faire soit une action sans conséquence, puisque le double est chez le notaire, cette action vous honore, et je vous en remercie. Mais songez donc, ajouta-t-il en embrassant Emmeline, songez donc que, s'il ne s'agissait ici que d'une formalité à annuler, je n'aurais fait qu'abuser de mes avantages. Vous pouvez d'un trait de plume me rendre aussi riche que vous, je le sais, mais je n'y consentirais pas, et aujourd'hui moins que jamais.

— Orgueilleux que vous êtes, s'écria Emmeline désespérée, et pourquoi refuseriez-vous?

M. de Marsan lui tenait la main; il la serra légèrement, et répondit :

— Parce que vous l'aimez.

VIII

Par une de ces belles matinées d'automne où le soleil brille de tout son éclat et semble dire adieu à la verdure mourante, Gilbert était accoudé à une petite fenêtre au second étage, dans une rue écartée derrière les Champs-Élysées. Tout en fredonnant un air de *la Norma*, il regardait attentivement chaque voiture qui passait sur la chaussée. Quand la voiture arrivait au coin de la rue, la chanson s'arrêtait; mais la voiture continuait sa route, et il fallait en attendre une autre. Il en passa beaucoup ce jour-là, mais le jeune homme inquiet ne vit dans aucune un petit chapeau de paille d'Italie et une mantille noire. Une heure sonna, puis deux; il était trop tard; après avoir regardé vingt fois à sa montre, avoir fait autant de tours de chambre, et s'être désolé et rassuré plus souvent encore alternativement, Gilbert descendit enfin, et erra quelque temps dans les allées. En rentrant chez lui, il demanda à son portier s'il n'y avait point de lettres, et la réponse fut négative. Un pressentiment de sinistre augure l'agita toute la journée. Vers dix heures du soir il montait, non sans crainte, le grand escalier de l'hôtel de Marsan ; la lampe n'était pas allumée, cela le surprit et l'inquiéta ; il sonna, personne ne venait; il toucha la porte, qui s'ouvrit, et s'arrêta dans la salle à manger; une femme de chambre vint à sa rencontre, il lui demanda s'il pouvait entrer. — Je vais le demander, répondit-elle. Comme elle entrait dans le salon, Gilbert entendit entre les deux portes une voix tremblante qu'il reconnut et qui disait tout bas : Dites que je n'y suis pas.

Il m'a dit lui-même que ce peu de mots prononcés dans les ténèbres, au moment où il s'y attendait le moins, lui avaient fait plus de mal qu'un coup d'épée. Il sortit dans un étonnement inexprimable. — Elle était là, se dit-il, elle m'a vu sans doute. Qu'arrive-t-il? ne pouvait-elle me dire un mot, ou du moins m'écrire? Huit jours se passèrent sans lettres, et sans qu'il pût voir la comtesse. Enfin, il reçut la lettre suivante :

« Adieu ! il faut que vous vous souveniez de votre projet de voyage et que vous me teniez parole. Ah ! je fais un grand sacrifice en ce moment. Quelques mots profondément sentis et que vous m'avez dits au sujet d'un parti funeste que je voulais prendre, m'arrêtent seuls. Je vivrai. Mais il ne faut pas entièrement arracher une pensée qui seule peut me donner une apparence de tranquillité. Permettez, mon ami, que je la place seulement à distance, avec des conditions; si, par exemple, une entière indifférence pour moi prenait place dans votre cœur ; — si, une fois de retour, et le cœur raffermi, vous ne me veniez plus voir ; — si jamais mon image, mon amour ne venait plus ;... il est impossible de continuer l'affreuse vie que je mène. Le plus malheureux est celui qui reste ; il faut donc que ce soit vous qui partiez. Vos affaires vous le permettent-elles ? Où voulez-vous que j'aille je ne sais où ? Répondez-moi, ce sera vous qui aurez de la force ; je n'en ai pas du tout ; ayez pitié de moi. Dites, que sais-je ? que vous guérirez ; mais ce n'est pas vrai ! N'importe, dites toujours. Évitez de me voir avant le voyage ; il faut de la force, et je ne sais où en prendre. Je n'ai cessé de pleurer et de vous écrire depuis huit jours. Je jette tout au feu. Vous trouverez cette lettre-ci encore bien incohérente. M. de Marsan sait tout : mentir m'a été impossible ; d'ailleurs il le savait. Cependant cette lettre est loin d'exprimer ce qu'il y a de contradictoire entre mon cœur et ma raison. Allez dans le monde ces jours-ci, que votre départ n'ait point l'air d'un coup de tête. De sitôt je ne pourrai sortir ni recevoir. La voix me manque à tous moments. Vous m'écrirez, n'est-ce pas ? il est impossible que vous partiez sans m'écrire quelques lignes. Voyager !... C'est vous qui allez voyager ! »

Le malheur de Gilbert lui parut un rêve ; il pensait à aller chez M. de Marsan et à lui chercher querelle. Il tomba à terre au milieu de sa chambre, et versa les larmes les plus amères. Enfin il résolut de voir la comtesse à tout prix, et d'avoir l'explication de cet événement, qui lui était annoncé d'une manière si peu intelligible. Il courut à l'hôtel de Marsan, et, sans parler à aucun domestique, il pénétra jusqu'au salon. Là, il s'arrêta à la pensée de compromettre celle qu'il aimait et de la perdre peut-être par sa faute. Entendant quelqu'un approcher, il se jeta derrière un rideau : c'était le comte qui entrait. Demeuré seul, Gilbert avança, et, entr'ouvrant la porte d'un cabinet vitré, il vit Emmeline couchée et son mari près d'elle. Au pied du lit était un linge couvert de sang, et le médecin s'essuyait les mains. Ce spectacle lui fit horreur ; il frémit de l'idée d'ajouter, par son imprudence, aux maux de sa maîtresse, et, marchant sur la pointe du pied, il sortit de l'hôtel sans être remarqué.

Il sut bientôt que la comtesse avait été en danger de mort ; une nouvelle lettre lui apprit en détail ce qui s'était passé. « Renoncer à nous voir, disait Emmeline, est impossible, il n'y faut pas songer ; et cette idée qui vous désole ne me cause aucune peine, car je ne puis l'admettre un instant. Mais nous séparer pour six mois, pour un an, voilà ce qui me fait sangloter et me déchire l'âme, car c'est là tout ce qui est possible. » Elle ajoutait que, si, avant son départ, il éprouvait un désir trop vif de la revoir encore une fois, elle y consentirait. Il refusa cette entrevue ; il avait besoin de toute sa force ; et, bien que convaincu de la nécessité de s'éloigner, il ne pouvait prendre aucun parti. Vivre sans Emmeline lui semblait un mot vide de sens, et, pour ainsi dire, un mensonge. Il se jura cependant d'obéir à tout prix, et de sacrifier son existence, s'il le fallait, au repos de madame de Marsan. Il mit ses affaires en ordre, dit adieu à ses amis, annonça à tout le monde qu'il allait en Italie. Puis, quand tout fut prêt, et qu'il eut son passeport, il resta enfermé chez lui, se promettant, chaque soir, de partir le lendemain, et passant la journée à pleurer.

Emmeline, de son côté, n'était guère plus courageuse, comme vous pouvez penser. Dès qu'elle put supporter la voiture, elle alla au Moulin de May. M. de Marsan ne la quittait pas; il eut pour elle, pendant sa maladie, l'amitié d'un frère et les soins d'une mère. Je n'ai pas besoin de dire qu'il avait pardonné, et que la vue des souffrances de sa femme l'avait fait renoncer à ses projets de séparation. Il ne parla plus de Gilbert, et je ne crois pas que, depuis cette époque, il ait prononcé ce nom étant seul avec la comtesse. Il apprit le voyage annoncé, et n'en parut ni joyeux ni triste. On devinait aisément à sa conduite qu'il se reconnaissait, au fond du cœur, coupable d'avoir négligé sa femme, et d'avoir si peu fait pour son bonheur. Lorsque, appuyée à son bras, Emmeline se promenait lentement avec lui dans la longue *allée des Soupirs*, il paraissait presque aussi triste qu'elle; et Emmeline lui sut gré de ce qu'il ne tenta jamais de rappeler l'ancien amour, ni de combattre l'amour nouveau.

Elle brûla les lettres de Gilbert, et, dans ce sacrifice

douloureux, ne respecta qu'une seule ligne écrite de la main de son amant : « *Pour vous, tout au monde.* » En relisant ces mots, elle ne put se résoudre à les anéantir; c'était l'adieu du pauvre garçon. Elle coupa cette ligne avec ses ciseaux, et la porta longtemps sur son cœur. « S'il faut jamais me séparer de ces mots-là, écrivait-elle à Gilbert, je les avalerai. Maintenant ma vie n'est plus qu'une pincée de cendre, et je ne pourrai de longtemps regarder ma cheminée sans pleurer. »

Était-elle sincère? demanderez-vous peut-être. Ne fit-elle aucune tentative pour revoir son amant? Ne se repentait-elle pas de son sacrifice? N'essaya-t-elle jamais de revenir sur sa résolution? Oui, madame, elle l'essaya; je ne veux la faire ni meilleure ni plus brave qu'elle ne l'a été. Oui, elle essaya de mentir, de tromper son mari; en dépit de ses serments, de ses promesses, de ses douleurs et de ses remords, elle revit Gilbert; et, après avoir passé deux heures avec lui dans un délire de joie et d'amour, elle sentit, en rentrant chez elle, qu'elle ne pouvait ni tromper ni mentir; je vous dirai plus, Gilbert le sentit lui-même, et ne lui demanda pas de revenir.

Cependant il ne partait pas encore, et ne parlait plus de voyage. Au bout de quelques jours, il voulait déjà se persuader qu'il était plus calme, et qu'il n'y avait aucun danger à rester. Il tâchait, dans ses lettres, de faire consentir Emmeline à ce qu'il passât l'hiver à

Paris. Elle hésitait; et, tout en renonçant à l'amour, elle commençait à parler d'amitié. Ils cherchaient tous deux mille motifs de prolonger leur souffrance, ou du moins de se voir souffrir. Qu'allait-il arriver? Je ne sais.

IX

Je crois vous avoir dit, madame, qu'Emmeline avait une sœur. C'était une belle et grande jeune fille, et de plus un excellent cœur. Soit par une timidité excessive, soit par une autre cause, elle n'avait jamais parlé à Gilbert qu'avec une extrême réserve, et presque avec répugnance, lorsqu'elle avait eu occasion de le rencontrer. Gilbert avait des manières d'étourdi et des façons de dire qui, bien que simples et naturelles, devaient blesser une modestie et une pudeur parfaites. La franchise même du jeune homme et son caractère exalté avaient peu de chances de rencontrer de la sympathie chez la sévère Sarah (c'était le nom de la sœur d'Emmeline). Aussi quelques mots de politesse échangés au hasard, quelques compliments lorsque Sarah chantait, une contredanse de temps en temps, c'était là toute la connaissance qu'ils avaient faite, et leur amitié n'allait pas plus loin.

Au milieu de ces dernières circonstances, Gilbert reçut une invitation de bal d'une amie de madame de Marsan, et il crut devoir y aller, pour se conformer au désir de sa maîtresse. Sarah était à cette soirée. Il fut s'asseoir à côté d'elle. Il savait quelle tendre affection unissait la comtesse à sa sœur, et c'était pour lui une occasion de parler de ce qu'il aimait à quelqu'un qui le comprenait. La maladie récente servit de prétexte; s'informer de la santé d'Emmeline, c'était s'informer de son amour. Contre sa coutume, Sarah répondit avec confiance et avec douceur; et l'orchestre ayant donné, au milieu de leur entretien, le signal d'une contredanse, elle dit qu'elle était lasse, et refusa son danseur, qui venait la chercher.

Le bruit des instruments et le tumulte du bal leur donnant plus de liberté, la jeune fille commença à laisser comprendre à Gilbert qu'elle savait la cause du mal d'Emmeline. Elle parla des souffrances de sa sœur, et raconta ce qu'elle en avait vu. Pendant ce récit, Gilbert baissait la tête; quand il la releva, une larme coulait sur sa joue. Sarah devint tout à coup tremblante; ses beaux yeux bleus se troublèrent. — Vous l'aimez plus que je ne croyais, lui dit-elle. De ce moment elle devint tout autre qu'elle ne s'était jamais montrée à lui; elle lui avoua que depuis longtemps elle s'était aperçue de ce qui se passait, et que la froideur qu'elle lui avait témoignée venait de ce qu'elle n'avait cru voir en lui que la légèreté d'un homme du monde, qui fait la cour à toutes les femmes sans se soucier du mal qui en résulte. Elle parla en sœur et en amie, avec chaleur et avec franchise. L'accent de vérité qu'elle employa pour montrer à Gilbert la nécessité absolue de rendre le repos à la comtesse le frappa plus que tout le reste ne l'avait pu faire, et en un quart d'heure il vit clair dans sa destinée.

On se préparait à danser le cotillon. — Asseyons-nous dans le cercle, dit Gilbert, nous nous dispenserons de figurer, et nous pourrons causer sans qu'on nous remarque. Elle y consentit; ils prirent place, et continuèrent à parler d'Emmeline. Cependant de temps en temps un valseur forçait Sarah de prendre part à la figure, et il fallait se lever pour tenir le bout d'une écharpe ou le bouquet et l'éventail. Gilbert restait alors sur sa chaise, perdu dans ses pensées, regardant sa belle partenaire sauter et sourire, les yeux encore humides. Elle revenait, et ils reprenaient leur triste entretien. Ce fut au bruit de ces valses allemandes, qui avaient bercé les premiers jours de son amour, que Gilbert jura de partir et de l'oublier.

Lorsque l'heure de se retirer fut venue, ils se levèrent tous deux avec une sorte de solennité. — J'ai votre parole, dit la jeune fille, je compte sur vous pour sauver ma sœur; et si vous partez, ajouta-t-elle en lui prenant la main sans songer qu'on pût l'observer, si vous partez, nous serons quelquefois deux à penser au pauvre voyageur.

Ils se quittèrent sur cette parole, et Gilbert partit le lendemain.

FIN D'EMMELINE.

Dans le récit qu'on vient de lire, — page 16, — l'auteur a dit : « Ce n'est pas un roman que je fais, madame, et vous vous en apercevez bien. »

On a dû s'apercevoir, en effet, que cette histoire n'a pas le caractère ordinaire d'une fiction. Emmeline n'est point un personnage imaginaire, et Gilbert n'est autre que l'auteur lui-même. On trouvera le récit de cette aventure dans la Notice sur la vie d'Alfred de Musset, et l'on verra que les souvenirs qui s'y rattachent occupent une place considérable dans les poésies.

LES
DEUX MAITRESSES
1837

Dessin de Bida. Gravé par Meunier.

LES DEUX MAITRESSES.

Cent fois le soir, près de la lampe, le jeune homme avait suivi des yeux, sur le canevas, les doigts habiles de la veuve

CHARPENTIER ÉDITEUR

LES
DEUX MAITRESSES

I

Croyez-vous, madame, qu'il soit possible d'être amoureux de deux personnes à la fois? Si pareille question m'était faite, je répondrais que je n'en crois rien. C'est pourtant ce qui est arrivé à un de mes amis, dont je vous raconterai l'histoire, afin que vous en jugiez vous-même.

En général, lorsqu'il s'agit de justifier un double amour, on a d'abord recours aux contrastes. L'une était grande, l'autre petite; l'une avait quinze ans, l'autre en avait trente. Bref, on tente de prouver que deux femmes, qui ne se ressemblent ni d'âge, ni de figure, ni de caractère, peuvent inspirer en même temps deux passions différentes. Je n'ai pas ce prétexte pour m'aider ici, car les deux femmes dont il s'agit se ressemblaient, au contraire, un peu. L'une était mariée, il est vrai, et l'autre veuve; l'une riche, et l'autre très pauvre; mais elles avaient presque le même âge, et elles étaient toutes deux brunes et fort petites. Bien qu'elles ne fussent ni sœurs ni cousines, il y avait entre elles un air de famille : de grands yeux noirs, même finesse de taille; c'étaient deux ménechmes femelles. Ne vous effrayez pas de ce mot; il n'y aura pas de quiproquo dans ce conte.

Avant d'en dire plus de ces dames, il faut parler de notre héros. Vers 1825 environ, vivait à Paris un jeune homme que nous appellerons Valentin. C'était un garçon assez singulier, et dont l'étrange manière de vivre aurait pu fournir quelque matière aux philosophes qui étudient l'homme. Il y avait, en lui, pour ainsi dire, deux personnages différents. Vous l'eussiez pris, en le rencontrant un jour, pour un petit maître de la Régence. Son ton léger, son chapeau de travers, son air d'enfant prodigue en joyeuse humeur, vous eussent fait revenir en mémoire quelque *talon rouge* du temps passé. Le jour suivant, vous n'auriez vu en lui qu'un modeste étudiant de province se promenant un livre sous le bras. Aujourd'hui il roulait carrosse et jetait l'argent par les fenêtres; demain il allait dîner à quarante sous. Avec cela, il recherchait en toute chose une sorte de perfection et ne goûtait rien qui fût incomplet. Quand il s'agissait de plaisir, il voulait que tout fût plaisir, et n'était pas homme à acheter une jouissance par un moment d'ennui. S'il avait une loge au spectacle, il voulait que la voiture qui l'y menait fût douce, que le dîner eût été bon, et qu'aucune idée fâcheuse ne pût se présenter en sortant. Mais il buvait de bon cœur la piquette dans un cabaret de campagne, et se mettait à la queue pour aller au parterre. C'était alors un autre élément, et il n'y faisait pas le difficile; mais il gardait dans ses bizarreries une sorte de logique, et s'il y avait en lui deux hommes divers, ils ne se confondaient jamais.

Ce caractère étrange provenait de deux causes : peu de fortune et un grand amour du plaisir. La famille de Valentin jouissait de quelque aisance, mais il n'y avait rien de plus dans la maison qu'une honnête médiocrité. Une douzaine de mille francs par an dépensés avec ordre et économie, ce n'est pas de quoi mourir de faim; mais quand une famille entière vit là-dessus, ce n'est pas de quoi donner des fêtes. Toutefois, par un caprice du hasard, Valentin était né avec des goûts que peut avoir le fils d'un grand seigneur. A père avare, dit-on, fils prodigue; à parents économes, enfants dépensiers. Ainsi le veut la Providence, que cependant tout le monde admire.

Valentin avait fait son droit, et était avocat sans causes, profession commune aujourd'hui. Avec l'argent qu'il avait de son père et celui qu'il gagnait de temps en temps, il pouvait être assez heureux, mais il aimait mieux tout dépenser à la fois et se passer de tout le lendemain. Vous vous souvenez, madame, de ces marguerites que les enfants effeuillent brin à brin? *Beaucoup*, disent-ils à la première feuille; *passablement*, à la seconde, et, à la troisième, *pas du tout*. Ainsi faisait Valentin de ses journées; mais le *passablement* n'y était pas, car il ne pouvait le souffrir.

Pour vous le faire mieux connaître, il faut vous dire un trait de son enfance. Valentin couchait, à dix ou douze ans, dans un petit cabinet vitré, derrière la chambre de sa mère. Dans ce cabinet d'assez triste apparence, et encombré d'armoires poudreuses, se trouvait, entre autres nippes, un vieux portrait avec un grand cadre doré. Quand, par une belle matinée, le soleil donnait sur ce portrait, l'enfant, à genoux sur son lit, s'en approchait avec délices. Tandis qu'on le croyait endormi, en attendant que l'heure du maître arrivât, il restait parfois des heures entières le front posé sur l'angle du cadre; les rayons de lumière, frappant sur les dorures, l'entouraient d'une sorte d'auréole où nageait son regard ébloui. Dans cette posture, il faisait mille rêves; une extase bizarre s'emparait de lui. Plus la clarté devenait vive, et plus son cœur s'épanouissait. Quand il fallait enfin détourner les yeux, fatigués de l'éclat de ce spectacle, il fermait alors ses paupières, et suivait avec curiosité la dégradation des teintes nuancées dans cette tache rougeâtre qui reste devant nous quand nous fixons trop longtemps la lumière; puis il revenait à son cadre, et recommençait de plus belle. Ce fut là, m'a-t-il dit lui-même, qu'il prit un goût passionné pour l'or et le soleil, deux excellentes choses du reste.

Ses premiers pas dans la vie furent guidés par l'instinct de sa passion native. Au collège, il ne se lia qu'avec des enfants plus riches que lui, non par orgueil, mais par goût. Précoce d'esprit dans ses études, l'amour-propre le poussait moins qu'un certain besoin de distinction. Il lui arrivait de pleurer au milieu de la classe, quand il n'avait pas, le samedi, sa place au banc d'honneur. Il achevait ses humanités et travaillait avec ardeur, lorsqu'une dame, amie de sa mère, lui fit cadeau d'une belle turquoise : au lieu d'écouter la leçon, il regardait sa bague reluire à son doigt. C'était encore l'amour de l'or tel que peut le ressentir un enfant curieux. Dès que l'enfant fut homme, ce dangereux penchant porta bientôt ses fruits.

A peine eut-il sa liberté, qu'il se jeta sans réflexion dans tous les travers d'un fils de famille. Né d'humeur gaie, insouciant de l'avenir, l'idée qu'il était pauvre ne lui venait pas, et il ne semblait pas s'en douter. Le monde le lui fit comprendre. Le nom qu'il portait lui permettait de traiter en égaux des jeunes gens qui avaient sur lui l'avantage de la fortune. Admis par eux, comment les imiter? Les parents de Valentin vivaient à la campagne. Sous prétexte de faire son droit, il passait son temps à se promener aux Tuileries et au boulevard. Sur ce terrain, il était à l'aise; mais, quand ses amis le quittaient pour monter à cheval, force lui était de rester à pied, seul et un peu désappointé. Son tailleur lui faisait crédit; mais à quoi sert l'habit quand la poche est vide? Les trois quarts du temps il en était là. Trop fier pour vivre en parasite, il prenait à tâche de dissimuler ses secrets motifs de sagesse, refusait dédaigneusement des parties de plaisir où il ne pouvait payer son écot, et s'étudiait à ne toucher aux riches que dans ses jours de richesse.

Ce rôle, difficilement soutenu, tomba devant la volonté paternelle; il fallut choisir un état. Valentin entra dans une maison de banque. Le métier de commis ne lui plaisait guère, encore moins le travail quotidien. Il allait au bureau l'oreille basse; il avait fallu renoncer aux amis en même temps qu'à la liberté; il n'en était pas honteux, mais il s'ennuyait. Quand arrivait, comme dit André Chénier, le jour de la veine dorée, une sorte de fièvre le saisissait. Qu'il eût des dettes à payer ou quelque emplette utile à faire, la présence de l'or le troublait à tel point, qu'il en perdait la réflexion. Dès qu'il voyait briller dans ses mains un peu de ce rare métal, il sentait son cœur tressaillir, et ne pensait plus qu'à courir, s'il faisait beau. Quand je dis courir, je me trompe; on le rencontrait, ce jour-là, dans une bonne voiture de louage, qui le menait au Rocher de Cancale; là, étendu sur les coussins, respirant l'air ou fumant son cigare, il se laissait bercer mollement, sans jamais songer à demain. Demain, pourtant, c'était l'ordinaire, il fallait redevenir commis; mais peu lui importait, pourvu qu'à tout prix il eût satisfait son imagination. Les appointements du mois s'envolaient ainsi en un jour. Il passait, disait-il, ses mauvais moments à rêver, et ses bons moments à réaliser ses rêves : tantôt à Paris, tantôt à la campagne, on le rencontrait avec son fracas, presque toujours seul, preuve que ce n'était pas vanité de sa part. D'ailleurs il faisait ses extravagances avec la simplicité d'un grand seigneur qui se passe un caprice. Voilà un bon commis! direz-vous; aussi le mit-on à la porte.

Avec la liberté et l'oisiveté revinrent des tentations de toute espèce. Quand on a beaucoup de désirs, beaucoup de jeunesse et peu d'argent, on court grand risque de faire des sottises. Valentin en fit d'assez grandes. Toujours poussé par sa manie de changer des rêves en réalité, il en vint à faire les plus dangereux rêves. Il lui passait, je suppose, par la tête de se rendre compte de ce que peut être la vie d'un tel qui a cent mille francs à manger par an. Voilà mon étourdi qui, toute une journée, n'en agissait ni plus ni moins que s'il eût été le personnage en question. Jugez où cela peut conduire avec un peu d'intelligence et de curiosité. Le raisonnement de Valentin sur sa manière de vivre était, du reste, assez plaisant. Il prétendait qu'à chaque créature vivante revient de droit une certaine somme de jouissance; il comparait cette somme à une coupe pleine que les économes vident goutte à goutte, et qu'il buvait, lui, à grands traits. — Je ne compte pas les jours, disait-il, mais les plaisirs; et le jour où je dépense vingt-cinq louis, j'ai cent quatre-vingt-deux mille cinq cents livres de rente.

Au milieu de toutes ces folies, Valentin avait dans le cœur un sentiment qui devait le préserver, c'était son affection pour sa mère. Sa mère, il est vrai, l'avait toujours gâté; c'est un tort, dit-on, je n'en sais rien; mais, en tout cas, c'est le meilleur et le plus naturel des torts. L'excellente femme qui avait donné la vie à Valentin fit tout au monde pour la lui rendre douce. Elle n'était pas riche, comme vous savez. Si tous les petits écus glissés en cachette dans la main de l'enfant chéri s'étaient trouvés tout à coup rassemblés, ils auraient pourtant fait une belle pile. Valentin, dans tous ses désordres, n'eut jamais d'autre frein que l'idée de ne pas rapporter un chagrin à sa mère; mais cette idée le suivait partout. D'un autre côté, cette affection salutaire ouvrait son cœur à toutes les bonnes pensées, à tous les sentiments honnêtes. C'était pour lui la clef d'un monde qu'il n'eût peut-être pas compris sans cela. Je ne sais qui a dit le premier qu'un être aimé n'est jamais malheureux; celui-là eût pu dire encore : « Qui aime sa mère n'est jamais méchant. » Quand Valentin regagnait le logis, après quelque folle équipée,

Traînant l'aile et tirant le pié,

sa mère arrivait et le consolait. Qui pourrait compter les soins patients, les attentions en apparence faciles, les petites joies intérieures, par lesquels l'amitié se prouve en silence, et rend la vie douce et légère? J'en veux citer un exemple en passant.

Un jour que l'étourdi garçon avait vidé sa bourse au jeu, il venait de rentrer de mauvaise humeur. Les coudes sur sa table, la tête dans ses mains, il se livrait à ses idées sombres. Sa mère entra, tenant un gros bouquet de roses dans un verre d'eau, qu'elle posa doucement sur la table, à côté de lui. Il leva les yeux pour la remercier, et elle lui dit en souriant : Il y en a pour quatre sous. Ce n'était pas cher, comme vous voyez; cependant le bouquet était superbe. Valentin, resté seul, sentit le parfum frapper son cerveau excité. Je ne saurais vous dire quelle impression produisit sur lui une si douce jouissance, si facilement venue, si inopinément apportée; il pensa à la somme qu'il avait perdue, il se demanda ce qu'en aurait pu faire la main maternelle qui le consolait à si bon marché. Son cœur gonflé se fondit en larmes, et il se souvint des plaisirs du pauvre qu'il venait d'oublier.

Ces plaisirs du pauvre lui devinrent chers, à mesure qu'il les connut mieux. Il les aima parce qu'il aimait sa mère; il regarda peu à peu autour de lui, et ayant un peu essayé de tout, il se trouva capable de tout sentir. Est-ce un avantage? Je n'en puis rien dire encore. Chance de jouissance, chance de souffrance.

J'aurai l'air de faire une plaisanterie si je vous dis qu'en avançant dans la vie, Valentin devint à la fois plus sage et plus fou; c'est pourtant la vérité pure. Une double existence se développait en lui. Si son esprit avide l'entraînait, son cœur le retenait au logis. S'enfermait-il, décidé au repos, un orgue de Barbarie, jouant une valse, passait sous la fenêtre et dérangeait tout. Sortait-il alors, et, selon sa coutume, courait-il après le plaisir, un mendiant rencontré en route, un mot touchant trouvé par hasard dans le fatras d'un drame à la mode, le rendaient pensif, et il retournait chez lui. Prenait-il la plume, et s'asseyait-il pour travailler, sa plume distraite esquissait sur les marges d'un dossier la silhouette d'une jolie femme qu'il avait rencontrée au bal. Une bande joyeuse, réunie chez un ami, l'invitait-elle à rester à souper, il tendait son verre en riant, et buvait une copieuse rasade ; puis il fouillait dans sa poche, voyait qu'il avait oublié sa clef, qu'il réveillerait sa mère en rentrant ; il s'esquivait et revenait respirer ses roses bien-aimées.

Tel était ce garçon, simple et écervelé, timide et fier, tendre et audacieux. La nature l'avait fait riche, et le hasard l'avait fait pauvre ; au lieu de choisir, il prit les deux partis. Tout ce qu'il y avait en lui de patience, de réflexion et de résignation ne pouvait triompher de l'amour du plaisir, et ses plus grands moments de déraison ne pouvaient entamer son cœur. Il ne lutta ni contre son cœur, ni contre le plaisir qui l'attirait. Ce fut ainsi qu'il devint double, et qu'il vécut en perpétuelle contradiction avec lui-même, comme je vous le montrais tout à l'heure. Mais c'est de la faiblesse, allez-vous dire. Eh !

mon Dieu, oui ; ce n'est pas là un Romain, mais nous ne sommes pas ici à Rome*.

Nous sommes à Paris, madame, et il est question de deux amours. Heureusement pour vous, le portrait de mes héroïnes sera plus vite fait que celui de mon héros. Tournez la page, elles vont entrer en scène.

*-Ce premier chapitre est rempli de souvenirs d'enfance de l'auteur.

II

Je vous ai dit que, de ces deux dames, l'une était riche et l'autre pauvre. Vous devinez déjà par quelle raison elles plurent toutes deux à Valentin. Je crois vous avoir dit aussi que l'une était mariée et l'autre veuve. La marquise de Parnes (c'est la mariée) était fille et femme de marquis. Ce qui vaut mieux, elle était fort riche; ce qui vaut mieux encore, elle était fort libre, son mari étant en Hollande pour affaires. Elle n'avait pas vingt-cinq ans, elle se trouvait reine d'un petit royaume au fond de la Chaussée-d'Antin. Ce royaume consistait en un petit hôtel, bâti avec un goût parfait entre une grande cour et un beau jardin. C'était la dernière folie du défunt beau-père, grand seigneur un peu libertin, et la maison, à dire vrai, se ressentait des goûts de son ancien maître; elle ressemblait plutôt à ce qu'on appelait jadis une *maison à parties* qu'à la retraite d'une jeune femme condamnée au repos par l'absence de l'époux. Un pavillon rond, séparé de l'hôtel, occupait le milieu du jardin. Ce pavillon, qui n'avait qu'un rez-de-chaussée, n'avait aussi qu'une seule pièce, et n'était qu'un immense boudoir meublé avec un luxe raffiné. Madame de Parnes, qui habitait l'hôtel et passait pour fort sage, n'allait point, disait-on, au pavillon. On y voyait pourtant quelquefois de la lumière. Compagnie excellente, dîners à l'avenant, fringants équipages, nombreux domestiques, en un mot, grand bruit de bon ton, voilà la maison de la marquise. D'ailleurs une éducation achevée lui avait donné mille talents ; avec tout ce qu'il faut pour plaire sans esprit, elle trouvait moyen d'en avoir ; une indispensable tante la menait partout ; quand on parlait de son mari, elle disait qu'il allait revenir ; personne ne pensait à médire d'elle.

Madame Delaunay (c'est la veuve) avait perdu son mari fort jeune ; elle vivait avec sa mère d'une modique pension obtenue à grand'peine, et à grand'peine suffisante. C'était à un troisième étage qu'il fallait monter, rue du Plat-d'Étain, pour la trouver brodant à sa fenêtre ; c'était tout ce qu'elle savait faire ; son éducation, vous le voyez, avait été fort négligée. Un petit salon était tout son domaine ; à l'heure du dîner, on y roulait la table de noyer, reléguée durant le jour dans l'antichambre. Le soir, une armoire à alcôve s'ouvrait, contenant deux lits. Du reste, une propreté soigneuse entretenait le modeste ameublement. Au milieu de tout cela, madame Delaunay aimait le monde. Quelques anciens amis de son mari donnaient de petites soirées où elle allait, parée d'une fraîche robe d'organdi. Comme les gens sans fortune n'ont pas de saison, ces petites fêtes duraient toute l'année. Être pauvre, jeune, belle et honnête, ce n'est pas un mérite si rare qu'on le dit, mais c'est un mérite.

Quand je vous ai annoncé que mon Valentin aimait ces deux femmes, je n'ai pas prétendu déclarer qu'il les aimât également toutes deux. Je pourrais me tirer d'affaire en vous disant qu'il aimait l'une et désirait l'autre; mais je ne veux point chercher ces finesses, qui, après tout, ne signifieraient rien, sinon qu'il les désirait toutes deux. J'aime mieux vous raconter simplement ce qui se passait dans son cœur.

Ce qui le fit d'abord aller souvent dans ces deux maisons, ce fut un assez vilain motif, l'absence de maris dans l'une et dans l'autre. Il n'est que trop vrai qu'une apparence de facilité, quand bien même elle n'est qu'une apparence, séduit les jeunes têtes. Valentin était reçu chez madame de Parnes parce qu'elle voyait beaucoup de monde, sans autre raison; un ami l'avait présenté. Pour aller chez madame Delaunay, qui ne recevait personne, ce n'avait pas été aussi aisé. Il l'avait rencontrée à l'une de ces petites soirées dont je vous parlais tout à l'heure, car Valentin allait un peu partout; il avait donc vu madame Delaunay, l'avait remarquée, l'avait fait danser, enfin, un beau jour, avait trouvé moyen de lui porter un livre nouveau qu'elle désirait lire. La première visite une fois faite, on revient sans motif, et au bout de trois mois on est de la maison; ainsi vont les choses. Tel qui s'étonne de la présence d'un jeune homme dans une famille que personne n'aborde, serait quelquefois bien plus étonné d'apprendre sur quel frivole prétexte il y est entré.

Vous vous étonnerez peut-être, madame, de la manière dont se prit le cœur de Valentin. Ce fut, pour ainsi dire, l'ouvrage du hasard. Il avait, durant un hiver, vécu, selon sa coutume, assez follement, mais assez gaiement. L'été venu, comme la cigale, il se trouva au dépourvu. Les uns partaient pour la campagne, les autres allaient en Angleterre ou aux eaux : il y a de ces années de désertion où tout ce qu'on a d'amis disparaît; une bouffée de vent les emporte, et on reste seul tout à coup. Si Valentin eût été plus sage, il aurait fait comme les autres, et serait parti de son côté; mais les plaisirs avaient été chers, et sa bourse vide le retenait à Paris. Regrettant son imprévoyance, aussi triste qu'on peut l'être à vingt-cinq ans, il songeait à passer l'été, et à faire, non de nécessité vertu, mais de nécessité plaisir, s'il se pouvait. Sorti un matin par une de ces belles journées où tout ce qui est jeune sort sans savoir pourquoi, il ne trouva, en y réfléchissant, que deux endroits où il pût aller, chez madame de Parnes ou chez madame Delaunay. Il fut chez toutes deux le jour même, et, ayant agi en gourmand, il se trouva désœuvré le lendemain. Ne pouvant recommencer ses visites avant quelques jours, il se demanda quel jour il le pourrait; après quoi, involontairement, il repassa dans sa tête ce qu'il avait dit et entendu durant ces deux heures devenues précieuses pour lui.

La ressemblance dont je vous ai parlé, et qui ne l'avait pas jusqu'alors frappé, le fit sourire d'abord. Il lui parut étrange que deux jeunes femmes dans des positions si diverses, et dont l'une ignorait l'existence de l'autre, eussent l'air d'être les deux sœurs. Il compara dans sa mémoire leurs traits, leur taille et leur esprit; chacune des deux lui fit tour à tour moins aimer ou mieux goûter l'autre. Madame de Parnes était coquette, vive, minaudière et enjouée; madame Delaunay était aussi tout cela, mais pas tous les jours, au bal seulement, et à un degré, pour ainsi dire, plus tiède. La pauvreté sans doute en était cause. Cependant les yeux de la veuve brillaient parfois d'une flamme ardente qui semblait se concentrer dans le repos, tandis que le regard de la marquise ressemblait à une étincelle brillante, mais fugitive. — C'est bien la même femme, se disait Valentin; c'est le même feu, voltigeant là sur un foyer joyeux, ici couvert de cendres. Peu à peu il vint aux détails; il pensa aux blanches mains de l'une effleurant son clavier d'ivoire, aux mains un peu maigres de l'autre tombant de fatigue sur ses genoux. Il pensa au pied, et il trouva bizarre que la pauvre fût la mieux chaussée : elle faisait ses guêtres elle-même. Il vit la dame de la Chaussée-d'Antin, étendue sur sa chaise longue, respirant la fraîcheur, les bras nus dès le matin. Il se demandait si madame Delaunay avait d'aussi beaux bras sous ses manches d'indienne, et je ne sais pourquoi il tressaillit à l'idée de voir madame Delaunay les bras nus ; puis il pensa aux belles touffes de cheveux noirs de madame de Parnes, et à l'aiguille à tricoter que madame Delaunay plantait dans sa natte en causant. Il prit un crayon et chercha à retracer sur le papier la double image qui l'occupait. A force d'effacer et de tâtonner, il arriva à l'une de ces ressemblances lointaines dont la fantaisie se contente quelquefois plutôt que d'un portrait trop vrai. Dès qu'il eut obtenu cette esquisse, il s'arrêta ; à laquelle des deux ressemblait-elle davantage ? Il ne pouvait lui-même en décider ; ce fut tantôt à l'une et tantôt à l'autre, selon le caprice de sa rêverie. — Que de mystères dans le destin ! se disait-il ; qui sait, malgré les apparences, laquelle de ces deux femmes est la plus heureuse ? Est-ce la plus riche ou la plus belle ? Est-ce celle qui sera la plus aimée ? Non, c'est celle qui aimera le mieux. Que feraient-elles si demain matin elles s'éveillaient l'une à la place de l'autre ? Valentin se souvint du dormeur éveillé, et sans s'apercevoir qu'il rêvait lui-même en plein jour, il fit mille châteaux en Espagne, il se promit d'aller, dès le lendemain, faire ses deux visites, et d'emporter son esquisse pour en voir les défauts ; en même temps il ajoutait un coup de crayon, une boucle de cheveux, un pli à la robe ; les yeux étaient plus grands, le contour plus délicat. Il pensa de nouveau au pied, puis à la main, puis aux bras blancs ; il pensa encore à mille autres choses ; enfin il devint amoureux.

III

Devenir amoureux n'est pas le difficile, c'est de savoir dire qu'on l'est. Valentin, muni de son esquisse, sortit de bonne heure le lendemain. Il commença par la marquise. Un heureux hasard, plus rare que l'on ne pense, voulut qu'il la trouvât ce jour-là telle qu'il l'avait rêvée la veille. On était alors au mois de juillet. Sur un banc de bois, garni de frais coussins, sous un beau chèvrefeuille en fleur, les bras nus, vêtue d'un peignoir, ainsi pouvait paraître une nymphe aux yeux d'un berger de Virgile ; ainsi parut aux yeux du jeune homme la blanche Isabelle, marquise de Parnes. Elle le salua d'un de ces doux sourires qui coûtent si peu quand on a de belles dents, et lui montra assez nonchalamment un tabouret fort éloigné d'elle. Au lieu de s'asseoir sur ce tabouret, il le prit pour se rapprocher, et comme il cherchait où se mettre : Où allez-vous donc? demanda la marquise.

Valentin pensa que sa tête s'était échauffée outre mesure, et que la réalité indocile allait moins vite que le désir. Il s'arrêta, et, replaçant le tabouret un peu plus loin encore qu'il n'était d'abord, s'assit, ne sachant trop quoi dire. Il faut savoir qu'un grand laquais, à mine insolente et rébarbative, était debout devant la marquise, et lui présentait une tasse de chocolat brûlant, qu'elle se mit à avaler à petites gorgées. La présence de ce tiers, l'extrême attention que mettait la dame à ne pas se brûler les lèvres, le peu de souci qu'en revanche elle prenait du visiteur, n'étaient pas faits pour encourager. Valentin tira gravement l'esquisse qu'il avait dans sa poche, et, fixant ses yeux sur madame de Parnes, il examina alternativement l'original et la copie. Elle lui demanda ce qu'il faisait. Il se leva, lui donna son dessin, puis se rassit sans en dire davantage. Au premier coup d'œil, la marquise fronça le sourcil, comme lorsqu'on cherche une ressemblance, puis elle se pencha de côté, comme on fait lorsqu'on l'a trouvée. Elle avala le reste de sa tasse; le laquais s'en fut, et les belles dents reparurent avec le sourire.

— C'est mieux que moi, dit-elle enfin; vous avez fait cela de mémoire ? Comment vous y êtes-vous pris ?

Valentin répondit qu'un si beau visage n'avait pas besoin de poser pour qu'on pût le copier, et qu'il l'avait trouvé dans son cœur. La marquise fit un léger salut, et Valentin approcha son tabouret.

Tout en causant de choses indifférentes, madame de Parnes regardait le dessin.

— Je trouve, dit-elle, qu'il y a dans ce portrait une physionomie qui n'est pas la mienne. On dirait que cela ressemble à quelqu'un qui me ressemble, mais que ce n'est pas moi qu'on a voulu faire.

Valentin rougit malgré lui, et crut sentir qu'au fond de l'âme il aimait madame Delaunay ; l'observation de la marquise lui en parut un témoignage. Il regarda de nouveau son dessin, puis la marquise, puis il pensa à la jeune veuve. Celle que j'aime, se dit-il, est celle à qui ce portrait ressemble le plus. Puisque mon cœur a guidé ma main, ma main m'expliquera mon cœur.

La conversation continua (il s'agissait, je crois, d'une course de chevaux qu'on avait faite au champ de Mars la veille).

— Vous êtes à une lieue, dit madame de Parnes.

Valentin se leva, s'avança vers elle.

— Voilà un beau chèvrefeuille, dit-il en passant.

La marquise étendit le bras, cassa une petite branche en fleur et la lui offrit gracieusement.

— Tenez, dit-elle, prenez cela, et dites-moi si c'est vraiment moi dont vous avez cherché la ressemblance, ou si, en en peignant une autre, vous l'avez trouvée par hasard.

Par un petit mouvement de fatuité, Valentin, au lieu de prendre la branche, présenta en riant à la marquise la boutonnière de son habit, afin qu'elle y mît le bouquet elle-même; pendant qu'elle s'y prêtait de bonne grâce, mais non sans quelque peine, il était debout, et regardait le pavillon dont je vous ai parlé, et dont une persienne était entr'ouverte. Vous vous souvenez que madame de Parnes passait pour n'y jamais aller. Elle affectait même quelque mépris pour ce boudoir galant et recherché, qu'elle trouvait de mauvaise compagnie. Valentin crut voir cependant que les fauteuils dorés et les tentures brillantes ne souffraient pas de la poussière. Au milieu de ces meubles à forme grecque, superbes et incommodes comme tout ce qui vient de l'empire, certaine chaise longue évidemment moderne lui parut se détacher dans l'ombre. Le cœur lui battit, je ne sais pourquoi, en songeant que la belle marquise se servait quelquefois de son pavillon; car pourquoi ce fauteuil eût-il été là, sinon pour aller s'y asseoir? Valentin saisit une des blanches mains occupées à le décorer, et la porta doucement à ses lèvres; ce qu'en pensa la marquise, je n'en sais rien. Valentin regardait la chaise longue; madame de Parnes regardait le dessin de Valentin; elle ne retirait pas sa main, et il la tenait entre les siennes. Un domestique parut sur le perron; une visite arrivait. Valentin lâcha la main de la marquise, et (chose assez singulière) elle ferma brusquement la persienne.

La visite entrée, Valentin fut un peu embarrassé; car il vit que la marquise cachait son esquisse, comme par mégarde, en jetant son mouchoir dessus. Ce n'était pas là son compte: il prit le parti le plus court, il souleva le mouchoir et s'empara du papier; madame de Parnes fit un léger signe d'étonnement.

— Je veux y retoucher, lui dit-il tout haut; permettez-moi d'emporter cela.

Elle n'insista pas, et il s'en fut avec.

Il trouva madame Delaunay qui faisait de la tapisserie, sa mère était assise près d'elle. La pauvre femme, pour tout jardin, avait quelques fleurs sur sa croisée. Son costume, toujours le même, était de couleur sombre, car elle n'avait pas de robe du matin; tout superflu est signe de richesse. Une velléité de fausse élégance lui faisait porter cependant des boucles d'oreille de mauvais goût et une chaîne de chrysocale. Ajoutez à cela des cheveux en désordre et l'apparence d'une fatigue habituelle; vous conviendrez que le premier coup d'œil ne lui rendait pas en ce moment la comparaison favorable.

Valentin n'osa pas, en présence de la mère, montrer le dessin qu'il apportait. Mais lorsque trois heures sonnèrent, la vieille dame, qui n'avait pas de servante, sortit pour préparer son dîner. C'était l'instant qu'attendait le jeune homme. Il tira donc de nouveau son portrait, et tenta sa seconde épreuve. La veuve n'avait pas grande finesse, elle ne se reconnut pas, et Valentin, un peu confus, se vit obligé de lui expliquer que c'était elle qu'il avait voulu faire. Elle en parut d'abord étonnée, puis enchantée, et, croyant simplement que c'était un cadeau que Valentin lui offrait, elle alla décrocher un petit cadre en bois blanc à la cheminée, en ôta un affreux portrait de Napoléon qui y jaunissait depuis 1810, et se disposa à y mettre le sien.

Valentin commença par la laisser faire; il ne pouvait se résoudre à gâter ce mouvement de joie naïve. Cependant l'idée que madame de Parnes lui redemanderait sans doute son dessin le chagrinait visiblement ; madame Delaunay, qui s'en aperçut, crut avoir commis une indiscrétion ; elle s'arrêta embarrassée, tenant son cadre et ne sachant qu'en faire. Valentin, qui, de son côté, sentait qu'il avait fait une sottise en montrant ce portrait qu'il ne voulait pas donner, cherchait en vain à sortir d'embarras. Après quelques instants de gêne et d'hésitation, le cadre et le papier restèrent sur la table, à côté du Napoléon détrôné, et madame Delaunay reprit son ouvrage.

— Je voudrais, dit enfin Valentin, qu'avant de vous laisser cette petite ébauche, il me fût permis d'en faire une copie.

— Je crois que je ne suis qu'une étourdie, répondit la veuve. Gardez ce dessin qui vous appartient, si vous y attachez quelque prix. Je ne suppose pourtant pas que votre intention soit de le mettre dans votre chambre, ni de le montrer à vos amis.

— Certainement non ; mais c'est pour moi que je l'ai fait, et je ne voudrais pas le perdre entièrement.

— A quoi pourra-t-il vous servir, puisque vous m'assurez que vous ne le montrerez pas ?

— Il me servira à vous voir, madame, et à parler quelquefois à votre image de ce que je n'ose vous dire à vous-même.

Quoique cette phrase, à la rigueur, ne fût qu'une

galanterie, le ton dont elle était prononcée fit lever les yeux à la veuve. Elle jeta sur le jeune homme un regard, non pas sévère, mais sérieux; ce regard troubla Valentin, déjà ému de ses propres paroles; il roula l'esquisse et allait la remettre dans sa poche, quand madame Delaunay se leva et la lui prit des mains d'un air de raillerie timide. Il se mit à rire, et à son tour s'empara lestement du papier.

— Et de quel droit, madame, m'ôteriez-vous ma propriété? Est-ce que cela ne m'appartient pas?

— Non, dit-elle assez sèchement; personne n'a le droit de faire un portrait sans le consentement du modèle.

Elle s'était rassise à ce mot, et Valentin, la voyant un peu agitée, s'approcha d'elle et se sentit plus hardi. Soit repentir d'avoir laissé voir le plaisir qu'elle avait d'abord ressenti, soit désappointement, soit impatience, madame Delaunay avait la main tremblante. Valentin, qui venait de baiser celle de madame de Parnes, et qui ne l'avait pas fait trembler pour cela, prit, sans autre réflexion, celle de la veuve. Elle le regarda d'un air stupéfait, car c'était la première fois qu'il arrivait à Valentin d'être si familier avec elle. Mais, quand elle le vit s'incliner et approcher ses lèvres de sa main, elle se leva, lui laissa prendre sans résistance un long baiser sur sa mitaine, et lui dit avec une extrême douceur:

— Mon cher monsieur, ma mère a besoin de moi; je suis fâchée de vous quitter.

Elle le laissa seul sur ce compliment, sans lui donner le temps de la retenir et sans attendre sa réponse. Il se sentit fort inquiet, il eut peur de l'avoir blessée ; il ne pouvait se décider à s'en aller, et restait debout, attendant qu'elle revînt. Ce fut la mère qui reparut, et il craignit, en la voyant, que son imprudence ne lui coûtât cher ; il n'en fut rien : la bonne dame, de l'air le plus riant, venait lui tenir compagnie pendant que sa fille repassait sa robe pour aller le soir à son petit bal. Il voulut attendre encore quelque temps, espérant toujours que la belle boudeuse allait pardonner : mais la robe était, à ce qu'il paraît, fort ample ; le temps de se retirer arriva, et il fallut partir sans connaître son sort.

Rentré chez lui, notre étourdi ne se trouva pourtant pas trop mécontent de sa journée. Il repassa peu à peu dans sa tête toutes les circonstances de ses deux visites ; comme un chasseur qui a lancé le cerf, et qui calcule ses embuscades, ainsi l'amoureux calcule ses chances et raisonne sa fantaisie. La modestie n'était pas le défaut de Valentin. Il commença par convenir avec lui-même que la marquise lui appartenait. En effet, il n'y avait eu de la part de madame de Parnes ombre de sévérité ni de résistance. Il fit cependant réflexion que, par cette raison même, il pouvait bien n'y avoir eu qu'une ombre légère de coquetterie. Il y a de très belles dames de par le monde qui se laissent baiser la main, comme le pape laisse baiser sa mule :

c'est une formalité charitable; tant mieux pour ceux qu'elle mène en paradis. Valentin se dit que la pruderie de la veuve promettait peut-être plus, au fond, que le laisser-aller de la marquise. Madame Delaunay, après tout, n'avait pas été bien rigide. Elle avait doucement retiré sa main, et s'en était allée repasser sa robe. En pensant à cette robe, Valentin pensa au petit bal : c'était le soir même ; il se promit d'y aller.

Tout en se promenant par la chambre, et tout en faisant sa toilette, son imagination s'exaltait. C'était la veuve qu'il allait voir, c'était à elle qu'il songeait. Il vit sur sa table un petit portefeuille assez laid, qu'il avait gagné dans une loterie. Sur la couverture de ce portefeuille était un méchant paysage à l'aquarelle, sous verre, et assez bien monté. Il remplaça adroitement ce paysage par le portrait de madame de Parnes; je me trompe, je veux dire de madame Delaunay. Cela fait, il mit ce portefeuille en poche, se promettant de le tirer à propos et de le faire voir à sa future conquête. — Que dira-t-elle ? se demanda-t-il. Et que répondrai-je? se demanda-t-il encore. Tout en ruminant entre ses dents quelques-unes de ces phrases préparées d'avance qu'on apprend par cœur et qu'on ne dit jamais, il lui vint l'idée beaucoup plus simple d'écrire une déclaration en forme, et de la donner à la veuve.

Le voilà écrivant; quatre pages se remplissent. Tout le monde sait combien le cœur s'émeut durant ces instants où l'on cède à la tentation de fixer sur le papier un sentiment peut-être fugitif : il est doux, il est dangereux, madame, d'oser dire qu'on aime. La première page qu'écrivit Valentin était un peu froide et beaucoup trop lisible. Les virgules s'y trouvaient à leur place, les alinéas bien marqués, toutes choses qui prouvent peu d'amour. La seconde page était déjà moins correcte ; les lignes se pressaient à la troisième, et la quatrième, il faut en convenir, était pleine de fautes d'orthographe.

Comment vous dire l'étrange pensée qui s'empara de Valentin tandis qu'il cachetait sa lettre ? C'était pour la veuve qu'il l'avait écrite, c'était à elle qu'il parlait de son amour, de son baiser du matin, de ses craintes et de ses désirs ; au moment d'y mettre l'adresse, il s'aperçut, en se relisant, qu'aucun détail particulier ne se trouvait dans cette lettre, et il ne put s'empêcher de sourire à l'idée de l'envoyer à madame de Parnes. Peut-être y eut-il, à son insu, un motif caché qui le porta à exécuter cette idée bizarre. Il se sentait, au fond du cœur, incapable d'écrire une pareille lettre pour la marquise, et son cœur lui disait en même temps que, lorsqu'il voudrait, il en pourrait récrire une autre à madame Delaunay. Il profita donc de l'occasion, et envoya, sans plus tarder, la déclaration faite pour la veuve à l'hôtel de la Chaussée-d'Antin.

IV

C'était chez un ancien notaire, nommé M. des Andelys, qu'avait lieu la petite réunion où Valentin devait rencontrer madame Delaunay. Il la trouva, comme il l'espérait, plus belle et plus coquette que jamais. Malgré la chaîne et les boucles d'oreilles, sa toilette était presque simple ; un simple nœud de ruban de couleur changeante accompagnait son joli visage, et un autre de pareille nuance serrait sa taille souple et mignonne. J'ai dit qu'elle était fort petite, brune, et qu'elle avait de grands yeux ; elle était aussi un peu maigre, et différait en cela de madame de Parnes, dont l'embonpoint montrait les plus belles formes enveloppées d'un réseau d'albâtre. Pour me servir d'une expression d'atelier, qui rendra ici ma pensée, l'ensemble de madame Delaunay était *bien fondu*, c'est-à-dire que rien ne tranchait en elle : ses cheveux n'étaient pas très noirs, et son teint n'était pas très blanc ; elle avait l'air d'une petite créole. Madame de Parnes, au contraire, était comme peinte ; une légère pourpre colorait ses joues et ravivait ses yeux étincelants ; rien n'était plus admirable que ses épais cheveux noirs couronnant ses belles épaules. Mais je vois que je fais comme mon héros ; je pense à l'une quand il faut parler de l'autre ; souvenons-nous que la marquise n'allait point à des soirées de notaire.

Quand Valentin pria la veuve de lui accorder une contredanse, un *je suis engagée* bien sec fut toute la réponse qu'il obtint. Notre étourdi, qui s'y attendait, feignit de n'avoir pas entendu, et répondit : Je vous remercie. Il fit quelques pas là-dessus, et madame Delaunay courut après lui pour lui dire qu'il se trompait. — En ce cas, demanda-t-il aussitôt, quelle contredanse me donnerez-vous ? Elle rougit, et n'osant refuser, feuilletant un petit livre de bal où ses danseurs étaient inscrits : Ce livret me trompe, dit-elle en hésitant ; il y a une quantité de noms que je n'ai pas encore effacés, et qui me troublent la mémoire. C'était bien le cas de tirer le portefeuille à portrait, Valentin n'y manqua pas. — Tenez, dit-il, écrivez mon nom sur la première page de cet album. Il me sera plus cher encore.

Madame Delaunay se reconnut cette fois : elle prit le portefeuille, regarda son portrait, et écrivit à la première page le nom de Valentin ; après quoi, en lui rendant le portefeuille, elle lui dit assez tristement : — Il faut que je vous parle, j'ai deux mots nécessaires à vous dire ; mais je ne puis pas danser avec vous.

Elle passa alors dans une chambre voisine où l'on jouait, et Valentin la suivit. Elle paraissait excessivement embarrassée. — Ce que j'ai à vous demander, dit-elle, va peut-être vous sembler très ridicule, et je sens moi-même que vous aurez raison de le trouver ainsi. Vous m'avez fait une visite ce matin, et vous m'avez... pris la main, ajouta-t-elle timidement. Je ne suis ni assez enfant ni assez sotte pour ignorer que si peu de chose ne fâche personne et ne signifie rien. Dans le grand monde, dans celui où vous vivez, ce n'est qu'une simple politesse; cependant nous nous trouvions seuls, et vous n'arriviez ni ne partiez; vous conviendrez, ou, pour mieux dire, vous comprendrez peut-être par amitié pour moi...

Elle s'arrêta, moitié par crainte et moitié par ennui de l'effort qu'elle faisait. Valentin, à qui ce préambule causait une frayeur mortelle, attendait qu'elle continuât, lorsqu'une idée subite lui traversa l'esprit. Il ne réfléchit pas à ce qu'il faisait, et, cédant à un premier mouvement, il s'écria :

— Votre mère l'a vu?

— Non, répondit la veuve avec dignité; non, monsieur, ma mère n'a rien vu. Comme elle achevait ces mots, la contredanse commença, son danseur vint la chercher et elle disparut dans la foule.

Valentin attendit impatiemment, comme vous pouvez croire, que la contredanse fût finie. Ce moment désiré arriva enfin; mais madame Delaunay retourna à sa place, et, quoi qu'il fît pour l'approcher, il ne put lui parler. Elle ne semblait pas hésiter sur ce qui lui restait à dire, mais penser comment elle le dirait.

Valentin se faisait mille questions qui toutes aboutissaient au même résultat : Elle veut me prier de ne plus revenir chez elle. Une pareille défense, cependant, sur un aussi léger prétexte, le révoltait. Il y trouvait plus que du ridicule; il y voyait ou une sévérité déplacée, ou une fausse vertu prompte à se faire valoir. — C'est une bégueule ou une coquette, se dit-il. Voilà, madame, comme on juge à vingt-cinq ans.

Madame Delaunay comprenait parfaitement ce qui se passait dans la tête du jeune homme. Elle l'avait bien un peu prévu; mais, en le voyant, elle perdait courage. Son intention n'était pas tout à fait de défendre sa porte à Valentin ; mais, tout en n'ayant guère d'esprit, elle avait beaucoup de cœur, et elle avait vu clairement, le matin, qu'il ne s'agissait pas d'une plaisanterie, et qu'elle allait être attaquée. Les femmes ont un certain tact qui les avertit de l'approche du combat. La plupart d'entre elles s'y exposent ou parce qu'elles se sentent sur leurs gardes, ou parce qu'elles prennent plaisir au danger. Les escarmouches amoureuses sont le passe-temps des belles oisives. Elles savent se défendre, et ont, quand elles veulent, l'occasion de se distraire. Mais madame Delaunay était trop occupée, trop sédentaire, elle voyait trop peu de monde, elle travaillait trop aux ouvrages d'aiguille, qui laissent rêver et font quelquefois rêver; elle était trop pauvre, en un mot, pour se laisser baiser la main. Non pas qu'aujourd'hui elle se crût en péril; mais qu'allait-il arriver demain, si Valentin lui parlait d'amour, et si, après-demain, elle lui fermait sa maison, et si, le jour suivant, elle s'en repentait? L'ouvrage irait-il pendant ce temps-là? Y aurait-il le soir le nombre de points voulu? (Je vous expliquerai ceci plus tard.) Mais qu'allait-on dire, en tout cas? Une femme qui vit presque seule est bien plus exposée qu'une autre. Ne doit-elle pas être plus sévère? Madame Delaunay se disait qu'au risque d'être ridicule, il fallait éloigner Valentin avant que son repos ne fût troublé. Elle voulait donc parler, mais elle était femme, et il était là; le *droit de présence* est le plus fort de tous, et le plus difficile à combattre.

Dans un moment où tous les motifs que je viens d'indiquer brièvement se représentaient à elle avec force, elle se leva. Valentin était en face d'elle, et leurs regards se rencontrèrent; depuis une heure, le jeune homme réfléchissait, seul, à l'écart, et lisait aussi de son côté dans les grands yeux de madame Delaunay chaque pensée qui l'agitait. A sa première impatience avait succédé la tristesse. Il se demandait si en effet c'était là une prude ou une coquette; et plus il cherchait dans ses souvenirs, plus il examinait le visage timide et pensif qu'il avait devant lui, plus il se sentait saisi d'un certain respect. Il se disait que son étourderie était peut-être plus grave qu'il ne l'avait cru. Quand madame Delaunay vint à lui, il savait ce qu'elle allait lui demander. Il voulait lui en éviter la peine ; mais il la trouva trop belle et trop émue, et il aima mieux la laisser parler.

Ce ne fut pas sans trouble qu'elle s'y décida, et qu'elle en vint à tout expliquer. La fierté féminine, en cette circonstance, avait une rude atteinte à subir. Il fallait avouer qu'on était sensible, et cependant ne pas le laisser voir ; il fallait dire qu'on avait tout compris, et cependant paraître ne rien comprendre. Il fallait dire enfin qu'on avait peur, dernier mot que prononce une femme ; et la cause de cette crainte était si légère ! Dès ses premières paroles, madame Delaunay sentit qu'il n'y avait pour elle qu'un moyen de n'être ni faible, ni prude, ni coquette, ni ridicule, c'était d'être vraie. Elle parla donc ; et tout son discours pouvait se réduire à cette phrase : Éloignez-vous ; j'ai peur de vous aimer.

Quand elle se tut, Valentin la regarda à la fois avec étonnement, avec chagrin et avec un inexprimable plaisir. Je ne sais quel orgueil le saisissait ; il y a toujours de la joie à se sentir battre le cœur. Il ouvrait les lèvres pour répondre, et cent réponses lui venaient en même temps ; il s'enivrait de son émotion et de la présence d'une femme qui osait lui parler ainsi. Il voulait lui dire qu'il l'aimait, il voulait lui promettre de lui obéir, il voulait lui jurer de ne la jamais quitter, il voulait la remercier de son bonheur, il voulait lui parler de sa peine ; enfin mille idées contradictoires, mille tourments et mille délices lui traversaient l'esprit, et, au milieu de tout cela, il était sur le point de s'écrier malgré lui : Mais vous m'aimez!

Pendant toutes ces hésitations, on dansait un galop dans le salon : c'était la mode en 1825; quelques groupes s'étaient lancés et faisaient le tour de l'appartement; la veuve se leva; elle attendait toujours la réponse du jeune homme. Une singulière tentation s'empara de lui, en voyant passer la joyeuse promenade. — Eh bien! oui, dit-il, je vous le jure, vous me voyez pour la dernière fois. En parlant ainsi, il entoura de son bras la taille de madame Delaunay. Ses yeux semblaient dire : Cette fois encore soyons amis, imitons-les. Elle se laissa entraîner en silence, et bientôt, comme deux oiseaux, ils s'envolèrent au bruit de la musique.

Il était tard, et le salon était presque vide; les tables de jeu étaient encore garnies; mais il faut savoir que la salle à manger du notaire faisait un retour sur l'appartement, et qu'elle se trouvait alors complètement déserte. Les galopeurs n'allaient pas plus loin; ils tournaient autour de la table, puis revenaient au salon. Il arriva que, lorsque Valentin et madame Delaunay passèrent à leur tour dans cette salle à manger, aucun danseur ne les suivait; ils se trouvèrent donc tout à coup seuls au milieu du bal. Un regard rapide, jeté en arrière, convainquit Valentin qu'aucune glace, aucune porte ne pouvait le trahir; il serra la jeune veuve sur son cœur, et, sans lui dire une parole, posa ses lèvres sur son épaule nue.

Le moindre cri échappé à madame Delaunay aurait causé un affreux scandale. Heureusement pour l'étourdi, sa danseuse se montra prudente; mais elle ne put se montrer brave en même temps, et elle serait tombée s'il ne l'avait retenue. Il la retint donc, et, en entrant au salon, elle s'arrêta, appuyée sur son bras, pouvant à peine respirer. Que n'eût-il pas donné pour pouvoir compter les battements de ce cœur tremblant! Mais la musique cessait; il fallut partir, et, quoi qu'il pût dire à madame Delaunay, elle ne voulut point lui répondre.

V

Notre héros ne s'était point trompé lorsqu'il avait craint de compter trop vite sur l'indolence de la marquise. Il était encore, le lendemain, entre la veille et le sommeil, lorsqu'on lui apporta un billet à peu près conçu ainsi :

« Monsieur, je ne sais qui vous a donné le droit de m'écrire dans de pareils termes. Si ce n'est pas une méprise, c'est une gageure ou une impertinence. Dans tous les cas, je vous renvoie votre lettre, qui ne peut pas m'être adressée. »

Encore tout plein d'un souvenir plus vif, Valentin se souvenait à peine de sa déclaration envoyée à madame de Parnes. Il relut deux ou trois fois le billet avant d'en comprendre clairement le sens. Il en fut d'abord assez honteux, et cherchait vainement quelle réponse il pouvait y faire. En se levant et se frottant les yeux, ses idées devinrent plus nettes. Il lui sembla que ce langage n'était pas celui d'une femme offensée. Ce n'était pas ainsi que s'était exprimée madame Delaunay. Il relut la lettre qu'on lui renvoyait, il n'y trouva rien qui méritât tant de colère; cette lettre était passionnée, folle peut-être, mais sincère et respectueuse. Il jeta le billet sur sa table et se promit de n'y plus penser.

De pareilles promesses ne se tiennent guère; il n'y aurait peut-être plus pensé, en effet, si le billet, au lieu d'être sévère, eût été tendre ou seulement poli, car la soirée de la veille avait laissé dans l'âme du jeune homme une trace profonde. Mais la colère est contagieuse : Valentin commença par essuyer son rasoir sur le billet de la marquise; puis il le déchira et le jeta à terre; puis il brûla sa déclaration; puis il s'habilla et se promena à grands pas par la chambre; puis il demanda à déjeuner, et ne put ni boire ni manger; puis enfin, il prit son chapeau, et s'en fut chez madame de Parnes.

On lui dit qu'elle était sortie; voulant savoir si c'était vrai, il répondit : C'est bon, je le sais, et traversa lestement la cour. Le portier courait après lui, lorsqu'il rencontra la femme de chambre. Il aborda celle-ci, la prit à l'écart, et, sans autre préambule, lui mit un louis dans la main. Madame de Parnes était chez elle; il fut convenu avec la servante que personne n'aurait vu Valentin, et qu'on l'aurait laissé passer par mégarde. Il entra là-dessus, traversa le salon, et trouva la marquise seule dans sa chambre à coucher.

Elle lui parut, s'il faut tout dire, beaucoup moins en colère que son billet. Elle lui fit pourtant, vous vous y attendez, des reproches de sa conduite, et lui demanda fort sèchement par quel hasard il entrait ainsi. Il répondit d'un air naturel qu'il n'avait point rencontré de domestique pour se faire annoncer, et qu'il venait offrir, en toute humilité, les très humbles excuses de sa conduite.

— Et quelles excuses en pouvez-vous donner? demanda madame de Parnes.

Le mot de méprise qui se trouvait dans le billet revint par hasard à la mémoire de Valentin; il lui sembla plaisant de prendre ce prétexte, et de dire ainsi la vérité. Il répondit donc que la lettre insolente dont se plaignait la marquise n'avait pas été écrite pour elle, et qu'elle lui avait été apportée par erreur. Persuader une pareille affaire n'était pas facile, comme bien vous pensez. Comment peut-on écrire un nom et une adresse par méprise? Je ne me charge pas de vous expliquer par quelle raison madame de Parnes crut ou feignit de croire à ce que Valentin lui disait. Il lui raconta, du reste, plus sincèrement qu'elle ne le pensait, qu'il était amoureux d'une jeune veuve, que cette veuve, par le hasard le plus singulier, ressemblait beaucoup à madame la marquise, qu'il la voyait souvent, qu'il l'avait vue la veille; il dit, en un mot, tout ce qu'il pouvait dire, en retranchant le nom et quelques petits détails que vous devinerez.

Il n'est pas sans exemple qu'un amoureux novice se serve de fables de ce genre pour déguiser sa passion. Dire à une femme qu'on en aime une autre qui lui est semblable en tout point, c'est à la rigueur un moyen romanesque qui peut donner le droit de parler d'amour ; mais il faut, je crois, pour cela, que la personne auprès de laquelle on emploie de pareils stratagèmes y mette un peu de bonne volonté : fut-ce ainsi que la marquise l'entendit? je l'ignore. La vanité blessée plutôt que l'amour avait amené Valentin ; plutôt que l'amour la vanité flattée apaisa madame de Parnes ; elle en vint même à faire au jeune homme quelques questions sur sa veuve ; elle s'étonnait de la ressemblance dont il lui parlait ; elle serait, disait-elle, curieuse d'en juger par ses yeux. — Quel est son âge? demandait-elle ; est-elle plus petite ou plus grande que moi? a-t-elle de l'esprit? où va-t-elle? est-ce que je ne la connais pas?

A toutes ces demandes, Valentin répondait, autant que possible, la vérité. Cette sincérité de sa part avait, à chaque mot, l'air d'une flatterie détournée. — Elle n'est ni plus grande ni plus petite que vous, disait-il ; elle a, comme vous, cette taille charmante, comme vous ce pied incomparable, comme vous ces beaux yeux pleins de feu. La conversation, sur ce ton, ne déplaisait pas à la marquise. Tout en écoutant d'un air détaché, elle se mirait du coin de l'œil. A dire vrai, ce petit manège choquait horriblement Valentin ; il ne pouvait comprendre cette demi-vertu ni cette demi-hypocrisie d'une femme qui se fâchait d'une parole franche, et qui s'en laissait conter à travers une gaze. En voyant les œillades que la marquise se renvoyait à elle-même dans la glace, il se sentait l'envie de lui tout dire, le nom, la rue, le baiser du bal, et de prendre ainsi sa revanche complète sur le billet qu'il avait reçu.

Une question de madame de Parnes soulagea la mauvaise humeur du jeune homme. Elle lui demanda d'un air railleur s'il ne pouvait du moins lui dire le nom de baptême de sa veuve. — Elle s'appelle Julie, répliqua-t-il sur-le-champ. Il y avait dans cette réponse si peu d'hésitation et tant de netteté, que madame de Parnes en fut frappée. — C'est un assez joli nom, dit-elle; et la conversation tomba tout à coup.

Il arriva alors une chose peut-être difficile à expliquer et peut-être aisée à comprendre. Dès que la marquise crut sérieusement que cette déclaration qui l'avait choquée n'était réellement pas pour elle, elle en parut surprise et presque blessée. Soit que la légèreté de Valentin lui semblât trop forte, s'il en aimait une autre, soit qu'elle regrettât d'avoir montré de la colère mal à propos, elle devint rêveuse, et, ce qui est étrange, en même temps irritée et coquette. Elle voulut revenir sur son pardon, et, tout en cherchant querelle à Valentin, elle s'assit à sa toilette; elle dénoua le ruban qui entourait son cou, puis le rattacha; elle prit un peigne, sa coiffure semblait lui déplaire; elle refaisait une boucle d'un côté, en retranchait une de l'autre; comme elle arrangeait son chignon, le peigne lui glissa des mains, et sa longue chevelure noire lui couvrit les épaules.

— Voulez-vous que je sonne? demanda Valentin ; avez-vous besoin de votre femme de chambre?

— Ce n'est pas la peine, répondit la marquise, qui releva d'une main impatiente ses cheveux déroulés, et y enfonça son peigne. Je ne sais ce que font mes domestiques : il faut qu'ils soient tous sortis, car j'avais défendu ce matin qu'on laissât entrer personne.

— En ce cas, dit Valentin, j'ai commis une indiscrétion, je me retire.

Il fit quelques pas vers la porte, et allait sortir en effet, quand la marquise, qui tournait le dos, et apparemment n'avait pas entendu sa réponse, lui dit :

— Donnez-moi une boîte qui est sur la cheminée.

Il obéit ; elle prit des épingles dans la boîte et rajusta sa coiffure.

— A propos, dit-elle, et ce portrait que vous aviez fait?

— Je ne sais où il est, répondit Valentin ; mais je le retrouverai, et, si vous le permettez, je vous le donnerai lorsque je l'aurai retouché.

Un domestique vint, apportant une lettre à laquelle il fallait une réponse. La marquise se mit à écrire ; Valentin se leva et entra dans le jardin. En passant près du pavillon, il vit que la porte en était ouverte ; la femme de chambre qu'il avait rencontrée en arrivant y essuyait les meubles ; il entra, curieux d'examiner de près ce mystérieux boudoir qu'on disait délaissé. En le voyant, la servante se mit à rire avec cet air de protection que prend tout laquais après une confidence. C'était une fille jeune et assez jolie; il s'approcha d'elle délibérément et se jeta sur un fauteuil.

— Est-ce que votre maîtresse ne vient pas quelquefois ici? demanda-t-il d'un air distrait.

La soubrette semblait hésiter à répondre; elle continuait à ranger; en passant devant la chaise longue de forme moderne, dont je vous ai, je crois, parlé, elle dit à demi-voix :

— Voilà le fauteuil de madame.

— Et pourquoi, reprit Valentin, madame dit-elle qu'elle ne vient jamais?

— Monsieur, répondit la servante, c'est que l'ancien marquis, ne vous déplaise, a fait des siennes dans ce pavillon. Il a mauvais renom dans le quartier; quand on y entend du tapage, on dit : C'est le pavillon de Parnes; et voilà pourquoi madame s'en défend.

— Et qu'y vient faire madame? demanda encore Valentin.

Pour toute réponse, la soubrette haussa légèrement les épaules, comme pour dire : Pas grand mal.

Valentin regarda par la fenêtre si la marquise écrivait encore. Il avait mis, tout en causant, la main dans la poche de son gilet; le hasard voulut que dans ce moment il fût dans la veine dorée; un caprice de curiosité lui passa par la tête; il tira un double louis neuf qui reluisait merveilleusement au soleil, et dit à la soubrette :

— Cachez-moi ici.

D'après ce qui s'était passé, la soubrette croyait que Valentin n'était pas mal vu de sa maîtresse. Pour entrer d'autorité chez une femme, il faut une certaine assurance d'en être bien reçu, et quand, après avoir forcé sa porte, on passe une demi-heure dans sa chambre, les domestiques savent qu'en penser. Cependant la proposition était hardie : se cacher pour surprendre les gens, c'est une idée d'amoureux et non une idée d'amant ; le double louis, quelque beau qu'il fût, ne pouvait lutter avec la crainte d'être chassée. — Mais, après tout, pensa la servante, quand on est aussi amoureux, on est bien près de devenir amant. Qui sait ? au lieu d'être chassée, je serai peut-être remerciée. Elle prit donc le double louis en soupirant, et montra en riant à Valentin un vaste placard où il se jeta.

— Où êtes-vous donc? demandait la marquise qui venait de descendre dans le jardin.

La servante répondit que Valentin était sorti par le petit salon. Madame de Parnes regarda de côté et d'autre, comme pour s'assurer qu'il était parti ; puis elle entra dans le pavillon, y jeta un coup d'œil, et s'en fut après avoir fermé la porte à clef.

Vous trouverez peut-être, madame, que je vous fais un conte invraisemblable. Je connais des gens d'esprit, dans ce siècle de prose, qui soutiendraient très gravement que de pareilles choses ne sont pas possibles, et que, depuis la Révolution, on ne se cache plus dans un pavillon. Il n'y a qu'une réponse à faire à ces incrédules : c'est qu'ils ont sans doute oublié le temps où ils étaient amoureux.

Dès que Valentin se trouva seul, il lui vint l'idée très naturelle qu'il allait peut-être passer là une journée. Quand sa curiosité fut satisfaite, et après qu'il eut examiné à loisir le lustre, les rideaux et les consoles, il se trouva avec un grand appétit vis-à-vis d'un sucrier et d'une carafe.

Je vous ai dit que le billet du matin l'avait empêché de déjeuner; mais il n'avait, en ce moment, aucun motif pour ne pas dîner. Il avala deux ou trois morceaux de sucre, et se souvint d'un vieux paysan à qui on demandait s'il aimait les femmes. — J'aime assez une belle fille, répondit le brave homme, mais j'aime mieux une bonne côtelette. Valentin pensait aux festins dont, au dire de la soubrette, ce pavillon avait été témoin; et, à la vue d'une belle table ronde qui occupait le milieu de la chambre, il aurait volontiers évoqué le spectre des petits soupers du défunt marquis. — Qu'on serait bien ici, se disait-il, par une soirée ou par une nuit d'été, les fenêtres ouvertes, les persiennes fermées, les bougies allumées, la table servie! Quel heureux temps que celui où nos ancêtres n'avaient qu'à frapper du pied sur le parquet pour faire sortir de terre un bon repas! Et en parlant ainsi, Valentin frappait du pied; mais rien ne lui répondait que l'écho de la voûte et le gémissement d'une harpe détendue.

Le bruit d'une clef dans la serrure le fit retourner précipitamment à son placard : était-ce la marquise ou la femme de chambre ? Celle-ci pouvait le délivrer, ou du moins lui donner un morceau de pain. M'accuserez-vous encore d'être romanesque si je vous dis qu'en ce moment il ne savait laquelle des deux il eût souhaité de voir entrer ?

Ce fut la marquise qui parut. Que venait-elle faire ? La curiosité fut si forte, que toute autre idée s'évanouit. Madame de Parnes sortait de table ; elle fit précisément ce que Valentin rêvait tout à l'heure, elle ouvrit les fenêtres, ferma les persiennes et alluma deux bougies. Le jour commençait à tomber. Elle posa sur la table un livre qu'elle tenait, fit quelques pas en fredonnant, et s'assit sur un canapé.

— Que vient-elle faire ? se répétait Valentin. Malgré l'opinion de la servante, il ne pouvait se défendre d'espérer qu'il allait découvrir quelque mystère. — Qui sait ? pensait-il, elle attend peut-être quelqu'un. Je me trouverais jouer un beau rôle s'il allait arriver un tiers ! La marquise ouvrait son livre au hasard, puis le fermait, puis semblait réfléchir. Le jeune homme crut s'apercevoir qu'elle regardait du côté du placard. A travers la porte entre-bâillée, il suivait tous ses mouvements ; une étrange idée lui vint tout à coup : la femme de chambre avait-elle parlé ? la marquise savait-elle qu'il était là ?

Voilà, direz-vous, une idée bien folle, et surtout bien

peu vraisemblable. Comment supposer qu'après son billet, la marquise, instruite de la présence du jeune homme, ne l'eût pas fait mettre à la porte, ou tout au moins ne l'y eût pas mis elle-même ? Je commence, madame, par vous assurer que je suis du même avis que vous ; mais je dois ajouter, pour l'acquit de ma conscience, que je ne me charge, sous aucun prétexte, d'éclaircir des idées de ce genre. Il y a des gens qui supposent toujours, et d'autres qui ne supposent jamais; le devoir d'un historien est de raconter et de laisser penser ceux qui s'en amusent.

Tout ce que je puis dire, c'est qu'il est évident que la déclaration de Valentin avait déplu à madame de Parnes; qu'il est probable qu'elle n'y songeait plus; que, selon toute apparence, elle le croyait parti; qu'il est plus probable encore qu'elle avait bien dîné, et qu'elle venait faire la sieste dans son pavillon; mais il est certain qu'elle commença par mettre un de ses pieds sur son canapé, puis l'autre ; puis qu'elle posa la tête sur un coussin, puis qu'elle ferma doucement les yeux ; et il me paraît difficile, après cela, de ne pas croire qu'elle s'endormit.

Valentin eut envie, comme dit Valmont, d'essayer de passer pour un songe. Il poussa la porte du placard ; un craquement le fit frémir; la marquise avait ouvert les yeux, elle souleva la tête et regarda autour d'elle. Valentin ne bougeait pas, comme vous pouvez croire. N'entendant plus rien et n'ayant rien vu, madame de

Parnes se rendormit; le jeune homme avança sur la pointe du pied, et, le cœur palpitant, respirant à peine, il parvint, comme Robert le Diable, jusqu'à Isabelle assoupie.

Ce n'est pas en pareille circonstance qu'on réfléchit ordinairement. Jamais madame de Parnes n'avait été si belle; ses lèvres entr'ouvertes semblaient plus vermeilles; un plus vif incarnat colorait ses joues; sa respiration, égale et paisible, soulevait doucement son sein d'albâtre, couvert d'une blonde légère. L'ange de la nuit ne sortit pas plus beau d'un bloc de marbre de Carrare, sous le ciseau de Michel-Ange. Certes, même en s'offensant, une telle femme surprise ainsi doit pardonner le désir qu'elle inspire. Un léger mouvement de la marquise arrêta cependant Valentin. Dormait-elle? Cet étrange doute le troublait malgré lui. — Et qu'importe? se dit-il; est-ce donc un piège? Quel travers et quelle folie! pourquoi l'amour perdrait-il de son prix en s'apercevant qu'il est partagé? Quoi de plus permis, de plus vrai, qu'un demi-mensonge qui se laisse deviner? Quoi de plus beau qu'elle si elle dort? quoi de plus charmant si elle ne dort pas?

Tout en se parlant ainsi, il restait immobile, et ne pouvait s'empêcher de chercher un moyen de savoir la vérité. Dominé par cette pensée, il prit un petit morceau de sucre qui restait encore de son repas, et, se cachant derrière la marquise, il le lui jeta sur la main; elle ne remua pas. Il poussa une chaise, doucement d'abord, puis un peu plus fort; point de réponse. Il étendit le bras et fit tomber à terre le livre que madame de Parnes avait posé sur la table. Il la crut éveillée cette fois, et se blottit derrière le canapé; mais rien ne bougeait. Il se leva alors, et, comme la persienne entr'ouverte exposait la marquise au serein, il la ferma avec précaution.

Vous comprenez, madame, que je n'étais pas dans le pavillon, et, du moment que la persienne fut fermée, il m'a été impossible d'en voir davantage.

VI

Il n'y avait pas plus de quinze jours de cela, lorsque Valentin, en sortant de chez madame Delaunay, oublia son mouchoir sur un fauteuil. Quand le jeune homme fut parti, madame Delaunay ramassa le mouchoir, et ayant, par hasard, regardé la marque, elle trouva un I et un P très délicatement brodés. Ce n'était pas le chiffre de Valentin ; à qui appartenait ce mouchoir ? Le nom d'Isabelle de Parnes n'avait jamais été prononcé rue du Plat-d'Étain, et la veuve, par conséquent, se perdait en vaines conjectures. Elle retournait le mouchoir dans tous les sens, regardait un coin, puis un autre, comme si elle eût espéré découvrir quelque part le véritable nom du propriétaire.

Et pourquoi, me demanderez-vous, tant de curiosité pour une chose si simple ? On emprunte tous les jours un mouchoir à un ami, et on le perd ; cela va sans dire. Qu'y a-t-il là d'extraordinaire ? Cependant madame Delaunay examinait de près la fine batiste, et lui trouvait un air féminin qui lui faisait hocher la tête. Elle se connaissait en broderie, et le dessin lui paraissait bien riche pour sortir de l'armoire d'un garçon. Un indice imprévu lui découvrit la vérité. Aux plis du mouchoir, elle reconnut qu'un des coins avait été noué pour servir de bourse, et cette manière de serrer son argent n'appartient, vous le savez, qu'aux femmes. Elle pâlit à cette découverte, et, après avoir pendant quelque temps fixé sur le mouchoir des regards pensifs, elle fut obligée de s'en servir pour essuyer une larme qui coulait sur sa joue.

Une larme ! direz-vous, déjà une larme ! Hélas ! oui, madame, elle pleurait. Qu'était-il donc arrivé ? Je vais vous le dire ; mais il faut pour cela revenir un instant sur nos pas.

Il faut savoir que, le surlendemain du bal, Valentin était venu chez madame Delaunay. La mère lui ouvrit la porte, et lui répondit que sa fille était sortie. Madame Delaunay, là-dessus, avait écrit une longue lettre au jeune homme ; elle lui rappelait leur dernier entretien, et le suppliait de ne plus venir la voir. Elle comptait sur sa parole, sur son honneur et sur son amitié. Elle ne se montrait pas offensée, et ne parlait pas du galop. Bref, Valentin lut cette lettre d'un bout à l'autre sans y trouver rien de trop ni de trop peu. Il se sentit touché, et il eût obéi si le dernier mot n'y eût pas été. Ce dernier mot, il est vrai, avait été effacé, mais si légèrement, qu'on ne l'en voyait que mieux. « Adieu, disait la veuve en terminant sa lettre ; soyez heureux. »

Dire à un amant qu'on bannit : *Soyez heureux*, qu'en pensez-vous, madame ? N'est-ce pas lui dire : Je ne suis pas heureuse? Le vendredi venu, Valentin hésita longtemps s'il irait ou non chez le notaire. Malgré son âge et son étourderie, l'idée de nuire à qui que ce fût lui était insupportable. Il ne savait à quoi se décider, lorsqu'il se répéta : Soyez heureux ! Et il courut chez M. des Andelys.

Pourquoi madame Delaunay y était-elle? Quand notre héros entra dans le salon, il la vit froncer le sourcil avec une singulière expression. Pour ce qui regarde les manières, il y avait bien en elle quelque coquetterie ; mais, au fond du cœur, personne n'était plus simple, plus inexpérimenté que madame Delaunay. Elle avait pu, en voyant le danger, tenter hardiment de s'en défendre ; mais, pour résister à une lutte engagée, elle n'avait pas les armes nécessaires. Elle ne savait rien de ces manèges habiles, de ces ressources toujours prêtes, au moyen desquelles une femme d'esprit sait tenir l'amour en lisière et l'éloigner ou l'appeler tour à tour. Quand Valentin lui avait baisé la main, elle s'était dit : Voilà un mauvais sujet dont je pourrais bien devenir amoureuse ; il faut qu'il parte sur-le-champ. Mais lorsqu'elle le vit, chez le notaire, entrer gaiement sur la pointe du pied, serré dans sa cravate et le sourire sur les lèvres, la saluant, malgré sa défense, avec un gracieux respect, elle se dit : Voilà un homme plus obstiné et plus rusé que moi ; je ne serai pas la plus forte avec lui, et, puisqu'il revient, il m'aime peut-être.

Elle ne refusa pas, cette fois, la contredanse qu'il lui

demandait; aux premières paroles, il vit en elle une grande résignation et une grande inquiétude. Au fond de cette âme timide et droite, il y avait quelque ennui de la vie; tout en désirant le repos, elle était lasse de la solitude. M. Delaunay, mort fort jeune, ne l'avait point aimée; il l'avait prise pour ménagère plutôt que pour femme, et, quoiqu'elle n'eût point de dot, il avait fait, en l'épousant, ce qu'on appelle un mariage de raison. L'économie, l'ordre, la vigilance, l'estime publique, l'amitié de son mari, les vertus domestiques en un mot, voilà ce qu'elle connaissait en ce monde. Valentin avait, dans le salon de M. des Andelys, la réputation que tout jeune homme dont le tailleur est bon peut avoir chez un notaire. On n'en parlait que comme d'un *élégant*, d'un habitué de Tortoni, et les petites cousines se chuchotaient entre elles des histoires de l'autre monde qu'on lui attribuait. Il était descendu par une cheminée chez une baronne, il avait sauté par la fenêtre d'une duchesse qui demeurait au cinquième étage, le tout par amour et sans se faire de mal, etc., etc.

Madame Delaunay avait trop de bon sens pour écouter ces niaiseries; mais elle eût peut-être mieux fait de les écouter que d'en entendre quelques mots au hasard. Tout dépend souvent, ici-bas, du pied sur lequel on se présente. Pour parler comme les écoliers, Valentin avait l'avantage sur madame Delaunay. Pour lui reprocher d'être venu, elle attendait qu'il lui en demandât pardon. Il s'en garda bien, comme vous pensez. S'il eût été ce qu'elle le croyait, c'est-à-dire un homme à bonnes fortunes, il n'eût peut-être pas réussi près d'elle, car elle l'eût senti alors trop habile et trop sûr de lui; mais il tremblait en la touchant, et cette preuve d'amour, jointe à un peu de crainte, troublait à la fois la tête et le cœur de la jeune femme. Il n'était pas question, dans tout cela, de la salle à manger du notaire, ils semblaient tous deux l'avoir oubliée; mais quand arriva le signal du galop, et que Valentin vint inviter la veuve, il fallut bien s'en souvenir.

Il m'a assuré que de sa vie il n'avait vu un plus beau visage que celui de madame Delaunay quand il lui fit cette invitation. Son front, ses joues, se couvrirent de rougeur; tout le sang qu'elle avait au cœur reflua autour de ses grands yeux noirs, comme pour en faire ressortir la flamme. Elle se souleva à demi, prête à accepter et n'osant le faire; un léger frisson fit trembler ses épaules, qui, cette fois, n'étaient pas nues. Valentin lui tenait la main; il la pressa doucement dans la sienne comme pour lui dire : Ne craignez plus rien, je sens que vous m'aimez.

Avez-vous quelquefois réfléchi à la position d'une femme qui pardonne un baiser qu'on lui a dérobé ? Au moment où elle promet de l'oublier, c'est à peu près comme si elle l'accordait. Valentin osa faire à madame Delaunay quelques reproches de sa colère; il se plaignit de sa sévérité, de l'éloignement où elle l'avait tenu ; il en vint enfin, non sans hésiter, à lui parler d'un petit jardin situé derrière sa maison, lieu retiré, à l'ombrage épais, où nul œil indiscret ne pouvait pénétrer. Une fraîche cascade, par son murmure, y protégeait la causerie; la solitude y protégeait l'amour. Nul bruit, nul témoin, nul danger. Parler d'un lieu pareil au milieu du monde, au son de la musique, dans le tourbillon d'une fête, à une jeune femme qui vous écoute, qui n'accepte ni ne refuse, mais qui laisse dire et qui sourit..., ah! madame, parler ainsi d'un lieu pareil, c'est peut-être plus doux que d'y être.

Tandis que Valentin se livrait sans réserve, la veuve écoutait sans réflexion. De temps en temps, aux ardents désirs elle opposait une objection timide; de temps en temps, elle feignait de ne plus entendre, et si un mot lui avait échappé, en rougissant, elle le faisait répéter. Sa main, pressée par celle du jeune homme, voulait être froide et immobile; elle était inquiète et brûlante. Le hasard, qui sert les amants, voulut qu'en passant dans la salle à manger ils se retrouvassent seuls, comme la dernière fois. Valentin n'eut pas même la pensée de troubler la rêverie de sa valseuse, et, à la place du désir, madame Delaunay vit l'amour. Que vous dirai-je? ce respect, cette audace, cette chambre, ce bal, l'occasion, tout se réunissait pour la séduire. Elle ferma les yeux à demi, soupira..., et ne promit rien.

Voilà, madame, par quelle raison madame Delaunay se mit à pleurer quand elle trouva le mouchoir de la marquise.

VII.

De ce que Valentin avait oublié ce mouchoir, il ne faut pas croire cependant qu'il n'en eût pas un dans sa poche. Pendant que madame Delaunay pleurait, notre étourdi, qui n'en savait rien, était fort éloigné de pleurer. Il était dans un petit salon boisé, doré et musqué comme une bonbonnière, au fond d'un grand fauteuil de damas violet. Il écoutait, après un bon dîner, l'*Invitation à la valse*, de Weber, et, tout en prenant d'excellent café, il regardait de temps en temps le cou blanc de madame de Parnes. Celle-ci, dans tous ses atours, et exaltée, comme dit Hoffmann, par une tasse de thé bien sucré, faisait de son mieux de ses belles mains. Ce n'était pas de la petite musique, et il faut dire, en toute justice, qu'elle s'en tirait parfaitement. Je ne sais lequel méritait le plus d'éloges, ou du sentimental maître allemand, ou de l'intelligente musicienne, ou de l'admirable instrument d'Érard, qui renvoyait en vibrations sonores la double inspiration qui l'animait.

Le morceau fini, Valentin se leva, et, tirant de sa poche un mouchoir : — Tenez, dit-il, je vous remercie ; voilà le mouchoir que vous m'avez prêté.

La marquise fit justement ce qu'avait fait madame

Delaunay. Elle regarda la marque aussitôt ; sa main délicate avait senti un tissu trop rude pour lui appartenir. Elle se connaissait aussi en broderie ; mais il y en avait si peu que rien, assez pourtant pour dénoter une femme. Elle retourna deux ou trois fois le mouchoir, l'approcha timidement de son nez, le regarda encore, puis le jeta à Valentin en lui disant : — Vous vous êtes trompé ; ce que vous me rendez là appartient à quelque femme de chambre de votre mère.

Valentin, qui avait emporté par mégarde le mouchoir de madame Delaunay, le reconnut et se sentit battre le cœur. — Pourquoi à une femme de chambre? répondit-il. Mais la marquise s'était remise au piano ; peu lui importait une rivale qui se mouchait dans de la grosse toile. Elle reprit le *presto* de sa valse, et fit semblant de n'avoir pas entendu.

Cette indifférence piqua Valentin. Il fit un tour de chambre et prit son chapeau.

— Où allez-vous donc ? demanda madame de Parnes.

— Chez ma mère, rendre à sa femme de chambre le mouchoir qu'elle m'a prêté.

— Vous verra-t-on demain? nous avons un peu de musique, et vous me ferez plaisir de venir dîner.

— Non ; j'ai affaire toute la journée.

Il continuait à se promener, et ne se décidait pas à sortir. La marquise se leva et vint à lui.

— Vous êtes un singulier homme, lui dit-elle ; vous voudriez me voir jalouse.

— Moi? pas du tout. La jalousie est un sentiment que je déteste.

— Pourquoi donc vous fâchez-vous de ce que je trouve à ce mouchoir un air d'antichambre? Est-ce ma faute, ou la vôtre?

— Je ne m'en fâche point, je le trouve tout simple.

En parlant ainsi, il tournait le dos. Madame de Parnes s'avança doucement, se saisit du mouchoir de madame Delaunay, et, s'approchant d'une fenêtre ouverte, le jeta dans la rue.

— Que faites-vous? s'écria Valentin. Et il s'élança pour la retenir; mais il était trop tard.

— Je veux savoir, dit en riant la marquise, jusqu'à quel point vous y tenez, et je suis curieuse de voir si vous descendrez le chercher.

Valentin hésita un instant, et rougit de dépit. Il eût voulu punir la marquise par quelque réponse piquante; mais, comme il arrive souvent, la colère lui ôtait l'esprit. Madame de Parnes se mit à rire de plus belle. Il enfonça son chapeau sur sa tête, et sortit en disant : Je vais le chercher.

Il chercha en effet longtemps; mais un mouchoir perdu est bientôt ramassé, et ce fut vainement qu'il revint dix fois d'une borne à une autre. La marquise à sa fenêtre riait toujours en le regardant faire. Fatigué enfin, et un peu honteux, il s'éloigna sans lever la tête, feignant de ne pas s'apercevoir qu'on l'eût observé. Au coin de la rue pourtant, il se retourna et vit madame de Parnes qui ne riait plus et qui le suivait des yeux.

Il continua sa route sans savoir où il allait, et prit machinalement le chemin de la rue du Plat-d'Étain. La soirée était belle et le ciel pur. La veuve était aussi à sa fenêtre ; elle avait passé une triste journée.

— J'ai besoin d'être rassurée, lui dit-elle dès qu'il fut entré. A qui appartient un mouchoir que vous avez laissé chez moi?

Il y a des gens qui savent tromper et qui ne savent pas mentir. A cette question, Valentin se troubla trop évidemment pour qu'il fût possible de s'y méprendre, et sans attendre qu'il répondît :

— Écoutez-moi, dit madame Delaunay. Vous savez maintenant que je vous aime. Vous connaissez beaucoup de monde, et je ne vois personne ; il m'est aussi impossible de savoir ce que vous faites qu'il vous serait facile d'y voir clair dans mes moindres actions, s'il vous en prenait fantaisie. Vous pouvez me tromper aisément et impunément, puisque je ne peux ni vous surveiller, ni cesser de vous aimer ; souvenez-vous, je vous en supplie, de ce que je vais vous dire : tout se sait tôt ou tard, et croyez-moi, c'est une triste chose.

Valentin voulait l'interrompre ; elle lui prit la main et continua :

— Je ne dis pas assez ; ce n'est pas une triste chose, mais la plus triste qu'il y ait au monde. Si rien n'est plus doux que le souvenir du bonheur, rien n'est plus affreux que de s'apercevoir que le bonheur passé était un mensonge. Avez-vous jamais pensé à ce que ce peut être que de haïr ceux qu'on a aimés? Concevez-vous rien de pis? Réfléchissez à cela, je vous en conjure. Ceux qui trouvent plaisir à tromper les autres en tirent ordinairement vanité; ils s'imaginent avoir par là quelque supériorité sur leurs dupes : elle est bien fugitive, et à quoi mène-t-elle? rien n'est si aisé que le mal. Un homme de votre âge peut tromper sa maîtresse, seulement pour passer le temps; mais le temps s'écoule en effet, la vérité vient, et que reste-t-il? Une pauvre créature abusée s'est crue aimée, heureuse; elle a fait de vous son bien unique : pensez à ce qui lui arrive s'il faut qu'elle ait horreur de vous!

La simplicité de ce langage avait ému Valentin jusqu'au fond du cœur.

— Je vous aime, lui dit-il, n'en doutez pas, je n'aime que vous seule.

— J'ai besoin de le croire, répondit la veuve, et, si vous dites vrai, nous ne reparlerons jamais de ce que j'ai souffert aujourd'hui. Permettez-moi pourtant d'ajouter encore un mot qu'il faut absolument que je vous dise. J'ai vu mon père, à l'âge de soixante ans, apprendre tout à coup qu'un ami d'enfance l'avait trompé dans une affaire de commerce. Une lettre avait été trouvée, dans laquelle cet ami racontait lui-même sa perfidie, et se vantait de la triste habileté qui lui avait rapporté quelques billets de banque à notre détriment. J'ai vu mon père, abîmé de douleur et stupéfait, la tête baissée, lire cette lettre ; il en était aussi honteux que s'il eût été lui-même le coupable; il essuya une larme sur sa joue, jeta la lettre au feu, et s'écria : Que la vanité et l'intérêt sont peu de chose ! mais qu'il est affreux de perdre un ami ! Si vous eussiez été là, Valentin, vous auriez fait serment de ne jamais tromper personne.

Madame Delaunay, en prononçant ces mots, laissa échapper quelques larmes. Valentin était assis près d'elle ; pour toute réponse, il l'attira à lui ; elle posa sa tête sur son épaule, et tirant de la poche de son tablier le mouchoir de la marquise :

— Il est bien beau, dit-elle ; la broderie en est fine : vous me le laisserez, n'est-ce pas ? La femme à qui il appartient ne s'apercevra pas qu'elle l'a perdu. Quand on a un mouchoir pareil, on en a bien d'autres. Je n'en ai, moi, qu'une douzaine, et ils ne sont pas merveilleux. Vous me rendrez le mien que vous avez emporté, et qui ne vous ferait pas honneur ; mais je garderai celui-ci.

— A quoi bon ? répondit Valentin. Vous ne vous en servirez pas.

— Si, mon ami ; il faut que je me console de l'avoir trouvé sur ce fauteuil, et il faut qu'il essuie mes larmes jusqu'à ce qu'elles aient cessé de couler.

— Que ce baiser les essuie ! s'écria le jeune homme. Et, prenant le mouchoir de madame de Parnes, il le jeta par la fenêtre.

VIII

Six semaines s'étaient écoulées, et il faut qu'il soit bien difficile à l'homme de se connaître lui-même, puisque Valentin ne savait pas encore laquelle de ses deux maîtresses il aimait le mieux. Malgré ses moments de sincérité et les élans de cœur qui l'emportaient près de madame Delaunay, il ne pouvait se résoudre à désapprendre le chemin de l'hôtel de la Chaussée-d'Antin. Malgré la beauté de madame de Parnes, son esprit, sa grâce et tous les plaisirs qu'il trouvait chez elle, il ne pouvait renoncer à la chambrette de la rue du Plat-d'Etain. Le petit jardin de Valentin voyait tour à tour la veuve et la marquise se promener au bras du jeune homme, et le murmure de la cascade couvrait de son bruit monotone des serments toujours répétés, toujours trahis avec la même ardeur. Faut-il donc croire que l'inconstance ait ses plaisirs comme l'amour fidèle ? On entendait quelquefois rouler encore la voiture sans livrée qui emmenait incognito madame de Parnes, quand madame Delaunay paraissait voilée au bout de la rue, s'acheminant d'un pas craintif. Caché derrière sa jalousie, Valentin souriait de ces rencontres, et s'abandonnait sans remords aux dangereux attraits du changement.

C'est une chose presque infaillible que ceux qui se familiarisent avec un péril quelconque finissent par l'aimer. Toujours exposé à voir sa double intrigue découverte par un hasard, obligé au rôle difficile d'un homme qui doit mentir sans cesse, sans jamais se trahir, notre étourdi se sentit fier de cette position étrange; après y avoir accoutumé son cœur, il y habitua sa vanité. Les craintes qui le troublaient d'abord, les scrupules qui l'arrêtaient, lui devinrent chers; il donna deux bagues pareilles à ses deux amies; il avait obtenu de madame Delaunay qu'elle portât une légère chaîne d'or qu'il avait choisie, au lieu de son collier de chrysocale. Il lui parut plaisant de faire mettre ce collier à la marquise; il réussit à l'en affubler un jour qu'elle allait au bal, et c'est, à coup sûr, la plus grande preuve d'amour qu'elle lui ait donnée.

Madame Delaunay, trompée par l'amour, ne pouvait croire à l'inconstance de Valentin. Il y avait de certains jours où la vérité lui apparaissait tout à coup claire et irrécusable. Elle éclatait alors en reproches, elle fondait en larmes, elle voulait mourir; un mot de son amant l'abusait de nouveau, un serrement de main la consolait; elle rentrait chez elle heureuse et tranquille. Madame de Parnes, trompée par l'orgueil, ne cherchait à rien découvrir et n'essayait de rien savoir. Elle se disait: c'est quelque ancienne maîtresse qu'il n'a pas le courage de quitter. Elle ne daignait pas s'abaisser à demander un sacrifice. L'amour lui semblait un passe-temps, la jalousie un ridicule ; elle croyait d'ailleurs sa beauté un talisman auquel rien ne pouvait résister.

Si vous vous souvenez, madame, du caractère de notre héros, tel que j'ai tâché de vous le peindre à la première page de ce conte, vous comprendrez et vous excuserez peut-être sa conduite, malgré ce qu'elle a de justement blâmable. Le double amour qu'il ressentait ou croyait ressentir, était pour ainsi dire l'image de sa vie entière. Ayant toujours cherché les extrêmes, goûtant les jouissances du pauvre et celles du riche en même temps, il trouvait près de ces deux femmes le contraste qui lui plaisait, et il était réellement riche et pauvre dans la même journée. Si, de sept à huit heures, au soleil couchant, deux beaux chevaux gris entraient au petit trot dans l'avenue des Champs-Élysées, traînant doucement derrière eux un coupé tendu de soie comme un boudoir, vous eussiez pu voir au fond de la voiture une fraîche et coquette figure cachée sous une grande capote, et souriant à un jeune homme nonchalamment étendu près d'elle : c'étaient Valentin et madame de Parnes qui prenaient l'air après dîner. Si le matin, au lever du soleil, le hasard vous avait menée près du joli bois de Romainville, vous eussiez pu y rencontrer sous le vert bosquet d'une guinguette deux amoureux se parlant à voix basse, où lisant ensemble

La Fontaine : c'étaient Valentin et Madame Delaunay qui venaient de marcher dans la rosée. Étiez-vous ce soir d'un grand bal à l'ambassade d'Autriche? Avez-vous vu au milieu d'un cercle brillant de jeunes femmes une beauté plus fière, plus courtisée, plus dédaigneuse que toutes les autres? Cette tête charmante, coiffée d'un turban doré, qui se balance avec grâce comme une rose bercée par le zéphyr, c'est la jeune marquise que la foule admire, que le triomphe embellit, et qui pourtant semble rêver. Non loin de là, appuyé contre une colonne, Valentin la regarde : personne ne connaît leur secret, personne n'interprète ce coup d'œil, et ne devine la joie de l'amant. L'éclat des lustres, le bruit de la musique, les murmures de la foule, le parfum des fleurs, tout le pénètre, le transporte, et l'image radieuse de sa belle maîtresse enivre ses yeux éblouis. Il doute presque lui-même de son bonheur, et qu'un si rare trésor lui appartienne ; il entend les hommes dire autour de lui : Quel éclat! quel sourire! quelle femme! et il se répète tout bas ces paroles. L'heure du souper arrive ; un jeune officier rougit de plaisir en présentant sa main à la marquise ; on l'entoure, on la suit, chacun veut s'en approcher et brigue la faveur d'un mot tombé de ses lèvres ; c'est alors qu'elle passe près de Valentin et lui dit à l'oreille : A demain. Que de jouissance dans un mot pareil! Demain cependant, à la nuit tombante, le jeune homme monte à tâtons un escalier sans lumière ; il arrive à grand'peine au troisième étage, et frappe doucement à une petite porte; elle s'est ouverte, il entre; madame Delaunay, devant sa table, travaillait seule en l'attendant; il s'assoit près d'elle; elle le regarde, lui prend la main et lui dit qu'elle le remercie de l'aimer encore. Une seule lampe éclaire faiblement la modeste chambrette, mais sous cette lampe est un visage ami, tranquille et bienveillant; il n'y a plus là ni témoins empressés, ni admiration, ni triomphe. Mais Valentin fait plus que de ne pas regretter le monde, il l'oublie : la vieille mère arrive, s'assoit dans sa bergère, et il faut écouter jusqu'à dix heures les histoires du temps passé, caresser le petit chien qui gronde, rallumer la lampe qui s'éteint. Quelquefois c'est un roman nouveau qu'il faut avoir le courage de lire; Valentin laisse tomber le livre pour effleurer en le ramassant le petit pied de sa maîtresse; quelquefois c'est un piquet à deux sous la fiche qu'il faut faire avec la bonne dame, et avoir soin de n'avoir pas trop beau jeu. En sortant de là, le jeune homme revient à pied; il a soupé hier avec du vin de Champagne, en fredonnant une contredanse; il soupe ce soir avec une tasse de lait, en faisant quelques vers pour son amie. Pendant ce temps-là, la marquise est furieuse qu'on lui ait manqué de parole; un grand laquais poudré apporte un billet plein de tendres reproches et sentant le musc; le billet est décacheté, la fenêtre ouverte, le temps est beau, madame de Parnes va venir : voilà notre étourdi grand seigneur. Ainsi, toujours différent de lui-même, il trouvait moyen d'être vrai en n'étant jamais sincère, et l'amant de la marquise n'était pas celui de la veuve.

— Et pourquoi choisir? me disait-il un jour qu'en nous promenant il essayait de se justifier. Pourquoi cette nécessité d'aimer d'une manière exclusive? Blâmerait-on un homme de mon âge d'être amoureux de madame de Parnes? N'est-elle pas admirée, enviée? ne vante-t-on pas son esprit et ses charmes? La raison même se passionne pour elle. D'une autre part, quel reproche ferait-on à celui que la bonté, la tendresse, la candeur de madame Delaunay auraient touché? N'est-elle pas digne de faire la joie et le bonheur d'un homme? Moins belle, ne serait-elle pas une amie précieuse; et, telle qu'elle est, y a-t-il au monde une plus charmante maîtresse? En quoi donc suis-je coupable d'aimer ces deux femmes, si chacune d'elles mérite qu'on l'aime? Et, s'il est vrai que je sois assez heureux pour compter pour quelque chose dans leur vie, pourquoi ne pourrais-je rendre l'une heureuse qu'en faisant le malheur de l'autre? Pourquoi le doux sourire que ma présence fait éclore quelquefois sur les lèvres de ma belle veuve devrait-il être acheté au prix d'une larme versée par la marquise? Est-ce leur faute si le hasard m'a jeté sur leur route, si je les ai approchées, si elles m'ont permis de les aimer? Laquelle choisirais-je sans être injuste? En quoi celle-là aurait-elle mérité plus que celle-ci d'être préférée ou abandonnée? Quand madame Delaunay me dit que son existence entière m'appartient, que voulez-vous donc que je réponde? Faut-il la repousser, la désabuser et lui laisser le découragement et le chagrin? Quand madame de Parnes est au piano, et qu'assis derrière elle, je la vois se livrer à la noble inspiration de son cœur; quand son esprit élève le mien, m'exalte et me fait mieux goûter par la sympathie les plus exquises jouissances de l'intelligence, faut-il que je lui dise qu'elle se trompe et qu'un si doux plaisir est coupable? Faut-il que je change en haine ou en mépris les souvenirs de ces heures délicieuses? Non, mon ami, je mentirais en disant à l'une des deux que je ne l'aime plus ou que je ne l'ai point aimée; j'aurais plutôt le courage de les perdre ensemble que celui de choisir entre elles.

Vous voyez, madame, que notre étourdi faisait comme font tous les hommes : ne pouvant se corriger de sa folie, il tentait de lui donner l'apparence de la raison. Cependant il y avait de certains jours où son cœur se refusait, malgré lui, au double rôle qu'il soutenait. Il tâchait de troubler le moins possible le repos de madame Delaunay; mais la fierté de la marquise eut plus d'un caprice à supporter. — Cette femme n'a que de l'esprit et de l'orgueil, me disait-il d'elle quelquefois. Il arrivait aussi qu'en quittant le salon de madame de Parnes, la naïveté de la veuve le faisait sourire, et qu'il trouvait qu'à son tour elle avait trop peu d'orgueil et d'esprit. Il se plaignait de manquer de liberté. Tantôt une boutade lui faisait renoncer à un rendez-vous; il prenait un livre, et s'en allait dîner seul à la campagne. Tantôt il maudissait le hasard qui s'opposait à une entrevue qu'il demandait. Madame Delaunay était, au fond du cœur, celle qu'il préférait ; mais il n'en savait rien lui-même, et cette singulière incertitude aurait peut-être duré longtemps si une circonstance, légère en apparence, ne l'eût éclairé tout à coup sur ses véritables sentiments.

On était au mois de juin, et les soirées au jardin étaient délicieuses. La marquise, en s'asseyant sur un banc de bois près de la cascade, s'avisa un jour de le trouver dur.

— Je vous ferai cadeau d'un coussin, dit-elle à Valentin.

Le lendemain matin, en effet, arriva une causeuse élégante, accompagnée d'un beau coussin en tapisserie, de la part de madame de Parnes.

Vous vous souvenez peut-être que madame Delaunay faisait de la tapisserie. Depuis un mois, Valentin l'avait vue travailler constamment à un ouvrage de ce genre dont il avait admiré le dessin, non que ce dessin eût rien de remarquable : c'était, je crois, une couronne de fleurs, comme toutes les tapisseries du monde ; mais les couleurs en étaient charmantes. Que peut faire, d'ailleurs, une main aimée que nous ne le trouvions un chef-d'œuvre ? Cent fois, le soir, près de la lampe, le jeune homme avait suivi des yeux, sur le canevas, les doigts habiles de la veuve ; cent fois, au milieu d'un entretien animé, il s'était arrêté, observant un religieux silence, tandis qu'elle comptait ses points; cent fois il avait interrompu cette main fatiguée et lui avait rendu le courage par un baiser.

Quand Valentin eut fait porter la causeuse de la marquise dans une petite salle attenante au jardin, il y descendit et examina son cadeau. En regardant de près le coussin, il crut le reconnaître; il le prit, le retourna, le remit à sa place, et se demanda où il l'avait vu. — Fou que je suis, se dit-il, tous les coussins se ressemblent, et celui-là n'a rien d'extraordinaire. Mais une petite tache faite sur le fond blanc attira tout à coup ses yeux; il n'y avait pas à se tromper. Valentin avait fait lui-même cette tache, en laissant tomber une goutte d'encre sur l'ouvrage de madame Delaunay, un soir qu'il écrivait près d'elle.

Cette découverte le jeta, comme vous pensez, dans un grand étonnement. — Comment est-ce possible? se demanda-t-il; comment la marquise peut-elle m'envoyer un coussin fait par Madame Delaunay? Il regarda encore: plus de doute, ce sont les mêmes fleurs, les mêmes couleurs. Il en reconnaît l'éclat, l'arrangement; il les touche comme pour s'assurer qu'il n'est pas trompé par une illusion; puis il reste interdit, ne sachant comment s'expliquer ce qu'il voit.

Je n'ai que faire de dire que mille conjectures, moins vraisemblables les unes que les autres, se présentèrent à son esprit. Tantôt il supposait que le hasard avait pu faire se rencontrer la veuve et la marquise, qu'elles s'étaient entendues ensemble, et qu'elles lui envoyaient ce coussin d'un commun accord, pour lui apprendre que sa perfidie était démasquée; tantôt il se disait que madame Delaunay avait surpris sa conversation de la veille dans le jardin, et qu'elle avait voulu, pour lui faire honte, remplir la promesse de madame de Parnes. De toute façon, il se voyait découvert, abandonné de ses deux maîtresses, ou tout au moins de l'une des deux. Après avoir passé une heure à rêver, il résolut de sortir d'incertitude. Il alla chez madame Delaunay, qui le reçut comme à l'ordinaire, et dont le visage n'exprima qu'un peu d'étonnement de le voir si matin.

Rassuré d'abord par cet accueil, il parla quelque temps de choses indifférentes; puis, dominé par l'inquiétude, il demanda à la veuve si sa tapisserie était terminée. — Oui, répondit-elle. — Et où est-elle donc? demanda-t-il. A cette question, madame Delaunay se troubla et rougit. — Elle est chez le marchand, dit-elle assez vite. Puis elle se reprit, et ajouta : Je l'ai donnée à monter; on va me la rendre.

Si Valentin avait été surpris de reconnaître le coussin, il le fut encore davantage de voir la veuve se troubler lorsqu'il lui en parla. N'osant pourtant faire de nouvelles questions, de peur de se trahir, il sortit de suite, et s'en fut chez la marquise. Mais cette visite lui en apprit encore moins; quand il fut question de la causeuse, madame de Parnes, pour toute réponse, fit un léger signe de tête en souriant, comme pour dire : Je suis charmée qu'elle vous plaise.

Notre étourdi rentra donc chez lui, moins inquiet, il est vrai, qu'il n'en était sorti, mais croyant presque avoir fait un rêve. Quel mystère ou quel caprice du hasard cachait cet envoi singulier? — L'une fait un coussin et l'autre me le donne; celle-là passe un mois à travailler, et, quand son ouvrage est fini, celle-ci s'en trouve propriétaire; ces deux femmes ne se sont jamais vues, et elles s'entendent pour me jouer un tour dont elles ne semblent pas se douter. Il y avait assurément de quoi se torturer l'esprit : aussi le jeune homme cherchait-il de cent manières différentes la clef de l'énigme qui le tourmentait.

En examinant le coussin, il trouva l'adresse du marchand qui l'avait vendu. Sur un petit morceau de papier collé dans un coin, était écrit : *Au Père de Famille, rue Dauphine.*

Dès que Valentin eut lu ces mots, il se vit sûr de parvenir à la vérité. Il courut au magasin du *Père de Famille;* il demanda si le matin même on n'avait pas vendu à une dame un coussin en tapisserie qu'il désigna et qu'on reconnut. Aux questions qu'il fit ensuite pour savoir qui avait fait ce coussin et d'où il venait, on ne répondit qu'avec restriction : on ne connaissait pas l'ouvrière; il y avait dans le magasin beaucoup d'objets de ce genre; enfin on ne voulait rien dire.

Malgré les réticences, Valentin eut bientôt saisi, dans

les réponses du garçon qu'il interrogeait, un mystère qu'il ne soupçonnait pas et que bien d'autres que lui ignorent : c'est qu'il y a à Paris un grand nombre de femmes, de demoiselles pauvres, qui, tout en ayant dans le monde un rang convenable et quelquefois distingué, travaillent en secret pour vivre. Les marchands emploient ainsi, et à bon marché, des ouvrières habiles ; mainte famille, vivant sobrement, chez qui pourtant on va prendre le thé, se soutient par les filles de la maison ; on les voit sans cesse tenant l'aiguille, mais elles ne sont pas assez riches pour porter ce qu'elles font ; quand elles ont brodé du tulle, elles le vendent pour acheter de la percale : celle-là, fille de nobles aïeux, fière de son titre et de sa naissance, marque des mouchoirs ; celle-ci, que vous admirez au bal, si enjouée, si coquette et si légère, fait des fleurs artificielles et paye de son travail le pain de sa mère ; telle autre, un peu plus riche, cherche à gagner de quoi ajouter à sa toilette ; ces chapeaux tout faits, ces sachets brodés qu'on voit aux étalages des boutiques, et que le passant marchande par désœuvrement, sont l'œuvre secrète, quelquefois pieuse, d'une main inconnue. Peu d'hommes consentiraient à ce métier, ils resteraient pauvres par orgueil en pareil cas ; peu de femmes s'y refusent, quand elles en ont besoin, et de celles qui le font, aucune n'en rougit. Il arrive qu'une jeune femme rencontre une amie d'enfance qui n'est pas riche et qui a besoin de quelque argent ; faute de pouvoir lui en prêter elle-même, elle lui dit sa ressource, l'encourage, lui cite des exemples, la mène chez le marchand, lui fait une petite clientèle; trois mois après, l'amie est à son aise et rend à une autre le même service. Ces sortes de choses se passent tous les jours ; personne n'en sait rien, et c'est pour le mieux; car les bavards qui rougissent du travail trouveraient bientôt le moyen de déshonorer ce qu'il y a au monde de plus honorable.

— Combien de temps, demanda Valentin, faut-il à peu près pour faire un coussin comme celui dont je vous parle, et combien gagne l'ouvrière?

— Monsieur, répondit le garçon, pour faire un coussin comme celui-là, il faut deux mois, six semaines environ. L'ouvrière paye sa laine, bien entendu ; par conséquent, c'est autant de moins pour elle. La laine anglaise, belle, coûte dix francs la livre ; le ponceau, le cerise, coûtent quinze francs. Pour ce coussin, il faut une livre et demie de laine au plus, et il sera payé quarante ou cinquante francs à l'habile ouvrière.

IX

Quand Valentin, de retour au logis, se retrouva en face de sa causeuse, le secret qu'il venait d'apprendre produisit un effet inattendu. En pensant que madame Delaunay avait mis six semaines à faire ce coussin pour gagner deux louis, et que madame de Parnes l'avait acheté en se promenant, il éprouva un serrement de cœur étrange. La différence que la destinée avait mise entre ces deux femmes se montrait à lui, en ce moment, sous une forme si palpable, qu'il ne put s'empêcher de souffrir. L'idée que la marquise allait arriver, s'appuyer sur ce meuble, et traîner son bras nu sur la trace des larmes de la veuve, fut insupportable au jeune homme. Il prit le coussin et le mit dans une armoire. Qu'elle en pense ce qu'elle voudra, se dit-il, ce coussin me fait pitié, et je ne puis le laisser là.

Madame de Parnes arriva bientôt après, et s'étonna de ne pas voir son cadeau. Au lieu de chercher une excuse, Valentin répondit qu'il n'en voulait pas et qu'il ne s'en servirait jamais. Il prononça ces mots d'un ton brusque et sans réfléchir à ce qu'il faisait.

— Et pourquoi? demanda la marquise.
— Parce qu'il me déplaît.

— En quoi vous déplaît-il? Vous m'avez dit le contraire ce matin même.

— C'est possible; il me déplaît maintenant. Combien est-ce qu'il vous a coûté?

— Voilà une belle question! dit madame de Parnes. Qu'est-ce qui vous passe par la tête?

Il faut savoir que depuis quelques jours Valentin avait appris de la mère de madame Delaunay qu'elle se trouvait fort gênée. Il s'agissait d'un terme de loyer à payer à un propriétaire avare qui menaçait au moindre retard. Valentin, ne pouvant faire, même pour une bagatelle, des offres de service qu'on n'eût pas voulu entendre, n'avait eu d'autre parti à prendre que de cacher son inquiétude. D'après ce qu'avait dit le garçon du *Père de Famille*, il était probable que le coussin n'avait pas suffi pour tirer la veuve d'embarras. Ce n'était pas la faute de la marquise; mais l'esprit humain est quelquefois si bizarre, que le jeune homme en voulait presque à madame de Parnes du prix modique de son achat, et sans s'apercevoir du peu de convenance de sa question :

— Cela vous a coûté quarante ou cinquante francs, dit-il avec amertume. Savez-vous combien de temps on a mis à le faire?

— Je le sais d'autant mieux, répondit la marquise, que je l'ai fait moi-même.

— Vous?

— Moi, et pour vous; j'y ai passé quinze jours :

voyez si vous me devez quelque reconnaissance.

— Quinze jours, madame? mais il faut deux mois, et deux mois de travail assidu, pour terminer un pareil ouvrage. Vous mettriez six mois à en venir à bout, si vous l'entrepreniez.

— Vous me paraissez bien au courant; d'où vous vient tant d'expérience?

— D'une ouvrière que je connais, et qui certes ne s'y trompe pas.

— Eh bien! cette ouvrière ne vous a pas tout dit. Vous ne savez pas que pour ces choses-là le plus important, ce sont les fleurs, et qu'on trouve chez les marchands des canevas préparés, où le fond est rempli; le plus difficile reste à faire, mais le plus long et le plus ennuyeux est fait. C'est ainsi que j'ai acheté ce coussin, qui ne m'a même pas coûté quarante ou cinquante francs, car ce fond ne signifie rien; c'est un ouvrage de manœuvre pour lequel il ne faut que de la laine et des mains.

Le mot de *manœuvre* n'avait pas plu à Valentin.

— J'en suis bien fâché, répliqua-t-il, mais ni le fond ni les fleurs ne sont de vous.

— Et de qui donc? apparemment de l'ouvrière que vous connaissez?

— Peut-être.

La marquise sembla hésiter un instant entre la colère et l'envie de rire. Elle prit le dernier parti, et se livrant à sa gaieté :

— Dites-moi donc, s'écria-t-elle, dites-moi donc, je vous prie, le nom de votre mystérieuse ouvrière, qui vous donne de si bons renseignements.

— Elle s'appelle Julie, répondit le jeune homme.

Son regard, le son de sa voix, rappelèrent tout à coup à madame de Parnes qu'il lui avait dit le même nom le jour où il lui avait parlé d'une veuve qu'il aimait. Comme alors, l'air de vérité avec lequel il avait répondu troubla la marquise. Elle se souvint vaguement de l'histoire de cette veuve, qu'elle avait prise pour un prétexte; mais, répété ainsi, ce nom lui parut sérieux.

— Si c'est une confidence que vous me faites, dit-elle, elle n'est ni adroite ni polie.

Valentin ne répondit pas. Il sentait que son premier mouvement l'avait entraîné trop loin, et il commençait à réfléchir. La marquise, de son côté, garda le silence quelque temps. Elle attendait une explication, et Valentin songeait au moyen d'éviter d'en donner une. Il allait enfin se décider à parler, et essayer peut-être de se rétracter, quand la marquise, perdant patience, se leva brusquement.

— Est-ce une querelle ou une rupture? demanda-t-elle d'un ton si violent, que Valentin ne put conserver son sang-froid.

— Comme vous voudrez, répondit-il.

— Très bien, dit la marquise, et elle sortit. Mais, cinq minutes après, on sonna à la porte : Valentin ouvrit, et vit madame de Parnes debout sur le palier, les bras croisés, enveloppée dans sa mantille et appuyée contre le mur; elle était d'une pâleur effrayante, et prête à se trouver mal. Il la prit dans ses bras, la porta sur la causeuse, et s'efforça de l'apaiser. Il lui demanda pardon de sa mauvaise humeur, la supplia d'oublier cette scène fâcheuse, et s'accusa d'un de ces accès d'impatience dont il est impossible de dire la raison.

— Je ne sais ce que j'avais ce matin, lui dit-il; une fâcheuse nouvelle que j'ai reçue m'avait irrité; je vous ai cherché querelle sans motif; ne pensez jamais à ce que je vous ai dit que comme à un moment de folie de ma part.

— N'en parlons plus, dit la marquise revenue à elle, et allez me chercher mon coussin. Valentin obéit avec répugnance; madame de Parnes jeta le coussin à terre, et posa ses pieds dessus. Ce geste, comme vous pensez, ne fut pas agréable au jeune homme; il fronça le sourcil malgré lui, et se dit qu'après tout il venait de céder par faiblesse à une comédie de femme.

Je ne sais s'il avait raison, et je ne sais non plus par quelle obstination puérile la marquise avait voulu, à toute force, obtenir ce petit triomphe. Il n'est pas sans exemple qu'une femme, et même une femme d'esprit, ne veuille pas se soumettre en pareil cas; mais il peut arriver que ce soit de sa part un mauvais calcul, et que l'homme, après avoir obéi, se repente de sa complaisance; c'est ainsi qu'un enfantillage devient grave quand l'orgueil s'en mêle, et qu'on s'est brouillé quelquefois pour moins encore qu'un coussin brodé.

Tandis que madame de Parnes, reprenant son air gracieux, ne dissimulait pas sa joie, Valentin ne pouvait détacher ses regards du coussin, qui, à dire vrai, n'était pas fait pour servir de tabouret. Contre sa coutume, la marquise était venue à pied, et la tapisserie de la veuve, repoussée bientôt au milieu de la chambre, portait l'empreinte poudreuse du brodequin qui l'avait foulée. Valentin ramassa le coussin, l'essuya et le posa sur un fauteuil.

— Allons-nous encore nous quereller? dit en souriant la marquise. Je croyais que vous me laissiez faire et que la paix était conclue.

— Ce coussin est blanc; pourquoi le salir?

— Pour s'en servir, et quand il sera sale, mademoiselle Julie nous en fera d'autres.

— Écoutez-moi, madame la marquise, dit Valentin. Vous comprenez très bien que je ne suis pas assez sot pour attacher de l'importance à un caprice ni à une bagatelle de cette sorte. S'il est vrai que le déplaisir que je ressens de ce que vous faites puisse avoir quelque motif que vous ignorez, ne cherchez pas à l'approfondir, ce sera le plus sage. Vous vous êtes trouvée mal tout à l'heure, je ne vous demande pas si cet évanouissement était bien profond; vous avez obtenu ce que vous désiriez, n'en essayez pas davantage.

— Mais vous comprenez peut-être, répondit madame de Parnes, que je né suis pas assez sotte non plus pour attacher à cette bagatelle plus d'importance que vous; et, s'il m'arrivait d'insister, vous comprendriez encore que je voudrais savoir jusqu'à quel point c'est une bagatelle.

— Soit, mais je vous demanderai, pour vous répondre, si c'est l'orgueil ou l'amour qui vous pousse.

— C'est l'un et l'autre. Vous ne savez pas qui je suis : la légèreté de ma conduite avec vous vous a donné de moi une opinion que je vous laisse, parce que vous ne la feriez partager à personne; pensez sur mon compte comme il vous plaira, et soyez infidèle si bon vous semble, mais gardez-vous de m'offenser.

— C'est peut-être l'orgueil qui parle en ce moment, madame; mais convenez donc que ce n'est pas l'amour.

— Je n'en sais rien; si je ne suis pas jalouse, il est certain que c'est par dédain. Comme je ne reconnais qu'à M. de Parnes le droit de surveillance sur moi, je ne prétends non plus surveiller personne. Mais comment osez-vous me répéter deux fois un nom que vous devriez taire?

— Pourquoi le tairais-je, quand vous m'interrogez? Ce nom ne peut faire rougir ni la personne à qui il appartient ni celle qui le prononce.

— Eh bien! achevez donc de le prononcer.

Valentin hésita un moment.

— Non, répondit-il, je ne le prononcerai pas, par respect pour celle qui le porte.

La marquise se leva à ces paroles, serra sa mantille autour de sa taille, et dit d'un ton glacé :

— Je pense qu'on doit être venu me chercher, reconduisez-moi jusqu'à ma voiture.

X

La marquise de Parnes était plus qu'orgueilleuse, elle était hautaine. Habituée dès l'enfance à voir tous ses caprices satisfaits, négligée par son mari, gâtée par sa tante, flattée par le monde qui l'entourait, le seul conseiller qui la dirigeât, au milieu d'une liberté si dangereuse, était cette fierté native qui triomphait même des passions. Elle pleura amèrement en rentrant chez elle; puis elle fit défendre sa porte, et réfléchit à ce qu'elle avait à faire, résolue à n'en pas souffrir davantage.

Quand Valentin, le lendemain, alla voir madame Delaunay, il crut s'apercevoir qu'il était suivi. Il l'était en effet, et la marquise eut bientôt appris la demeure de la veuve, son nom, et les visites fréquentes que le jeune homme lui rendait. Elle ne voulut pas s'en tenir là, et, quelque invraisemblable que puisse paraître le moyen dont elle se servit, il n'est pas moins vrai qu'elle l'employa, et qu'il lui réussit.

A sept heures du matin, elle sonna sa femme de chambre; elle se fit apporter par cette fille une robe de toile, un tablier, un mouchoir de coton, et un ample bonnet sous lequel elle cacha, autant que possible, son visage. Ainsi travestie, un panier sous le bras, elle se rendit au marché des Innocents. C'était l'heure où madame Delaunay avait coutume d'y aller, et la marquise ne chercha pas longtemps; elle savait que la veuve lui ressemblait, et elle aperçut bientôt devant l'étalage d'une fruitière une jeune femme à peu près de sa taille, aux yeux noirs et à la démarche modeste, marchandant des cerises. Elle s'approcha.

— N'est-ce pas à madame Delaunay, demanda-t-elle, que j'ai l'honneur de parler?

— Oui, mademoiselle; que me voulez-vous?

La marquise ne répondit pas; sa fantaisie était satisfaite et peu lui importait qu'on s'en étonnât. Elle jeta sur sa rivale un regard rapide et curieux, la toisa des pieds à la tête, puis se retourna et disparut.

Valentin ne venait plus chez madame de Parnes; il reçut d'elle une invitation de bal imprimée, et crut devoir s'y rendre par convenance. Quand il entra dans l'hôtel, il fut surpris de ne voir qu'une fenêtre éclairée; la marquise était seule et l'attendait. — Pardonnez-moi, lui dit-elle, la petite ruse que j'ai employée pour vous faire venir; j'ai pensé que vous ne répondriez peut-être pas si je vous écrivais pour vous demander un quart d'heure d'entretien, et j'ai besoin de vous dire un mot, en vous suppliant d'y répondre sincèrement.

Valentin, qui de son naturel n'était pas gardeur de rancune, et chez qui le ressentiment passait aussi vite qu'il venait, voulut mettre la conversation sur un ton enjoué, et commença à plaisanter la marquise sur son bal supposé. Elle lui coupa la parole en lui disant : J'ai vu madame Delaunay.

— Ne vous effrayez pas, ajouta-t-elle, voyant Valentin changer de visage; je l'ai vue sans qu'elle sût qui j'étais et de manière à ce qu'elle ne puisse me reconnaître. Elle est jolie, et il est vrai qu'elle me ressemble un peu. Parlez-moi franchement : l'aimiez-vous déjà quand vous m'avez envoyé une lettre qui était écrite pour elle?

Valentin hésitait.

— Parlez, parlez sans crainte, dit la marquise. C'est le seul moyen de me prouver que vous avez quelque estime pour moi.

Elle avait prononcé ces mots avec tant de tristesse, que Valentin en fut ému. Il s'assit près d'elle, et lui conta fidèlement tout ce qui s'était passé dans son cœur. — Je l'aimais déjà, lui dit-il enfin, et je l'aime encore; c'est la vérité.

— Rien n'est plus possible entre nous, répondit la marquise en se levant. Elle s'approcha d'une glace, se renvoya à elle-même un regard coquet.

— J'ai fait pour vous, continua-t-elle, la seule action de ma vie où je n'ai réfléchi à rien. Je ne m'en repens pas, mais je voudrais n'être pas seule à m'en souvenir quelquefois.

Elle ôta de son doigt une bague d'or où était enchâssée une aigue-marine.

— Tenez, dit-elle à Valentin, portez ceci pour l'amour de moi; cette pierre ressemble à une larme.

Quand elle présenta sa bague au jeune homme, il voulut lui baiser la main.

— Prenez garde, dit-elle; songez que j'ai vu votre maîtresse; ne nous souvenons pas trop tôt.

— Ah! répondit-il, je l'aime encore, mais je sens que je vous aimerai toujours.

— Je le crois, répliqua la marquise, et c'est peut-être pour cette raison que je pars demain pour la Hollande, où je vais rejoindre mon mari.

— Je vous suivrai, s'écria Valentin; n'en doutez pas, si vous quittez la France, je partirai en même temps que vous.

— Gardez-vous-en bien, ce serait me perdre, et vous tenteriez en vain de me revoir.

— Peu m'importe; quand je devrais vous suivre à dix lieues de distance, je vous prouverai du moins ainsi la sincérité de mon amour, et vous y croirez malgré vous.

— Mais je vous dis que j'y crois, répondit madame de Parnes avec un sourire malin : adieu donc, ne faites pas cette folie.

Elle tendit la main à Valentin, et entr'ouvrit, pour se retirer, la porte de sa chambre à coucher.

— Ne faites pas cette folie, ajouta-t-elle d'un ton léger; ou, si vous la faisiez par hasard, vous m'écririez un mot à Bruxelles, parce que de là on peut changer de route.

La porte se ferma sur ces paroles, et Valentin, resté seul, sortit de l'hôtel dans le plus grand trouble.

Il ne put dormir de la nuit, et le lendemain, au point du jour, il n'avait encore pris aucun parti sur la conduite qu'il tiendrait. Un billet assez triste de madame Delaunay, reçu à son réveil, l'avait ébranlé sans le décider. A l'idée de quitter la veuve, son cœur se déchirait; mais à l'idée de suivre en poste l'audacieuse et coquette marquise, il se sentait tressaillir de désir; il regardait l'horizon, il écoutait rouler les voitures; les folles équipées du temps passé lui revenaient en tête; que vous dirai-je? il songeait à l'Italie, au plaisir, à un peu de scandale, à Lauzun déguisé en postillon; d'un autre côté, sa mémoire inquiète lui rappelait les craintes si naïvement exprimées un soir par madame Delaunay. Quel affreux souvenir n'allait-il pas lui laisser! Il se répétait ces paroles de la veuve : *Faut-il qu'un jour j'aie horreur de vous?*

Il passa la journée entière renfermé, et après avoir épuisé tous les caprices, tous les projets fantasques de son imagination : Que veux-je donc? se demanda-t-il. Si j'ai voulu choisir entre ces deux femmes, pourquoi cette incertitude? et, si je les aime toutes les deux également, pourquoi me suis-je mis de mon propre gré dans la nécessité de perdre l'une ou l'autre? Suis-je fou? Ai-je ma raison? Suis-je perfide ou sincère? Ai-je trop peu de courage ou trop peu d'amour?

Il se mit à table, et, prenant le dessin qu'il avait fait autrefois, il considéra attentivement ce portrait infidèle qui ressemblait à ses deux maîtresses. Tout ce qui lui était arrivé depuis deux mois se représenta à son esprit : le pavillon et la chambrette, la robe d'indienne et les blanches épaules, les grands dîners et les petits déjeuners, le piano et l'aiguille à tricoter, les deux mouchoirs, le coussin brodé, il revit tout. Chaque heure de sa vie lui donnait un conseil différent.

— Non, se dit-il enfin, ce n'est pas entre deux femmes que j'ai à choisir, mais entre deux routes que j'ai voulu suivre à la fois, et qui ne peuvent mener au même but : l'une est la folie et le plaisir, l'autre est l'amour ; laquelle dois-je prendre? laquelle conduit au bonheur?

Je vous ai dit, en commençant ce conte, que Valentin avait une mère qu'il aimait tendrement. Elle entra dans sa chambre tandis qu'il était plongé dans ces pensées.

— Mon enfant, lui dit-elle, je vous ai vu triste ce matin. Qu'avez-vous? Puis-je vous aider? Avez-vous besoin de quelque argent? Si je ne puis vous rendre service, ne puis-je du moins savoir vos chagrins et tenter de vous consoler?

— Je vous remercie, répondit Valentin. Je faisais des projets de voyage, et je me demandais qui doit nous rendre heureux, de l'amour ou du plaisir ; j'avais oublié l'amitié. Je ne quitterai pas mon pays, et la seule femme à qui je veuille ouvrir mon cœur est celle qui peut le partager avec vous.

FIN DES DEUX MAITRESSES.

Bien que l'auteur se soit amusé à prêter au personnage de Valentin quelques traits de son propre caractère, les doubles amours du héros n'ont existé que dans son imagination.

FRÉDÉRIC
ET BERNERETTE

1838

Dessin de Bida — Gravé par Ch. Colin

FRÉDÉRIC ET BERNERETTE

CHARPENTIER ÉDITEUR

Imp. G. Chardon aîné, Paris

FRÉDÉRIC
ET BERNERETTE

Vers les dernières années de la Restauration, un jeune homme de Besançon, nommé Frédéric Hombert, vint à Paris pour faire son droit. Sa famille n'était pas riche et ne lui donnait qu'une modique pension; mais, comme il avait beaucoup d'ordre, peu de chose lui suffisait. Il se logea dans le quartier Latin, afin d'être à portée de suivre les cours; ses goûts et son humeur étaient si sédentaires, qu'il visita à peine les promenades, les places et les monuments qui sont à Paris l'objet de la curiosité des étrangers. La société de quelques jeunes gens avec lesquels il eut bientôt occasion de se lier à l'École de droit, quelques maisons que des lettres de recommandation lui avaient ouvertes, telles étaient ses seules distractions. Il entretenait une correspondance réglée avec ses parents, et leur annonçait le succès de ses examens au fur et à mesure qu'il les subissait. Après avoir travaillé assidûment pendant trois ans, il vit enfin arriver le moment où il allait être reçu avocat ; il ne lui restait plus qu'à soutenir sa thèse, et il avait déjà fixé l'époque de son retour à Besançon, lorsqu'une circonstance imprévue vint pour quelque temps troubler son repos.

Il demeurait rue de la Harpe, au troisième étage, et il avait sur sa croisée des fleurs dont il prenait soin. En les arrosant, un matin, il aperçut, à une fenêtre en face de lui, une jeune fille qui se mit à rire. Elle le regardait d'un air si gai et si ouvert, qu'il ne put s'empêcher de lui faire un signe de tête. Elle lui rendit son salut de bonne grâce, et, à compter de ce moment, ils prirent l'habitude de se souhaiter ainsi le bonjour tous les matins, d'un côté de la rue à l'autre. Un jour que Frédéric s'était levé de meilleure heure que de coutume, après avoir salué sa voisine, il prit une feuille de papier qu'il plia en forme de lettre, et qu'il montra de loin à la jeune fille, comme pour lui demander s'il pouvait lui écrire ; mais elle secoua la tête en signe de refus, et se retira d'un air fâché.

Le lendemain, le hasard fit qu'ils se rencontrèrent dans la rue. La demoiselle rentrait chez elle, accompagnée d'un jeune homme que Frédéric ne connaissait pas, et qu'il ne se rappela point avoir jamais vu parmi les étudiants. A la tournure et à la toilette de sa voisine, quoiqu'elle portât un chapeau, il jugea qu'elle devait être ce qu'on appelle à Paris une grisette. Le cavalier, d'après son âge, n'était sans doute qu'un frère ou un amant, et semblait plutôt un amant qu'un frère. Quoi qu'il en fût, Frédéric résolut de ne plus songer à cette aventure. Les premiers froids étant venus, il ôta ses fleurs de la place qu'elles occupaient sur sa croisée ; mais, malgré lui, il regardait toujours dehors de temps en temps ; il rapprocha de la fenêtre le bureau où il travaillait, et arrangea son rideau de façon à pouvoir guetter sans être aperçu.

La voisine, de son côté, ne se montra plus le matin. Elle paraissait quelquefois à cinq heures du soir pour fermer ses persiennes, après avoir allumé sa lampe. Frédéric se hasarda un jour à lui envoyer un baiser. Il fut surpris de voir qu'elle le lui rendit aussi gaiement qu'autrefois son premier salut. Il prit de nouveau son morceau de papier, qui était resté plié sur sa table, et, s'expliquant par signes du mieux qu'il put, il demanda qu'on lui écrivît ou qu'on reçût son billet. Mais la réponse ne fut pas plus favorable que la première fois ; la grisette secoua encore la tête, et il en fut de même pendant huit jours. Les baisers étaient bienvenus, mais, quant aux lettres, il fallait y renoncer.

Au bout d'une semaine, Frédéric, dépité d'essuyer sans cesse le même refus, déchira son papier devant sa voisine. Elle en rit d'abord, resta quelque temps indécise, puis tira de la poche de son tablier un billet qu'elle montra à son tour à l'étudiant. Vous jugez bien qu'il ne secoua pas la tête. Ne pouvant parler, il écrivit en grosses lettres, sur une grande feuille de papier à dessin, ces trois mots : « Je vous adore! » Puis il posa la feuille sur une chaise et plaça une bougie allumée de chaque côté. La belle grisette, armée d'une lorgnette, put lire ainsi la première déclaration de son amant. Elle y répondit par un sourire, et fit signe à Frédéric de descendre pour venir chercher le billet qu'elle lui avait montré.

Le temps était obscur, et il faisait un épais brouillard. Le jeune homme descendit lestement, traversa la rue et entra dans la maison de sa voisine; la porte était ouverte, et la demoiselle était au bas de l'escalier. Frédéric, l'entourant de ses bras, fut plus prompt à l'embrasser qu'à lui parler. Elle s'enfuit toute tremblante.

— Que m'avez-vous écrit? demanda-t-il; quand et comment puis-je vous revoir?

Elle s'arrêta, revint sur ses pas, et, glissant son billet dans la main de Frédéric :

— Tenez, lui dit-elle, et ne découchez plus.

Il était arrivé en effet à l'étudiant, depuis peu, de passer, malgré sa sagesse, la nuit hors du logis, et la grisette l'avait remarqué.

Quand deux amoureux sont d'accord, les obstacles sont bien peu de chose. Le billet remis à Frédéric annonçait les plus grandes précautions à prendre, parlait de dangers menaçants, et demandait où il fallait aller pour se voir. Ce ne pouvait être, disait-on, dans l'appartement du jeune homme. Il fallut donc chercher une chambrette aux alentours. Le quartier Latin n'en manque pas. Le premier rendez-vous était fixé, lorsque Frédéric reçut la lettre suivante :

« Vous dites que vous m'adorez, et vous ne me dites pas si vous me trouvez jolie. Vous m'avez mal vue, et, pour pouvoir m'aimer, il faut que vous me voyiez mieux. Je vais sortir avec ma bonne; sortez de votre côté, et venez à ma rencontre dans la rue. Vous m'aborderez comme une connaissance, vous me direz quelques mots, et regardez-moi bien pendant ce temps-là. Si vous ne me trouvez pas jolie, vous me le direz et je ne m'en fâcherai pas. C'est tout simple, et d'ailleurs je ne suis pas méchante.

« Mille baisers.

« BERNERETTE. »

Frédéric obéit aux ordres de sa maîtresse, et je n'ai que faire de dire que l'épreuve ne fut pas douteuse. Cependant Bernerette, par un raffinement de coquetterie, au lieu de se munir de tous ses atours pour cette rencontre, se présenta en négligé, les cheveux relevés sous son chapeau. L'étudiant lui fit un respectueux salut, lui répéta qu'il la trouvait plus belle que jamais, puis rentra chez lui, ravi de sa nouvelle conquête ; mais elle lui sembla bien plus belle encore le lendemain, lorsqu'elle vint au rendez-vous, et il vit là qu'elle pouvait se passer non seulement d'atours, mais encore de toute espèce de toilette, même la plus négligée.

II

Frédéric et Bernerette s'étaient livrés à leur amour avant d'avoir échangé presque un seul mot, et ils en étaient à se tutoyer aux premières paroles qu'ils s'adressèrent. Enlacés dans les bras l'un de l'autre, ils s'assirent près de la cheminée, où pétillait un bon feu. Là, Bernerette, appuyant sur les genoux de son amant ses joues brillantes des belles couleurs du plaisir, lui apprit qui elle était. Elle avait joué la comédie en province. Elle s'appelait Louise Durand, et Bernerette était son nom de guerre ; elle vivait depuis deux ans avec un jeune homme qu'elle n'aimait plus. Elle voulait, à tout prix, s'en débarrasser, et changer sa manière de vivre, soit en rentrant au théâtre, si elle trouvait quelque protection, soit en apprenant un métier. Du reste, elle ne s'expliqua ni sur sa famille ni sur le passé. Elle annonçait seulement sa résolution de briser ses liens, qui lui étaient insupportables. Frédéric ne voulut pas la tromper, et lui peignit sincèrement la position où il se trouvait lui-même ; n'étant pas riche, et connaissant peu le monde, il ne pouvait lui être que d'un bien faible secours. — Comme je ne puis me charger de toi, ajouta-t-il, je ne veux, sous aucun prétexte, devenir la cause d'une rupture; mais, comme il me serait trop cruel de te partager avec un autre, je partirai bien à regret, et je garderai dans mon cœur le souvenir d'un heureux jour.

A cette déclaration inattendue, Bernerette se mit à pleurer. — Pourquoi partir? dit-elle. Si je me brouille avec mon amant, ce n'est pas toi qui en seras cause, puisqu'il y a longtemps que j'y suis déterminée. Si j'entre chez une lingère pour faire mon apprentissage, est-ce que tu ne m'aimeras plus? Il est fâcheux que tu ne sois pas riche; mais que veux-tu! nous ferons comme nous pourrons.

Frédéric allait répliquer, mais un baiser lui imposa silence. — N'en parlons plus, et n'y pensons plus, dit enfin Bernerette. Quand tu voudras de moi, fais-moi signe par la fenêtre, et ne t'inquiète pas du reste qui ne te regarde pas.

Pendant six semaines environ, Frédéric ne travailla guère. Sa thèse commencée restait sur sa table; il y ajoutait une ligne de temps en temps. Il savait que, si l'envie de s'amuser lui venait, il n'avait qu'à ouvrir sa croisée: Bernerette était toujours prête; et quand il lui demandait comment elle jouissait de tant de liberté, elle lui répondait toujours que cela ne le regardait pas. Il avait dans son tiroir quelques économies, qu'il dépensa rapidement. Au bout de quinze jours, il fut obligé d'avoir recours à un ami pour donner à souper à sa maîtresse.

Quand cet ami, qui se nommait Gérard, apprit le nouveau genre de vie de Frédéric : Prends garde à toi, lui dit-il, tu es amoureux. Ta grisette n'a rien, et tu n'as pas grand'chose ; je me défierais à ta place d'une comédienne de province ; ces passions-là mènent plus loin qu'on ne pense.

Frédéric répondit en riant qu'il ne s'agissait point d'une passion, mais d'une amourette passagère. Il raconta à Gérard comment il avait fait connaissance, par sa croisée, avec Bernerette. — C'est une fille qui ne pense qu'à rire, dit-il à son ami ; il n'y a rien de moins dangereux qu'elle, et rien de moins sérieux que notre liaison.

Gérard se rendit à ces raisons et engagea cependant Frédéric à travailler. Celui-ci assura que sa thèse allait être bientôt terminée, et, pour n'avoir pas fait un mensonge, il se mit en effet à l'ouvrage pendant quelques heures ; mais le soir même Bernerette l'attendait. Ils allèrent ensemble à *la Chaumière,* et le travail fut laissé de côté.

La Chaumière est le Tivoli du quartier Latin ; c'est le rendez-vous des étudiants et des grisettes. Il s'en faut que ce soit un lieu de bonne compagnie, mais c'est un lieu de plaisir : on y boit de la bière et on y danse ; une gaieté franche, parfois un peu bruyante, anime l'assemblée. Les élégantes y ont des bonnets ronds, et les *fashionables* des vestes de velours; on y fume, on y trinque, on y fait l'amour en plein air. Si la police interdisait l'entrée de ce jardin délicieux aux créatures qu'elle enregistre, ce serait peut-être là seulement que se retrouverait encore à Paris cette ancienne vie des étudiants, si libre et si joyeuse, dont les traditions se perdent tous les jours.

Frédéric, en sa qualité de provincial, n'était pas homme à faire le difficile sur les gens qu'il rencontrait là; et Bernerette, qui ne voulait que se divertir, ne l'en eût pas fait apercevoir. Il faut un certain usage du monde pour savoir où il est permis de s'amuser. Notre heureux couple ne raisonnait pas ses plaisirs; quand il avait dansé toute la soirée, il rentrait fatigué et content. Frédéric était si novice, que ses premières folies de jeunesse lui semblaient le bonheur même. Quand Bernerette, appuyée sur son bras, sautait en marchant sur le boulevard Neuf, il n'imaginait rien de plus doux que de vivre ainsi au jour le jour. Ils se demandaient de temps en temps l'un à l'autre où en étaient leurs affaires, mais ni l'un ni l'autre ne répondait clairement à cette question. La chambrette garnie, située près du Luxembourg, était payée pour deux mois; c'était l'important. Quelquefois, en y arrivant, Bernerette avait sous le bras un pâté enveloppé dans du papier, et Frédéric une bouteille de bon vin. Ils s'attablaient alors; la jeune fille chantait au dessert les couplets des vaudevilles qu'elle avait joués; si elle avait oublié les paroles, l'étudiant improvisait, pour les remplacer, des vers à la louange de son amie, et, quand il ne trouvait pas la rime, un baiser en tenait lieu. Ils passaient ainsi la nuit tête à tête, sans se douter du temps qui s'écoulait.

— Tu ne fais plus rien, disait Gérard, et ton amourette passagère durera plus longtemps qu'une passion. Prends garde à toi ; tu dépenses de l'argent, et tu négliges les moyens que tu as d'en gagner.

— Rassure-toi, répondait Frédéric ; ma thèse avance, et Bernerette va entrer en apprentissage chez une lingère. Laisse-moi jouir en paix d'un moment de bonheur, et ne t'inquiète pas de l'avenir.

L'époque approchait cependant où il fallait imprimer la thèse. Elle fut achevée à la hâte et n'en valut pas moins pour cela. Frédéric fut reçu avocat ; il adressa à Besançon plusieurs exemplaires de sa dissertation, accompagnée de son diplôme. Son père répondit à cette heureuse nouvelle par l'envoi d'une somme beaucoup plus considérable qu'il n'était nécessaire pour payer les frais de retour au pays. La joie paternelle vint donc ainsi, sans le savoir, au secours de l'amour. Frédéric put rendre à son ami l'argent que celui-ci lui avait prêté, et le convaincre de l'inutilité de ses remontrances. Il voulut faire un cadeau à Bernerette, mais elle le refusa.

— Fais-moi cadeau d'un souper, lui dit-elle ; tout ce que je veux de toi, c'est toi.

Avec un caractère aussi gai que celui de cette jeune fille, dès qu'elle avait le moindre chagrin, il était facile de s'en apercevoir. Frédéric la trouva triste un jour et lui en demanda la raison. Après quelque hésitation, elle tira de sa poche une lettre.

—C'est une lettre anonyme, dit-elle ; le jeune homme qui demeure avec moi l'a reçue hier, et me l'a donnée en me disant qu'il n'ajoutait aucune foi à des accusations non signées. Qui a écrit cela ? je l'ignore. L'orthographe est aussi mauvaise que le style ; mais ce n'en est pas moins dangereux pour moi : on me dénonce comme une fille perdue, et l'on va jusqu'à préciser le jour et l'heure de nos derniers rendez-vous. Il faut que ce soit quelqu'un de la maison, une portière ou une femme de chambre ; je ne sais que faire ni comment me préserver du péril qui me menace.

— Quel péril ? demanda Frédéric.

— Je crois, dit en riant Bernerette, qu'il n'y va pas moins que de ma vie. J'ai affaire à un homme d'un caractère violent, et, s'il savait que je le trompe, il serait très capable de me tuer.

Frédéric relut en vain la lettre, et l'examina de cent façons, il ne put reconnaître l'écriture. Il rentra chez lui fort inquiet, et résolut de ne pas voir Bernerette de quelques jours ; mais il reçut bientôt d'elle un billet.

« Il sait tout, écrivait-elle ; je ne sais qui a parlé ; je crois que c'est la portière. Il ira vous voir ; il veut se battre avec vous. Je n'ai pas la force d'en dire davantage ; je suis plus morte que vive. »

Frédéric passa la journée entière dans sa chambre ; il s'attendait à la visite de son rival, ou du moins à une provocation. Il fut surpris de ne recevoir ni l'une ni l'autre. Le lendemain et pendant les huit jours suivants, même silence. Il apprit enfin que M. de N***, l'amant de Bernerette, avait eu avec elle une explication, à la suite de laquelle celle-ci avait quitté la maison et s'était sauvée chez sa mère. Resté seul et désolé de la perte d'une maîtresse qu'il aimait éperdument, le jeune homme était sorti un matin et n'avait plus reparu. Au bout de quatre jours, ne le voyant pas revenir, on avait fait ouvrir la porte de son appartement ; il avait laissé sur sa table une lettre qui annonçait son fatal dessein. Ce ne fut qu'une semaine plus tard qu'on trouva dans la forêt de Meudon les restes de cet infortuné.

III

L'impression que ressentit Frédéric à la nouvelle de ce suicide fut profonde. Bien qu'il ne connût pas ce jeune homme et qu'il ne lui eût jamais adressé la parole, il savait son nom, qui était celui d'une famille illustre. Il vit arriver les parents, les frères en deuil, et il sut les tristes détails des recherches auxquelles on avait été obligé de se livrer pour découvrir le mort. Les scellés furent mis; bientôt après, les tapissiers enlevèrent les meubles; la fenêtre auprès de laquelle travaillait Bernerette resta ouverte, et ne montra plus que les murs d'un appartement désert.

On n'éprouve de remords que lorsqu'on est coupable, et Frédéric n'avait aucun reproche sérieux à se faire, puisqu'il n'avait trompé personne, et qu'il n'avait même jamais su clairement où en étaient les choses entre la grisette et son amant. Mais il se sentait pénétré d'horreur en se voyant la cause involontaire d'une fatalité si cruelle. — Que n'est-il venu me trouver! se disait-il; que n'a-t-il tourné contre moi l'arme dont il a fait un si funeste usage! Je ne sais comment j'aurais agi, ni ce qui se serait passé; mais mon cœur me dit qu'il ne serait pas arrivé un tel malheur. Que n'ai-je appris seulement qu'il l'aimait à ce point! Que n'ai-je été témoin de sa douleur! Qui sait? je serais peut-être parti; je l'aurais peut-être convaincu, guéri, ramené à la raison par des paroles franches et amicales. Dans tous les cas, il vivrait encore, et j'aimerais mieux qu'il m'eût cassé le bras que de penser qu'en se donnant la mort il a peut-être prononcé mon nom!

Au milieu de ces tristes réflexions arriva une lettre de Bernerette; elle était malade et gardait le lit. Dans la dernière scène avec elle, M. de N*** l'avait frappée, et elle avait fait une chute dangereuse. Frédéric sortit pour aller la voir, mais il n'en eut pas le courage. En la gardant pour maîtresse, il lui semblait commettre un meurtre. Il se décida à partir; après avoir mis ordre à ses affaires, il envoya à la pauvre fille ce dont il put disposer, lui promit de ne pas l'abandonner si elle tombait dans la misère : puis il retourna à Besançon.

Son arrivée fut, comme on peut penser, un jour de fête pour sa famille. On le félicita sur son nouveau titre, on l'accabla de questions sur son séjour à Paris; son père le conduisit avec orgueil chez toutes les personnes de distinction de la ville. Bientôt on lui fit part d'un projet conçu pendant son absence : on avait pensé à le marier, et on lui proposa la main d'une jeune et jolie personne dont la fortune était honorable. Il ne refusa ni n'accepta; il avait dans l'âme une tristesse que rien ne pouvait surmonter. Il se laissa mener partout où l'on voulut, répondit de son mieux à ceux qui l'interrogeaient, et s'efforça même de faire la cour à sa prétendue ; mais c'était sans plaisir et presque malgré lui qu'il s'acquittait de ces devoirs : non que Bernerette lui fût assez chère pour le faire renoncer à un mariage avantageux ; mais les dernières circonstances avaient agi sur lui trop fortement pour qu'il pût s'en remettre si vite. Dans un cœur troublé par le souvenir, il n'y a pas de place pour l'espérance ; ces deux sentiments, dans leur extrême vivacité, s'excluent l'un l'autre ; ce n'est qu'en s'affaiblissant qu'ils se concilient, s'adoucissent et finissent par s'appeler mutuellement.

La jeune pesonne dont il s'agissait avait un caractère très mélancolique. Elle n'éprouvait pour Frédéric ni sympathie ni répugnance ; c'était, comme lui, par obéissance qu'elle se prêtait aux projets de ses parents. Grâce à la facilité qu'on leur laissait de causer ensemble, ils s'aperçurent tous deux de la vérité. Ils sentirent que l'amour ne leur venait pas, et l'amitié leur vint sans efforts. Un jour que les deux familles réunies avaient fait une partie de campagne, Frédéric, au retour, donna le bras à sa future. Elle lui demanda s'il n'avait pas laissé à Paris quelque affection, et il lui conta son histoire. Elle commença par la trouver plaisante et par la traiter de bagatelle ; Frédéric n'en parlait pas non plus autrement que comme d'une folie sans importance ; mais la fin du récit parut sérieuse à mademoiselle Darcy (c'était le nom de la jeune personne). —Grand Dieu !

dit-elle, c'est bien cruel. Je comprends ce qui s'est passé en vous, et je vous en estime davantage. Mais vous n'êtes pas coupable ; laissez faire le temps. Vos parents sont aussi pressés sans doute que les miens de conclure le mariage qu'ils ont en tête ; fiez-vous à moi, je vous épargnerai le plus d'ennuis possible, et, en tout cas, la peine d'un refus.

Ils se séparèrent sur ces mots. Frédéric soupçonna que mademoiselle Darcy avait de son côté une confidence à lui faire. Il ne se trompait pas. Elle aimait un jeune officier sans fortune qui avait demandé sa main et qui avait été repoussé par la famille. Elle fit preuve de franchise à son tour, et Frédéric lui jura qu'il ne l'en ferait pas repentir. Il s'établit entre eux une convention tacite de résister à leurs parents, tout en paraissant se soumettre à leur volonté. On les voyait sans cesse l'un auprès de l'autre, dansant ensemble au bal, causant au salon, marchant à l'écart à la promenade ; mais, après s'être comportés toute la journée comme deux amants, ils se serraient la main en se quittant et se répétaient chaque soir qu'ils ne deviendraient jamais époux.

De pareilles situations sont très dangereuses. Elles ont un charme qui entraîne, et le cœur s'y livre avec confiance ; mais l'amour est une divinité jalouse qui s'irrite dès qu'on cesse de la craindre, et on aime quelquefois seulement parce qu'on a promis de ne pas aimer. Au bout de quelque temps, Frédéric avait recouvré sa gaieté ; il se disait qu'après tout ce n'était pas sa faute si une légère intrigue avait eu un dénoûment sinistre ; que tout autre à sa place eût agi comme lui, et qu'enfin il faut oublier ce qu'il est impossible de réparer. Il commença à trouver du plaisir à voir tous les jours mademoiselle Darcy ; elle lui parut plus belle qu'au premier abord. Il ne changea pas de conduite auprès d'elle ; mais il mit peu à peu dans ses discours et dans ses protestations d'amitié une chaleur à laquelle on ne pouvait se méprendre. Aussi la jeune personne ne s'y méprit-elle pas ; l'instinct féminin l'avertit promptement de ce qui se passait dans le cœur de Frédéric. Elle en fut flattée et presque touchée ; mais, soit qu'elle fût plus constante que lui, soit qu'elle ne voulût pas revenir sur sa parole, elle prit la détermination de rompre entièrement avec lui et de lui ôter toute espérance. Il fallait attendre pour cela qu'il s'expliquât plus clairement, et l'occasion s'en présenta bientôt.

Un soir que Frédéric s'était montré plus enjoué qu'à l'ordinaire, mademoiselle Darcy, pendant qu'on prenait le thé, alla s'asseoir dans une petite pièce reculée. Une certaine disposition romanesque, qui est souvent naturelle aux femmes, prêtait ce jour-là à son regard et à sa parole un attrait indéfinissable. Sans se rendre compte de ce qu'elle éprouvait, elle se sentait la faculté de produire une impression violente, et elle cédait à la tentation d'user de sa puissance, dût-elle en souffrir elle-même. Frédéric l'avait vue sortir; il la suivit, s'approcha, et, après quelques mots sur l'air de tristesse qu'il remarquait en elle :

— Eh bien! mademoiselle, lui dit-il, pensez-vous que le jour approche où il faudra vous déclarer d'une matière positive? Avez-vous trouvé quelque moyen d'éluder cette nécessité? Je viens vous consulter là-dessus. Mon père me questionne sans cesse, et je ne sais plus que lui répondre. Que puis-je objecter contre cette alliance, et comment dire que je ne veux pas de vous? Si je feins de vous trouver trop peu de beauté, de sagesse ou d'esprit, personne ne voudra me croire. Il faut donc que je dise que j'en aime une autre, et plus nous tarderons, plus je mentirai en le disant. Comment pourrait-il en être autrement? Puis-je impunément vous voir sans cesse? L'image d'une personne absente peut-elle, devant vous, ne pas s'effacer! Apprenez-moi donc ce qu'il me faut répondre, et ce que vous pensez vous-même. Vos intentions n'ont-elles pas changé? Laisserez-vous votre jeunesse se consumer dans la solitude? Resterez-vous fidèle à un souvenir, et ce souvenir vous suffira-t-il? Si j'en juge d'après moi, j'avoue que je ne puis le croire; car je sens que c'est se tromper que de résister à son propre cœur et à la destinée commune, qui veut qu'on oublie et qu'on aime. Je tiendrai ma parole, si vous l'ordonnez; mais je ne puis m'empêcher de vous dire que cette obéissance me sera cruelle. Sachez donc que maintenant c'est de vous seule que dépend notre avenir, et prononcez.

— Je ne suis pas surprise de ce que vous me dites, répondit mademoiselle Darcy; c'est là le langage de tous les hommes. Pour eux, le moment présent est tout, et ils sacrifieraient leur vie entière à la tentation de faire un compliment. Les femmes ont aussi des tentations de ce genre; mais la différence est qu'elles y résistent. J'ai eu tort de me fier à vous, et il est juste que j'en porte la peine; mais, quand mon refus devrait vous blesser et m'attirer votre ressentiment, vous apprendrez de moi une chose dont plus tard vous sentirez la vérité : c'est qu'on n'aime qu'une fois dans la vie, quand on est capable d'aimer. Les inconstants n'aiment pas; ils jouent avec le cœur. Je sais que, pour le mariage, on dit que l'amitié suffit; c'est possible dans certains cas; mais comment serait-ce possible pour nous, puisque vous savez que j'ai de l'amour pour quelqu'un? En supposant que vous abusiez aujourd'hui de ma confiance pour me déterminer à vous épouser, que ferez-vous de ce secret quand je serai votre femme? N'en sera-ce pas assez pour nous rendre à tous deux le bonheur impossible? Je veux croire que vos amours parisiennes ne sont qu'une folie de jeune homme. Pensez-vous qu'elles m'aient donné bonne opinion de votre cœur, et qu'il me soit indifférent de vous connaître d'un caractère aussi frivole? Croyez-moi, Frédéric, ajouta-t-elle en prenant la main du jeune homme, croyez-moi, vous aimerez un jour, et ce jour-là, si vous vous souvenez de moi, vous aurez peut-être quelque estime pour celle qui a osé vous parler ainsi. Vous saurez alors ce que c'est que l'amour.

Mademoiselle Darcy se leva à ces paroles, et sortit. Elle avait vu le trouble de Frédéric et l'effet que son discours produisait sur lui; elle le laissa plein de tristesse. Le pauvre garçon était trop inexpérimenté pour supposer que, dans une déclaration aussi formelle, il pût y avoir de la coquetterie. Il ne connaissait pas les mobiles étranges qui gouvernent quelquefois les actions des femmes; il ne savait pas que celle qui veut réellement refuser se contente de dire non, et que celle qui s'explique veut être convaincue.

Quoi qu'il en soit, cette conversation eut sur lui la plus fâcheuse influence. Au lieu de chercher à persuader mademoiselle Darcy, il évita, les jours suivants, toute occasion de lui parler seul à seul. Trop fière pour se repentir, elle le laissa s'éloigner en silence. Il alla trouver son père, et lui parla de la nécessité de faire son stage. Quant au mariage, ce fut mademoiselle Darcy qui se chargea de répondre la première; elle n'osa refuser tout à fait, de peur d'irriter sa famille, mais elle demanda qu'on lui donnât le temps de réfléchir, et elle obtint qu'on la laisserait tranquille pendant un an. Frédéric se disposa donc à retourner à Paris; on augmenta un peu sa pension, et il quitta Besançon plus triste encore qu'il n'y était venu. Le souvenir du dernier entretien avec mademoiselle Darcy le poursuivait comme un présage funeste, et, tandis que la malle-poste l'emportait loin de son pays, il se répétait tout bas : Vous saurez ce que c'est que l'amour.

IV

Il ne se logea point, cette fois, dans le quartier Latin ; il avait affaire au Palais de Justice, et il prit une chambre près du quai aux Fleurs. A peine arrivé, il reçut la visite de son ami Gérard. Celui-ci, pendant l'absence de Frédéric, avait fait un héritage considérable. La mort d'un vieil oncle l'avait rendu riche ; il avait un appartement dans la Chaussée-d'Antin, un cabriolet et des chevaux ; il entretenait en outre une jolie maîtresse ; il voyait beaucoup de jeunes gens ; on jouait chez lui toute la journée et quelquefois toute la nuit. Il courait les bals, les spectacles, les promenades ; en un mot, de modeste étudiant il était devenu un jeune homme à la mode.

Sans abandonner ses études, Frédéric fut entraîné dans le tourbillon qui environnait son ami. Il y apprit bientôt à mépriser ses anciens plaisirs de la Chaumière. Ce n'est pas là qu'irait se montrer ce qu'on appelle la jeunesse dorée. C'est souvent en moins bonne compagnie, mais peu importe ; il suffit de l'usage, et il est plus noble de se divertir chez Musard avec la canaille qu'au boulevard Neuf avec d'honnêtes gens. Gérard n'était pas d'une partie qu'il ne voulût y emmener Frédéric. Celui-ci résistait le plus possible, et finissait par se laisser conduire. Il fit donc connaissance avec un monde qui lui était inconnu; il vit de près des actrices, des danseuses, et l'approche de ces divinités est d'un effet immense sur un provincial; il se lia avec des joueurs, des étourdis, des gens qui parlaient en souriant de deux cents louis qu'ils avaient perdus la veille; il lui arriva de passer la nuit avec eux, et il les vit, le jour venu, après douze heures employées à boire et à remuer des cartes, se demander, en faisant leur toilette, quels seraient les plaisirs de la journée. Il fut invité à des soupers où chacun avait à ses côtés une femme à soi appartenant, à laquelle on ne disait mot, et qu'on emmenait en sortant comme on prend sa canne et son chapeau. Bref, il assista à tous les travers, à tous les plaisirs de cette vie légère, insouciante, à l'abri de la tristesse, que mènent seuls quelques élus qui ne semblent appartenir que par la jouissance au reste de la race humaine.

Il commença par s'en trouver bien, en ce qu'il y perdit toute humeur chagrine et tout souvenir importun. Et, en effet, il n'y a pas moyen, dans une sphère pareille, d'être seulement préoccupé; il faut se divertir ou s'en aller. Mais Frédéric se fit tort en même temps, en ce qu'il perdit la réflexion et ses habitudes d'ordre, la suprême sauvegarde. Il n'avait pas de quoi jouer longtemps, et il joua; son malheur voulut qu'il commençât par gagner, et sur son gain il eut de quoi perdre. Il était habillé par un vieux tailleur de Besançon, qui, depuis nombre d'années, servait sa famille ; il lui écrivit qu'il ne voulait plus de ses habits, et il prit un tailleur à la mode. Il n'eut bientôt plus le temps d'aller au Palais : comment l'aurait-il eu avec des jeunes gens qui, dans leur désœuvrement affairé, n'ont pas le loisir de lire un journal. Il faisait donc son stage sur le boulevard ; il dînait au café, allait au bois, avait de beaux habits et de l'or dans ses poches ; il ne lui manquait qu'un cheval et une maîtresse pour être un *dandy* accompli.

Ce n'est pas peu dire, il est vrai ; au temps passé, un homme n'était homme, et ne vivait réellement, qu'à la condition de posséder trois choses, un cheval, une femme et une épée. Notre siècle prosaïque et pusillanime a d'abord, de ces trois amis, retranché le plus noble, le plus sûr, le plus inséparable de l'homme de cœur. Personne n'a plus l'épée au côté ; mais, hélas ! peu de gens ont un cheval, et il y en a qui se vantent de vivre sans maîtresse.

Un jour que Frédéric avait des dettes urgentes à payer, il s'était vu forcé de faire quelques démarches auprès de ses compagnons de plaisir, qui n'avaient pu l'obliger. Il obtint enfin, sur son billet, trois mille francs d'un banquier qui connaissait son père. Lorsqu'il eut cette somme dans sa poche, se sentant joyeux et tranquille après beaucoup d'agitation, il fit un tour de-

boulevard avant de rentrer chez lui. Comme il passait au coin de la rue de la Paix pour s'en revenir dans les Tuileries, une femme qui donnait le bras à un jeune homme se mit à rire en le voyant : c'était Bernerette. Il s'arrêta et la suivit des yeux; de son côté, elle tourna plusieurs fois la tête; il changea de route sans trop savoir pourquoi et s'en fut au Café de Paris.

Il s'y était promené une heure, et il montait pour aller dîner, quand Bernerette passa de nouveau. Elle était seule; il l'aborda et lui demanda si elle voulait venir dîner avec lui. Elle accepta et prit son bras, mais elle le pria de la mener chez un traiteur moins en évidence.

— Allons au cabaret, dit-elle gaiement; je n'aime pas à dîner dans la rue.

Ils montèrent en fiacre, et, comme autrefois, ils s'étaient donné mille baisers avant de se demander de leurs nouvelles.

Le tête à tête fut joyeux, et les tristes souvenirs en furent bannis. Bernerette se plaignit cependant que Frédéric ne fût pas venu la voir; mais il se contenta de lui répondre qu'elle devait bien savoir pourquoi. Elle lut aussitôt dans les yeux de son amant, et comprit qu'il fallait se taire. Assis près d'un bon feu, comme au premier jour, ils ne songèrent qu'à jouir en liberté de l'heureuse rencontre qu'ils devaient au hasard. Le vin de Champagne anima leur gaieté, et avec lui vinrent les tendres propos qu'inspire cette liqueur de poète, dédaignée par les délicats. Après dîner, ils allèrent au spectacle. A onze heures, Frédéric demanda à Bernerette où il fallait la reconduire ; elle garda quelque temps le silence, à demi honteuse et à demi craintive ; puis, entourant de ses bras le cou du jeune homme, elle lui dit timidement à l'oreille :

— Chez toi.

Il témoigna quelque étonnement de la trouver libre.

— Eh! quand je ne le serais pas, répondit-elle, ne crois-tu pas que je t'aime? Mais je le suis, ajouta-t-elle aussitôt, voyant Frédéric hésiter ; la personne qui m'accompagnait tantôt t'a peut-être donné à penser ; l'as-tu regardée?

— Non, je n'ai regardé que toi.

— C'est un excellent garçon ; il est marchand de nouveautés et assez riche ; il veut m'épouser.

— T'épouser, dis-tu ! Est-ce sérieux?

— Très sérieux ; je ne l'ai pas trompé, il sait l'histoire entière de ma vie ; mais il est amoureux de moi. Il connaît ma mère, et il a fait sa demande il y a un mois. Ma mère ne voulait rien dire sur mon compte ; elle a pensé me battre quand elle a appris que je lui avais tout déclaré. Il veut que je tienne son comptoir : ce serait une assez jolie place, car il gagne par an une quinzaine de mille francs ; malheureusement cela ne se peut pas.

— Pourquoi ? Y a-t-il quelque obstacle?

— Je te dirai cela ; commençons par aller chez toi.

— Non; parle-moi d'abord franchement.

— C'est que tu vas te moquer de moi. J'ai de l'estime et de l'amitié pour lui, c'est le meilleur homme de la terre; mais il est trop gros.

—Trop gros? Quelle folie !

— Tu ne l'as pas vu : il est gros et petit, et tu as une si jolie taille !

— Et sa figure, comment est-elle?

— Pas trop mal; il a un mérite, c'est d'avoir l'air bon et de l'être. Je lui suis plus reconnaissante que je ne puis le dire, et si j'avais voulu, même sans m'épouser, il m'aurait déjà fait du bien. Pour rien au monde je ne voudrais le chagriner, et si je pouvais lui rendre un service, je le ferais de tout mon cœur.

—Épouse-le donc, s'il en est ainsi.

— Il est trop gros; c'est impossible. Allons chez toi, nous causerons.

Frédéric se laissa entraîner, et lorsqu'il s'éveilla le lendemain, il avait oublié ses ennuis passés et les beaux yeux de mademoiselle Darcy.

V

Bernerette le quitta après déjeuner, et ne voulut pas qu'il la ramenât chez elle. Il mit de côté l'argent qu'on lui avait prêté, bien résolu à payer ses dettes; mais il ne se pressa pas de les payer. Quelque temps après, il fut d'un souper chez Gérard; on ne se sépara qu'au jour. Comme il sortait, Gérard l'arrêta.

—Que vas-tu faire? lui dit-il; il est trop tard pour dormir; allons déjeuner à la campagne.

La partie fut arrangée; Gérard envoya réveiller sa maîtresse, et lui fit dire de se préparer.

—C'est dommage, dit-il à son ami, que tu n'aies pas aussi quelqu'un à emmener; nous ferions partie carrée, ce serait plus gai.

— Qu'à cela ne tienne, répondit Frédéric, cédant à un mouvement d'amour-propre; je vais, si tu veux, écrire un petit mot que ton groom portera ici près; quoiqu'il soit un peu matin, Bernerette viendra, je n'en doute pas.

— A merveille! Qu'est-ce que c'est que Bernerette? N'est-ce pas ta grisette d'autrefois?

—Précisément; c'est à son sujet que tu me faisais ta morale.

—Vraiment? dit Gérard en riant; mais j'avais peut-être raison, ajouta-t-il, car tu es d'un caractère constant, et c'est dangereux avec ces demoiselles.

Comme il parlait, sa maîtresse entra; Bernerette ne se fit pas attendre, elle arriva parée de son mieux. On envoya chercher une voiture de remise, et, malgré un temps assez froid, on partit pour Montmorency. Le ciel était clair, le soleil brillait; les jeunes gens fumaient, les deux dames chantaient; au bout d'une lieue, elles étaient amies.

On fit une promenade à cheval; lancé au galop dans les bois, Frédéric se sentait battre le cœur; jamais il ne s'était trouvé si à l'aise : Bernerette était près de lui; il voyait avec orgueil l'impression que produisait sur Gérard le charmant visage de la jeune fille animé par la course. Après un long détour dans la forêt, ils s'arrêtèrent sur une petite éminence où se trouvaient une maisonnette et un moulin. La meunière leur donna une bouteille de vin blanc, et ils s'assirent sur une bruyère.

— Nous aurions bien dû, dit Gérard, apporter quelques gâteaux; la digestion se fait vite à cheval, et je me sens de l'appétit; nous aurions fait un petit repas sur l'herbe avant de reprendre le chemin de l'auberge.

Bernerette tira de sa poche une talmouse qu'elle avait prise en passant à Saint-Denis, et l'offrit de si bonne grâce à Gérard, qu'il lui baisa la main pour la remercier.

— Faisons mieux, dit-elle; au lieu de retourner au village, dînons ici. Cette bonne femme a bien un quartier de mouton dans sa maisonnette; d'ailleurs voilà des poules qu'on nous fera rôtir. Demandons si cela se peut; pendant que le dîner se préparera, nous ferons un tour dans le bois. Qu'en pensez-vous? Cela vaudra bien les antiques perdreaux du *Cheval-Blanc*.

La proposition fut acceptée; la meunière voulait s'excuser, mais, éblouie par une pièce d'or que Gérard lui donna, elle se mit à l'œuvre aussitôt, et sacrifia sa basse-cour. Jamais dîner ne fut plus gai. Il se prolongea plus longtemps que les convives n'y avaient compté. Le soleil disparut bientôt derrière les belles collines de Saint-Leu; d'épais nuages couvrirent la vallée, et une pluie battante commença à tomber.

— Qu'allons-nous devenir? dit Gérard. Nous avons près de deux lieues à faire pour regagner Montmorency, et ce n'est pas là un orage d'été qu'on n'a qu'à laisser passer; c'est une vraie pluie d'hiver, il y en a pour toute la nuit.

— Pourquoi cela? dit Bernerette; une pluie d'hiver passe comme une autre. Faisons une partie de cartes pour nous distraire; quand la lune se lèvera, nous aurons beau temps.

La meunière, comme on peut penser, n'avait pas de cartes chez elle; par conséquent, point de partie. Cécile, la maîtresse de Gérard, commençait à regretter l'auberge, et à trembler pour sa robe neuve. Il fallut mettre les chevaux à l'abri sous un hangar. Deux grands garçons d'assez mauvaise mine entrèrent dans la chambre ; c'étaient les fils de la meunière ; ils demandèrent à souper, peu satisfaits de trouver des étrangers. Gérard s'impatientait, Frédéric n'était pas de bonne humeur. Rien n'est plus triste que des gens qui viennent de rire, lorsqu'un contre-temps imprévu a détruit leur joie. Bernerette seule conservait la sienne, et ne semblait se soucier de rien.

— Puisque nous n'avons pas de cartes, dit-elle, je vais vous proposer un jeu. Quoique nous soyons en novembre, tâchons d'abord de trouver une mouche.

— Une mouche ! dit Gérard ; qu'en voulez-vous faire ?

— Cherchons toujours, nous verrons après.

Tout examiné, la mouche fut trouvée. La pauvre bête était engourdie par l'approche de l'hiver. Bernerette s'en saisit délicatement, et la posa au milieu de la table. Elle fit ensuite asseoir tout le monde.

—Maintenant, dit-elle, prenons chacun un morceau de sucre, et plaçons-le devant nous, sur cette table. Mettons chacun une pièce de monnaie dans une assiette ; ce sera l'enjeu. Que personne ne parle ni ne bouge. Laissez la mouche se réveiller ; la voilà déjà qui voltige ; elle va se poser sur un des morceaux de sucre, puis le quitter, aller à un autre, revenir, selon son caprice. Toutes les fois qu'un morceau de sucre l'aura attirée et fixée, celui à qui appartiendra le morceau prendra une pièce, jusqu'à ce que l'assiette soit vide, et alors nous recommencerons.

La plaisante idée de Bernerette ramena la gaieté. On suivit ses instructions ; deux ou trois autres mouches arrivèrent. Chacun, dans le plus religieux silence, les suivait des yeux, tandis qu'elles tournoyaient en l'air au-dessus de la table. Si l'une d'elles se posait sur le sucre, c'était un rire général. Une heure s'écoula ainsi, et la pluie avait cessé.

— Je ne puis souffrir une femme maussade, disait Gérard à son ami pendant le retour ; il faut avouer que la gaieté est un grand bien ; c'est peut-être le premier de tous, puisque avec lui on se passe des autres. Ta grisette a trouvé moyen de changer en plaisir une heure d'ennui, et cela seul me donne meilleure opinion d'elle que si elle avait fait un poëme épique. Vos amours dureront-ils longtemps ?

— Je ne sais, répondit Frédéric, affectant la même légèreté que son compagnon ; si elle te plaît, tu peux lui faire la cour.

— Tu n'es pas franc, car tu l'aimes et elle t'aime.

— Oui, par caprice, comme autrefois.

— Prends garde à ces caprices-là.

— Suivez-nous donc, messieurs, cria Bernerette, qui galopait en avant avec Cécile. Elles s'arrêtèrent sur un plateau, et la cavalcade fit une halte. La lune se levait ; elle se dégageait lentement des massifs obscurs, et, à mesure qu'elle montait, les nuages semblaient fuir devant elle. Au-dessous du plateau s'étendait une vallée où le vent agitait sourdement une mer de sombre verdure ; le regard n'y distinguait rien, et à six lieues de Paris on aurait pu se croire devant un ravin de la Forêt-Noire. Tout à coup l'astre sortit de l'horizon ; un immense rayon de lumière glissa sur la cime des bois et s'empara de l'espace en un instant ; les hautes futaies, les coupes de châtaigniers, les clairières, les routes, les collines se dessinèrent au loin comme par enchantement. Les promeneurs se regardèrent, étonnés et joyeux de se voir.

—Allons, Bernerette, s'écria Frédéric, une chanson !
— Triste ou gaie ? demanda-t-elle.
— Comme tu voudras. Une chanson de chasse ! l'écho y répondra peut-être.

Bernerette rejeta son voile en arrière et entonna le refrain d'une fanfare ; mais elle s'arrêta tout à coup. La brillante étoile de Vénus, qui scintillait sur la montagne, avait frappé ses yeux ; et, comme sous le charme d'une pensée plus tendre, elle chanta sur un air allemand les vers suivants, qu'un passage d'Ossian avait inspirés à Frédéric :

> Pâle étoile du soir, messagère lointaine,
> Dont le front sort brillant des voiles du couchant,
> De ton palais d'azur, au sein du firmament,
>   Que regardes-tu dans la plaine ?
> La tempête s'éloigne et les vents sont calmés.
> La forêt qui frémit pleure sur la bruyère.

> Le phalène doré, dans sa course légère,
>   Traverse les prés embaumés.
>   Que cherches-tu sur la terre endormie?
> Mais déjà vers les monts je te vois t'abaisser.
> Tu fuis en souriant, mélancolique amie,
> Et ton tremblant regard est près de s'effacer.
> Étoile qui descends sur la verte colline,
> Triste larme d'argent du manteau de la nuit,
> Toi que regarde au loin le pâtre qui chemine,
> Tandis que pas à pas son long troupeau le suit; —
> Étoile, où t'en vas-tu dans cette nuit immense?
> Cherches-tu sur la rive un lit dans les roseaux?
> Ou t'en vas-tu si belle, à l'heure du silence,
> Tomber comme une perle au sein profond des eaux?
> Ah! si tu dois mourir, bel astre, et si ta tête
> Va dans la vaste mer plonger ses blonds cheveux,
> Avant de nous quitter, un seul instant arrête : —
> Étoile de l'amour, ne descends pas des cieux!

Tandis que Bernerette chantait, les rayons de la lune, tombant sur son visage, lui donnaient une pâleur charmante. Cécile et Gérard lui firent compliment de la fraîcheur et de la justesse de sa voix, et Frédéric l'embrassa tendrement.

On rentra à l'auberge et on soupa. Au dessert, Gérard, dont la tête s'était échauffée grâce à une bouteille de vin de Madère, devint si empressé et si galant, que Cécile lui chercha querelle; ils se disputèrent avec assez d'aigreur, et, Cécile ayant quitté la table, Gérard la suivit de mauvaise humeur. Resté seul avec Bernerette, Frédéric lui demanda si elle s'était trompée sur la cause de cette dispute.

— Non, répondit-elle ; ce n'est pas de la poésie que ces choses-là, et tout le monde les comprend.

— Eh bien! qu'en penses-tu ? Ce jeune homme a du goût pour toi ; sa maîtresse l'ennuie, et pour la lui faire quitter tu n'aurais, je crois, qu'à dire un mot.

— Que nous importe ! Es-tu jaloux?

— Tout au contraire ; et tu sais bien que je n'ai pas le droit de l'être.

— Explique-toi ; que veux-tu dire?

— Ma chère enfant, je veux dire que ni ma fortune ni mes occupations ne me permettent d'être ton amant. Ce n'est pas d'aujourd'hui que tu le sais, et je ne t'ai jamais trompée là-dessus. Si je voulais faire le grand seigneur avec toi, je me ruinerais sans te rendre heureuse ; ma pension me suffit à peine ; il faudra d'ailleurs, d'ici à peu de temps, que je retourne à Besançon. Sur ce sujet, tu le vois, je m'explique clairement, quoique ce soit bien à contre-cœur ; mais il y a de certaines choses sur lesquelles je ne puis m'expliquer ainsi : c'est à toi de réfléchir et de penser à l'avenir.

— C'est-à-dire que tu me conseilles de faire ma cour à ton ami.

— Non ; c'est lui qui te fait la sienne. Gérard est riche, et je ne le suis pas ; il vit à Paris, au centre de tous les plaisirs, et je ne suis destiné qu'à faire un avocat de province. Tu lui plais beaucoup, et c'est peut-être un bonheur pour toi.

Malgré sa tranquillité apparente, Frédéric était ému

en parlant ainsi. Bernerette garda le silence et alla s'appuyer contre la croisée; elle pleurait et s'efforçait de cacher ses larmes; Frédéric s'en aperçut et s'approcha d'elle.

— Laissez-moi, lui dit-elle. Vous ne daigneriez pas être jaloux de moi, je le conçois, et j'en souffre sans me plaindre; mais vous me parlez trop durement, mon ami; vous me traitez tout à fait comme une fille, et vous me désolez sans raison.

Il avait été décidé qu'on passerait la nuit à l'auberge, et qu'on reviendrait à Paris le lendemain. Bernerette ôta le mouchoir qui entourait son cou, et, tout en s'essuyant les yeux, elle le noua autour de la tête de son amant. S'appuyant ensuite sur son épaule, elle l'attira doucement vers l'alcôve.

— Ah, méchant! lui dit-elle en l'embrassant, il n'y a donc pas moyen que tu m'aimes?

Frédéric la serra dans ses bras. Il songea à quoi il s'exposait en cédant à un mouvement d'attendrissement; plus il était tenté de s'y livrer, plus il se défiait de lui-même. Il était prêt à dire qu'il aimait : cette dangereuse parole expira sur ses lèvres; mais Bernerette la sentit dans son cœur, et ils s'endormirent tous deux contents, l'un de ne pas l'avoir prononcée, et l'autre de l'avoir comprise.

VI

Au retour, Frédéric, cette fois, reconduisit Bernerette chez elle. Il la trouva si pauvrement logée qu'il comprit aisément par quel motif elle avait d'abord refusé de se laisser ramener. Elle demeurait dans une maison garnie dont l'entrée était une allée obscure. Elle n'avait que deux petites chambres à peine meublées. Frédéric essaya de lui faire quelques questions sur la position fâcheuse où elle semblait réduite, mais elle n'y répondit qu'à peine.

Quelques jours après, il venait la voir et il entrait dans l'allée, lorsqu'un bruit étrange se fit entendre au haut de l'escalier. Des femmes criaient; on appelait au secours, on menaçait, on parlait d'envoyer chercher la garde. Au milieu de ces voix confuses dominait celle d'un jeune homme que Frédéric aperçut bientôt. Il était pâle, couvert de vêtements déchirés, ivre à la fois de vin et de colère.

— Tu me le payeras, Louise! cria-t-il en frappant sur la rampe, tu me le payeras; je te retrouverai, et je saurai te faire obéir ou t'arracher d'ici. Je me soucie bien de ces menaces et de vos criailleries de femmes!

Comptez que dans peu vous me reverrez. Il descendit en parlant ainsi, et sortit furieux de la maison. Frédéric hésitait à monter, lorsqu'il vit Bernerette sur le palier. Elle lui expliqua la cause de cette scène. L'homme qui venait de s'en aller était son frère.

— Vous avez entendu ce triste nom de Louise, dit-elle en pleurant, et vous savez qu'il m'appartient pour mon malheur. Mon frère a été ce soir au cabaret, et quand il en sort, voilà comme il me traite, sous le prétexte que je refuse de lui donner de l'argent pour y retourner.

Au milieu de son désordre et de ses larmes, elle apprit à Frédéric ce qu'elle avait toujours tenté de lui cacher. Ses parents étaient menuisiers, fort pauvres, et, après l'avoir horriblement maltraitée durant son enfance, ils l'avaient vendue, dès l'âge de seize ans, à un homme qui n'était plus jeune. Cet homme, riche et généreux, lui avait fait donner quelque éducation; mais bientôt il était mort, et, restée sans ressource, elle s'était engagée alors dans une troupe de comédiens de province. Son frère l'avait suivie de ville en ville dans ce nouvel état, la forçant à lui abandonner ce qu'elle gagnait, et l'accablant de coups et d'injures lorsqu'elle ne pouvait satisfaire à ses demandes. Ayant enfin atteint l'âge de dix-huit ans, elle avait trouvé moyen de se faire émanciper; mais la protection même de la loi ne pouvait la garantir des visites de ce frère odieux qui l'épouvantait par des actes de violence et la déshonorait par sa conduite. Tel fut, en somme, à peu près le récit que la douleur arracha à Bernerette, récit dont Frédéric ne pouvait mettre la vérité en doute, d'après la manière dont elle lui était révélée.

Quand il n'aurait pas eu d'amour pour la pauvre fille, il se serait senti touché de pitié. Il s'informa de la demeure du frère; quelques pièces d'or et un langage ferme accommodèrent les choses. La portière eut ordre de répondre que Bernerette avait changé de quartier, si le jeune homme se présentait de nouveau. Mais c'était faire bien peu que d'assurer ainsi la tranquillité d'une femme qui manquait de tout. Au lieu de payer ses propres dettes, Frédéric paya celles de Bernerette; elle essaya en vain de l'en dissuader; il ne voulut réfléchir ni à l'imprudence qu'il commettait, ni aux suites qu'elle pourrait avoir; il se laissa entraîner par son cœur, et se jura, quoi qu'il pût arriver, de ne jamais se repentir de ce qu'il venait de faire.

Il fut pourtant bientôt forcé de s'en repentir; car, pour satisfaire aux engagements qu'il avait pris, il lui fallut en contracter de nouveaux, plus difficiles et plus onéreux que les premiers. Il n'avait pas reçu de la nature ce caractère insouciant qui, en pareille circonstance, ôte du moins la crainte du mal à venir; tout au contraire, des qualités qu'il avait perdues, la prévoyance lui restait seule; il serait devenu sombre et taciturne, si l'on pouvait l'être à son âge. Ses amis remarquèrent ce changement; il n'en voulut pas dire la cause; pour tromper les autres sur son compte, il dissimula avec lui-même, et par faiblesse ou par nécessité laissa faire la destinée.

Il ne changea cependant pas de langage auprès de Bernerette; il lui parlait toujours de son prochain départ; mais, tout en parlant, il ne partait pas, et il allait chez elle tous les jours. Quand il eut l'habitude de l'escalier, il ne trouva plus l'allée si obscure; les deux chambrettes, qui lui avaient semblé d'abord si tristes, lui parurent gaies; le soleil y donnait le matin, et leur petite dimension les rendait plus chaudes; on y trouva la place d'un piano de louage. Il y avait dans le voisinage un bon restaurant d'où l'on faisait apporter à dîner. Bernerette avait un talent que les femmes seules possèdent quelquefois, celui d'être à la fois étourdie et économe; mais elle y joignait un mérite bien plus rare encore, celui d'être contente de tout, et d'avoir pour toute opinion l'envie de faire plaisir aux autres.

Il faut dire aussi ses défauts; sans être paresseuse, elle vivait dans une oisiveté inconcevable. Après s'être acquittée avec une prestesse surprenante des soins de son petit ménage, elle passait la journée entière, les bras croisés, sur son canapé. Elle parlait de coudre et de broder comme Frédéric parlait de partir, c'est-à-dire qu'elle n'en faisait rien. Malheureusement bien des femmes sont ainsi, surtout dans une certaine classe qui aurait précisément besoin d'occupation plus que toute autre. Il y a à Paris telle fille née sans pain, qui n'a jamais tenu une aiguille, et qui se laisserait mourir de faim en se frottant les mains de pâte d'amandes.

Quand les plaisirs du carnaval commencèrent, Frédéric, qui courait les bals, arrivait à toute heure chez Bernerette, tantôt le matin au point du jour, tantôt au milieu de la nuit. Quelquefois, en sonnant à la porte, il se demandait, malgré lui, s'il allait la trouver seule ; et si un rival l'avait supplanté, aurait-il eu le droit de se plaindre ? Non sans doute, puisque, de son propre aveu, il refusait de s'arroger ce droit. Le dirai-je ? ce qu'il craignait, il le souhaitait presque en même temps. Il aurait eu alors le courage de partir, et l'infidélité de sa maîtresse l'aurait forcé de se séparer d'elle. Mais Bernerette était toujours seule ; assise au coin du feu pendant le jour, elle peignait ses longs cheveux qui lui tombaient sur les épaules ; s'il était nuit quand Frédéric sonnait, elle accourait à demi nue, les yeux fermés et le rire sur les lèvres ; elle se jetait à son cou encore endormie, rallumait le feu, tirait de l'armoire de quoi souper, toujours alerte et prévenante, ne demandant jamais d'où venait son amant. Qui aurait pu résister à une vie si douce, à un amour si rare et si facile? Quels que fussent les soucis de la journée, Frédéric s'endormait heureux ; et pouvait-il s'éveiller triste lorsqu'il voyait sa joyeuse amie aller et venir par la chambre, préparant le bain et le déjeuner ?

S'il est vrai que de rares entrevues et des obstacles

sans cesse renaissants rendent les passions plus vivaces et prêtent au plaisir l'intérêt de la curiosité, il faut avouer aussi qu'il y a un charme étrange, plus doux, plus dangereux peut-être, dans l'habitude de vivre avec ce qu'on aime. Cette habitude, dit-on, amène la satiété; c'est possible, mais elle donne la confiance, l'oubli de soi-même, et lorsque l'amour y résiste, il est à l'abri de toute crainte. Les amants qui ne se voient qu'à de longs intervalles ne sont jamais sûrs de s'entendre; ils se préparent à être heureux, ils veulent se convaincre mutuellement qu'ils le sont, et ils cherchent ce qui est introuvable, c'est-à-dire des mots pour exprimer ce qu'ils sentent. Ceux qui vivent ensemble n'ont besoin de rien exprimer : ils sentent en même temps, ils échangent des regards, ils se serrent la main en marchant; ils connaissent seuls une jouissance délicieuse, la douce langueur des lendemains; ils se reposent des transports de l'amour dans l'abandon de l'amitié : j'ai quelquefois pensé à ces liens charmants en voyant deux cygnes sur une eau limpide se laisser emporter au courant.

Si un mouvement de générosité avait entraîné d'abord Frédéric, ce fut l'attrait de cette vie nouvelle pour lui qui le captiva. Malheureusement pour l'auteur de ce conte, il n'y a qu'une plume comme celle de Bernardin de Saint-Pierre qui puisse donner de l'intérêt aux détails familiers d'un amour tranquille. Encore cet habile écrivain avait-il, pour embellir ses récits naïfs, les nuits ardentes de l'Ile-de-France, et les palmiers dont l'ombre frissonnait sur les bras nus de Virginie. C'est en présence de la plus riche nature qu'il nous peint ses héros; dirai-je que les miens allaient tous les matins au tir du pistolet de Tivoli, de là chez leur ami Gérard, de là quelquefois dîner chez Véry, et ensuite au spectacle? dirai-je que, lorsqu'ils étaient las, ils jouaient aux dames au coin du feu? Qui voudrait lire des détails si vulgaires? et à quoi bon, lorsqu'un mot suffit? Ils s'aimaient, ils vivaient ensemble; cela dura trois mois à peu près.

Au bout de ce temps, Frédéric se trouva dans une position si fâcheuse, qu'il annonça à son amie la nécessité où il était de se séparer d'elle. Elle s'y attendait depuis longtemps, et ne fit aucun effort pour le retenir; elle savait qu'il avait fait pour elle tous les sacrifices possibles; elle ne pouvait donc que se résigner, et lui cacher le chagrin qu'elle éprouvait. Ils dînèrent ensemble encore une fois. Frédéric glissa, en sortant, dans le manchon de Bernerette un petit papier qui renfermait tout ce qui lui restait. Elle le reconduisit chez lui, et garda le silence pendant la route. Quand le fiacre s'arrêta, elle baisa la main de son amant en répandant quelques larmes, et ils se séparèrent.

VII

Cependant Frédéric n'avait ni l'intention ni la possibilité de partir. D'une part les obligations qu'il avait contractées, d'une autre son stage, le retenaient à Paris. Il travailla avec ardeur pour chasser l'ennui qui le saisissait; il cessa d'aller chez Gérard, s'enferma pendant un mois, et ne sortit plus que pour se rendre au Palais. Mais la solitude où il se trouvait tout à coup, après tant de dissipation, le plongea dans une mélancolie profonde. Il passait quelquefois des journées entières dans sa chambre à se promener de long en large, sans ouvrir un livre et ne sachant que faire. Le carnaval venait de finir; aux neiges de février succédaient les pluies glaciales de mars. N'étant distrait ni par le plaisir ni par la société de ses amis, Frédéric se livra avec amertume à l'influence de ce triste moment de l'année qu'on nomme avec raison une *saison morte*.

Gérard vint le voir et lui demanda le motif d'une réclusion si subite. Il n'en fit point mystère; mais il refusa les offres de service de son ami.

— Il est temps, lui dit-il, de rompre avec des habitudes qui ne peuvent que me conduire à ma perte. Il vaut mieux supporter quelque ennui que de s'exposer à des malheurs réels.

Il ne dissimula point le chagrin qu'il ressentait d'être séparé de Bernerette, et Gérard ne put que le plaindre et le féliciter en même temps de la détermination qu'il avait prise.

A la mi-carême, il alla au bal de l'Opéra. Il y trouva peu de monde. Ce dernier adieu aux plaisirs n'avait pas même la douceur d'un souvenir. L'orchestre, plus nombreux que le public, jouait dans le désert les contredanses de l'hiver. Quelques masques erraient dans le foyer; à leur tournure et à leur langage, on s'apercevait que les femmes de bonne compagnie ne viennent plus à ces fêtes oubliées. Frédéric allait se retirer, lorsqu'un domino s'assit près de lui. Il reconnut Bernerette, et elle lui dit qu'elle n'était venue que dans l'espoir de le rencontrer. Il lui demanda ce qu'elle avait fait depuis qu'il ne l'avait vue; elle lui répondit qu'elle avait l'espoir de rentrer au théâtre; elle apprenait un rôle pour débuter. Frédéric fut tenté de l'emmener souper; mais il pensa à la facilité avec laquelle il s'était laissé entraîner, à son retour de Besançon, par une occasion pareille; il lui serra la main et sortit seul de la salle.

On a dit que le chagrin vaut mieux que l'ennui; c'est un triste mot malheureusement vrai. Une âme bien née trouve contre le chagrin, quel qu'il soit, de l'énergie et du courage; une grande douleur est souvent un grand bien. L'ennui, au contraire, ronge et détruit l'homme ; l'esprit s'engourdit, le corps reste immobile, et la pensée flotte au hasard. N'avoir plus de raison de vivre est un état pire que la mort. Quand la prudence, l'intérêt et la raison s'opposent à une passion, il est facile au premier venu de blâmer justement celui que cette passion entraîne. Les arguments abondent sur ces sortes de sujets, et, bon gré, mal gré, il faut qu'on s'y rende. Mais quand le sacrifice est fait, quand la raison et la prudence sont satisfaites, quel philosophe ou quel sophiste n'est au bout de ses arguments? et que répondre à l'homme qui vous dit : — J'ai suivi vos conseil, mais j'ai tout perdu : j'ai agi sagement, mais je souffre ?

Telle était la situation de Frédéric. Bernerette lui écrivit deux fois. Dans sa première lettre, elle disait que la vie lui était devenue insupportable, elle le suppliait de venir la voir de temps en temps, et de ne pas l'abandonner entièrement. Il se défiait trop de lui-même pour se rendre à cette demande. La seconde lettre vint quelque temps après. « J'ai revu mes parents, disait Bernerette, et ils commencent à me traiter plus doucement. Un de mes oncles est mort, et nous a laissé quelque argent. Je me fais faire pour mon début des costumes qui vous plairont, et que je voudrais vous montrer. Entrez donc un instant chez moi, si vous passez devant ma porte. » Frédéric, cette fois, se laissa persuader. Il fit une visite à son amie; mais rien de ce qu'elle lui avait annoncé n'était vrai. Elle n'avait voulu que le revoir. Il fut touché de cette persévérance ; mais il n'en sentit que plus tristement la nécessité d'y résister. Aux premières paroles qu'il prononça pour revenir sur ce sujet, Bernerette lui ferma la bouche.

— Je le sais, dit-elle, embrasse-moi, et va-t'en.

Gérard partait pour la campagne ; il y emmena Frédéric. Les premiers beaux jours, l'exercice du cheval, rendirent à celui-ci un peu de gaieté ; Gérard en avait fait autant que lui ; il avait, disait-il, *renvoyé* sa maîtresse : il voulait vivre en liberté. Les deux jeunes gens couraient les bois ensemble, et faisaient la cour à une jolie fermière d'un bourg voisin. Mais bientôt arrivèrent des invités de Paris ; la promenade fut quittée pour le jeu ; les dîners devinrent longs et bruyants ; Frédéric ne put supporter cette vie qui l'avait ébloui naguère, et il revint à sa solitude.

Il reçut une lettre de Besançon. Son père lui annonçait que mademoiselle Darcy venait à Paris avec sa famille. Elle arriva en effet dans le courant de la semaine ; Frédéric, bien qu'à contre-cœur, se présenta chez elle. Il la trouva telle qu'il l'avait laissée, fidèle à son amour secret, et prête à se servir de cette fidélité comme d'un moyen de coquetterie. Elle avoua toutefois qu'elle avait regretté quelques paroles un peu trop dures prononcées durant le dernier entretien à Besançon. Elle pria Frédéric de lui pardonner si elle avait paru douter de sa discrétion, et elle ajouta que, ne voulant pas se marier, elle lui offrait de nouveau son amitié, mais à tout jamais cette fois. Quand on n'est ni gai ni heureux, de telles offres sont toujours bienvenues ; le jeune homme la remercia donc et trouva quelque charme à passer de temps en temps ses soirées auprès d'elle.

Un certain besoin d'émotion pousse quelquefois les gens blasés à la recherche de l'extraordinaire. Il peut sembler surprenant qu'une femme aussi jeune que l'était mademoiselle Darcy eût ce bizarre et dangereux caractère ; il est cependant vrai qu'elle était ainsi. Il ne lui fut pas difficile d'obtenir la confiance de Frédéric et de lui faire raconter ses amours. Elle aurait peut-être pu le consoler, en se montrant seulement coquette auprès de lui, elle l'eût du moins distrait de ses peines ; mais il lui plut de faire le contraire. Au lieu de le blâmer de ses désordres, elle lui dit que l'amour excusait tout et que ses folies lui faisaient honneur ; au lieu de le confirmer dans sa résolution, elle lui répéta qu'elle ne concevait pas qu'il l'eût prise : Si j'étais homme, disait-elle, et si j'avais autant de liberté que vous, rien au monde ne pourrait me séparer de la femme que j'aimerais ; je m'exposerais de bon gré à tous les malheurs, à la misère, s'il le fallait, plutôt que de renoncer à ma maîtresse.

Un pareil langage était bien étrange dans la bouche d'une jeune personne qui ne connaissait de ce monde que l'intérieur de sa famille. Mais, par cette raison même, ce langage était plus frappant. Mademoiselle Darcy avait deux motifs pour jouer ce rôle, qui d'ailleurs lui plaisait. D'une part, elle voulait faire preuve d'un grand cœur et se donner pour romanesque ; d'un autre côté, elle témoignait par là que, loin de trouver mauvais que Frédéric l'eût oubliée, elle approuvait sa passion. Le pauvre garçon, pour la seconde fois, fut la dupe de ce manège féminin, et se laissa persuader par un enfant de dix-sept ans. — Vous avez raison, lui répondait-il ; après tout, la vie est si courte, et le bonheur est si rare ici-bas, qu'on est bien insensé de réfléchir et de s'attirer des chagrins volontaires, lorsqu'il y en a tant d'inévitables. Mademoiselle Darcy changeait alors de thème. — Votre Bernerette vous aime-t-elle ? demandait-elle d'un air de mépris. Ne me disiez-vous pas que c'est une grisette ? et quel compte peut-on faire de ces sortes de femmes ? Serait-elle digne de quelques sacrifices ? en sentirait-elle le prix ? — Je n'en sais rien, répliquait Frédéric, et je n'ai pas moi-même grand amour pour elle, ajoutait-il d'un ton léger ; je n'ai jamais songé, auprès d'elle, qu'à passer le temps agréablement. Je m'ennuie maintenant, voilà tout le mal. — Fi donc ! s'écriait mademoiselle Darcy ; qu'est-ce que c'est qu'une passion pareille !

Lancée sur ce sujet, la jeune personne s'exaltait ; elle en parlait comme s'il se fût agi d'elle-même, et son active imagination y trouvait de quoi s'exercer. — Est-ce donc aimer, disait-elle, que de chercher à passer le temps ? Si vous n'aimiez pas cette femme, qu'alliez-vous faire chez elle ? Si vous l'aimiez, pourquoi l'abandonnez-vous? Elle souffre, elle pleure peut-être ; comment de misérables calculs d'argent peuvent-ils trouver place dans un noble cœur? Êtes-vous donc aussi froid, aussi esclave de vos intérêts que mes parents l'ont été naguère, lorsqu'ils ont fait le malheur de ma vie ? Est-ce là le rôle d'un jeune homme, et n'en devriez-vous pas rougir? Mais non, vous ne savez pas vous-même si vous souffrez, ni ce que vous regrettez ; la première venue vous consolerait ; votre esprit n'est que désœuvré. Ah ! ce n'est pas ainsi qu'on aime ! Je vous ai prédit, à Besançon, que vous sauriez un jour ce que c'est que l'amour, mais si vous n'avez pas plus de courage, je vous prédis aujourd'hui que vous ne le saurez jamais.

Frédéric revenait chez lui un soir, après un entretien de ce genre. Surpris par la pluie, il entra dans un café où il but un verre de punch. Lorsqu'un long ennui nous a serré le cœur, il suffit d'une légère excitation pour le faire battre, et il semble alors qu'il y ait en nous un vase trop plein qui déborde. Quand Frédéric sortit du café, il doubla le pas. Deux mois de solitude et de privations lui pesaient; il éprouvait un besoin invincible de secouer le joug de sa raison et de respirer plus à l'aise. Il prit, sans réflexion, le chemin de la maison de Bernerette; la pluie avait cessé; il regarda, à la clarté de la lune, les fenêtres de son amie, la porte, la rue, qui lui étaient si familières. Il posa en tremblant sa main sur la sonnette, et, comme jadis, il se demanda s'il allait trouver dans la chambrette le feu couvert de cendres et le souper prêt. Au moment de sonner, il hésita.

— Mais quel mal y aurait-il, se dit-il à lui-même, quand je passerais là une heure, et quand je demanderais à Bernerette un souvenir de l'ancien amour? Quel danger puis-je courir? Ne serons-nous pas libres tous deux demain? Puisque la nécessité nous sépare, pourquoi craindrais-je de la revoir un instant ?

Il était minuit; il sonna doucement, et la porte s'ouvrit. Comme il montait l'escalier, la portière l'appela, et lui dit qu'il n'y avait personne. C'était la première fois qu'il lui arrivait de ne pas trouver Bernerette chez elle. Il pensa qu'elle était allée au spectacle et répondit qu'il attendrait, mais la portière s'y opposa. Après avoir hésité longtemps, elle lui avoua enfin que Bernerette était sortie de bonne heure, et qu'elle ne devait rentrer que le lendemain.

VIII

A quoi sert de jouer l'indifférent quand on aime, sinon à souffrir cruellement le jour où la vérité l'emporte? Frédéric s'était juré tant de fois qu'il ne serait pas jaloux de Bernerette, il l'avait si souvent répété devant ses amis, qu'il avait fini par le croire lui-même. Il regagna son logis à pied, en sifflant une contredanse.

— Elle a un autre amant, se dit-il; tant mieux pour elle; c'est ce que je souhaitais. Désormais me voilà tranquille.

Mais à peine fut-il arrivé chez lui qu'il sentit une faiblesse mortelle. Il s'assit, posa son front dans ses mains comme pour y comprimer sa pensée. Après une lutte inutile, la nature fut la plus forte; il se leva le visage baigné de larmes, et il trouva quelque soulagement à s'avouer ce qu'il éprouvait.

Une langueur extrême succéda à cette violente secousse. La solitude lui devint intolérable, et pendant plusieurs jours il passa son temps en visites, en courses sans but. Tantôt il essayait de ressaisir l'insouciance qu'il avait affectée; tantôt il s'abandonnait à une colère aveugle, à des projets de vengeance. Le dégoût de la vie s'emparait de lui. Il se souvenait de la triste circonstance qui avait accompagné son amour naissant; ce funeste exemple était devant ses yeux.

— Je commence à le comprendre, disait-il à Gérard; je ne m'étonne plus qu'on désire la mort en pareil cas. Ce n'est pas pour une femme qu'on se tue, c'est parce qu'il est inutile et impossible de vivre quand on souffre à ce point, quelle qu'en soit la cause.

Gérard connaissait trop bien son ami pour douter de son désespoir, et il l'aimait trop pour l'y abandonner. Il trouva moyen, par des protections puissantes dont il n'avait jamais usé pour lui-même, de faire attacher Frédéric à une ambassade. Il se présenta un matin chez lui avec un ordre de départ du ministre des affaires étrangères.

— Les voyages, lui dit-il, sont le meilleur, le seul remède contre le chagrin. Pour te décider à quitter Paris, je me suis fait solliciteur, et, grâce à Dieu, j'ai réussi. Si tu as du courage, tu partiras sur-le-champ pour Berne, où le ministre t'envoie.

Frédéric n'hésita pas. Il remercia son ami, et s'occupa aussitôt de mettre ses affaires en ordre. Il écrivit à son père pour lui apprendre ses nouveaux projets, et lui demanda son autorisation. La réponse fut favorable. Au bout de quinze jours, les dettes étaient payées; rien ne s'opposait plus au départ de Frédéric, et il alla chercher son passe-port.

Mademoiselle Darcy lui fit mille questions, mais il n'y voulait plus répondre. Tant qu'il n'avait pas vu clair dans son propre cœur, il s'était prêté par faiblesse à la curiosité de sa jeune confidente ; mais la souffrance était maintenant trop vraie pour qu'il consentît à en faire un jeu, et, en s'apercevant du danger de sa passion, il avait compris combien l'intérêt qu'y prenait mademoiselle Darcy était frivole. Il fit donc ce que font tous les hommes en pareil cas. Pour aider lui-même à sa guérison, il prétendit qu'il était guéri ; qu'une amourette avait pu l'étourdir, mais qu'il était d'un âge à penser à des choses plus sérieuses. Mademoiselle Darcy, comme on peut croire, n'approuva pas de pareils sentiments ; elle ne voyait de sérieux en ce monde que l'amour ; le reste lui semblait méprisable. Tels étaient du moins ses discours. Frédéric la laissa parler, et convint de bonne grâce avec elle qu'il ne saurait jamais aimer. Son cœur lui disait assez le contraire, et, en se donnant pour inconstant, il aurait voulu ne pas mentir.

Moins il se sentait de courage, plus il se hâtait de partir. Il ne pouvait cependant se défendre d'une pensée qui l'obsédait. Quel était le nouvel amant de Bernerette ? Que faisait-elle ? Devait-il tenter de la revoir encore une fois ? Gérard n'était pas de cet avis ; il avait pour principe de ne rien faire à demi. Du moment que Frédéric était décidé à s'éloigner, il lui conseillait de tout oublier. — Que veux-tu savoir ? lui disait-il ; ou Bernerette ne te dira rien, ou elle altérera la vérité.

Puisqu'il est prouvé qu'un autre amour l'occupe, à quoi bon le lui faire avouer? Une femme n'est jamais sincère sur ce sujet avec un ancien amant, même lorsque tout rapprochement est impossible. Qu'espères-tu d'ailleurs? elle ne t'aime plus.

C'était à dessein et pour rendre à son ami un peu de force, que Gérard s'exprimait en termes aussi durs. Je laisse à ceux qui ont aimé à juger l'effet qu'ils pouvaient produire. Mais bien des gens ont aimé qui ne le savent pas. Les liens de ce monde, même les plus forts, se dénouent la plupart du temps; quelques-uns seulement se brisent. Ceux dont l'absence, l'ennui, la satiété, ont affaibli peu à peu les amours, ne peuvent se figurer ce qu'ils eussent éprouvé si un coup subit les avait frappés. Le cœur le plus froid saigne et s'ouvre à ce coup; qui y reste insensible n'est pas homme. De toutes les blessures que la mort nous fait ici-bas avant de nous abattre, c'est la plus profonde. Il faut avoir regardé avec des yeux pleins de larmes le sourire d'une maîtresse infidèle, pour comprendre ces mots : *Elle ne t'aime plus!* Il faut avoir longtemps pleuré pour s'en souvenir; c'est une triste expérience. Si je voulais tenter d'en donner une idée à ceux qui l'ignorent, je leur dirais que je ne sais pas lequel est le plus cruel de perdre tout à coup la femme qu'on aime, par son inconstance ou par sa mort.

Frédéric ne pouvait rien répondre aux sévères conseils de Gérard; mais un instinct plus fort que la raison luttait en lui contre ces conseils. Il prit une autre voie pour parvenir à son but; sans se rendre compte de ce qu'il voulait, ni de ce qui en pourrait advenir, il chercha un moyen d'avoir à tout prix des nouvelles de son amie. Il portait une bague assez belle, que Bernerette avait souvent regardée d'un œil d'envie. Malgré tout son amour pour elle, il n'avait jamais pu se décider à lui donner ce bijou, qu'il tenait de son père. Il le remit à Gérard, en lui disant qu'il appartenait à Bernerette, et il le pria de se charger de lui remettre cette bague, qu'elle avait, disait-il, oubliée chez lui. Gérard se chargea volontiers de la commission, mais il ne se pressait pas de s'en acquitter. Frédéric insista; il fallut céder.

Les deux amis sortirent un matin ensemble, et, tandis que Gérard allait chez Bernerette, Frédéric l'attendit aux Tuileries. Il se mêla assez tristement à la foule des promeneurs. Ce n'était pas sans regret qu'il se séparait d'une relique de famille qui lui était chère; et quel bien en espérait-il? qu'apprendrait-il qui pût le consoler? Gérard allait voir Bernerette, et si quelque parole, quelques larmes échappaient à celle-ci, ne croirait-il pas nécessaire de n'en rien témoigner? Frédéric regardait la grille du jardin, et s'attendait à tout moment à voir revenir son ami d'un air indifférent. Qu'importe? Il aurait vu Bernerette; il était impossible qu'il n'eût rien à dire; qui sait ce que le hasard peut faire? Il aurait peut-être appris bien des choses dans cette visite. Plus Gérard tardait à paraître, et plus Frédéric espérait.

Cependant le ciel était sans nuages; les arbres commençaient à se couvrir de verdure. Il y a un arbre aux Tuileries qu'on appelle l'arbre du 20 mars. C'est un marronnier qui, dit-on, était en fleur le jour de la naissance du roi de Rome, et qui, tous les ans, fleurit à la même époque. Frédéric s'était assis bien des fois sous cet arbre; il y retourna, par habitude, en rêvant. Le marronnier était fidèle à sa poétique renommée; ses branches répandaient les premiers parfums de l'année. Des femmes, des enfants, des jeunes gens allaient et venaient. La gaieté du printemps respirait sur tous les visages. Frédéric réfléchissait à l'avenir, à son voyage, au pays qu'il allait voir; une inquiétude mêlée d'espérance l'agitait malgré lui; tout ce qui l'entourait semblait l'appeler à une existence nouvelle. Il pensa à son père, dont il était l'orgueil et l'appui, dont il n'avait reçu, depuis qu'il était au monde, que des marques de tendresse. Peu à peu des idées plus douces, plus saines, prirent le dessus dans son esprit. La multitude qui se croisait devant lui le fit songer à la variété et à l'inconstance des choses. N'est-ce pas, en effet, un spectacle étrange que celui de la foule, quand on réfléchit que chaque être a sa destinée? Y a-t-il rien qui doive nous donner une idée plus juste de ce que nous valons, et de ce que nous sommes aux yeux de la Providence? Il faut vivre, pensa Frédéric, il faut obéir au suprême guide. Il faut marcher même quand on souffre, car nul ne sait où il va. Je suis libre et bien jeune encore; il faut prendre courage et se résigner.

Comme il était plongé dans ces pensées, Gérard parut et accourut vers lui. Il était pâle et très ému.

— Mon ami, lui dit-il, il faut y aller. Vite, ne perdons pas de temps.

— Où me mènes-tu?

— Chez elle. Je t'ai conseillé ce que j'ai cru juste; mais il y a telle occasion où le calcul est en défaut, et la prudence hors de saison.

— Que se passe-t-il donc? s'écria Frédéric.

— Tu vas le savoir; viens, courons.

Ils allèrent ensemble chez Bernerette.

— Monte seul, dit Gérard, je reviens dans un instant; — et il s'éloigna.

Frédéric entra. La clef était à la porte, les volets étaient fermés.

— Bernerette, dit-il, où êtes-vous?

Point de réponse.

Il s'avança dans les ténèbres, et, à la lueur d'un feu à demi éteint, il aperçut son amie assise à terre près de la cheminée.

— Qu'avez-vous? demanda-t-il, qu'est-il arrivé?

Même silence.

Il s'approcha d'elle, lui prit la main.

— Levez-vous, lui dit-il; que faites-vous là?

Mais à peine avait-il prononcé ces mots, qu'il recula

d'horreur. La main qu'il tenait était glacée et un corps inanimé venait de rouler à ses pieds.

Épouvanté, il appela au secours. Gérard entrait, suivi d'un médecin. On ouvrit la fenêtre; on porta Bernerette sur son lit. Le médecin l'examina, secoua la tête, et donna des ordres. Les symptômes n'étaient pas douteux, la pauvre fille avait pris du poison; mais quel poison? Le médecin l'ignorait, et cherchait en vain à le deviner. Il commença par saigner la malade; Frédéric la soutenait dans ses bras; elle ouvrit les yeux, le reconnut et l'embrassa, puis elle retomba dans sa léthargie. Le soir, on lui fit prendre une tasse de café; elle revint à elle comme si elle se fût éveillée d'un songe. On lui demanda alors quel était le poison dont elle s'était servie; elle refusa d'abord de le dire; mais, pressée par le médecin, elle l'avoua. Un flambeau de cuivre, placé sur la cheminée, portait les marques de plusieurs coups de lime; elle avait eu recours à cet affreux moyen pour augmenter l'effet d'une faible dose d'opium, le pharmacien auquel elle s'était adressée ayant refusé d'en donner davantage.

IX

Ce ne fut qu'au bout de quinze jours qu'elle fut entièrement hors de danger. Elle commença à se lever et à prendre quelque nourriture; mais sa santé était détruite, et le médecin déclara qu'elle souffrirait toute sa vie.

Frédéric ne l'avait pas quittée. Il ignorait encore le motif qui lui avait fait chercher la mort, et il s'étonnait que personne au monde ne s'inquiétât d'elle. Depuis quinze jours, en effet, il n'avait vu venir chez elle ni un parent ni un étranger. Se pouvait-il que son nouvel amant l'abandonnât dans une pareille circonstance? Cet abandon était-il la cause du désespoir de Bernerette? Ces deux suppositions paraissaient également incroyables à Frédéric, et son amie lui avait fait comprendre qu'elle ne s'expliquerait pas sur ce sujet. Il restait donc dans un doute cruel, troublé par une jalousie secrète, retenu par l'amour et par la pitié.

Au milieu de ses douleurs, Bernerette lui témoignait la plus vive tendresse. Pleine de reconnaissance pour les soins qu'il lui prodiguait, elle était, près de lui, plus gaie que jamais, mais d'une gaieté mélancolique, et, pour ainsi dire, voilée par la souffrance. Elle faisait tous ses efforts pour le distraire, et pour lui persuader de ne pas la laisser seule. S'il s'éloignait, elle lui demandait à quelle heure il reviendrait. Elle voulait qu'il dînât à son chevet, et s'endormir en lui tenant la main. Elle lui faisait, pour le divertir, mille contes sur sa vie passée; mais, dès qu'il s'agissait du présent et de sa funeste action, elle restait muette. Aucune question, aucune prière de Frédéric n'obtenait de réponse. S'il insistait, elle devenait sombre et chagrine.

Elle était un soir au lit; on venait de la saigner de nouveau, et il sortait encore un peu de sang de la blessure mal fermée. Elle regardait en souriant couler une larme de pourpre sur son bras aussi blanc que le marbre.

— M'aimes-tu encore? dit-elle à Frédéric; est-ce que toutes ces horreurs ne te dégoûtent pas de moi?

— Je t'aime, répondit-il, et rien ne nous séparera maintenant.

— Est-ce vrai? reprit-elle en l'embrassant; ne me trompez pas; dites-moi si c'est un rêve.

— Non, ce n'est pas un rêve, non, ma belle et chère maîtresse; vivons tranquilles, soyons heureux.

— Hélas! nous ne pouvons pas, nous ne pouvons pas! s'écria-t-elle avec angoisse. Puis elle ajouta à voix basse : Et si nous ne pouvons pas, c'est à recommencer.

Quoiqu'elle n'eût fait que murmurer ces dernières paroles, Frédéric les avait entendues, et il en avait frissonné. Il les répéta le lendemain à Gérard.

— Mon parti est pris, lui dit-il ; je ne sais ce que mon père en dira, mais je l'aime, et, quoi qu'il arrive, je ne la laisserai pas mourir.

Il prit, en effet, un parti dangereux, mais le seul qui s'offrît à lui. Il écrivit à son père, et lui confia l'histoire de ses amours. Il oublia dans sa lettre l'infidélité de Bernerette ; il ne parla que de sa beauté, de sa constance, de la douce opiniâtreté qu'elle avait mise à le revoir ; enfin de l'horrible tentative qu'elle venait de faire sur elle-même. Le père de Frédéric, vieillard septuagénaire, aimait son fils unique plus que sa propre vie. Il accourut en toute hâte à Paris, accompagné de mademoiselle Hombert, sa sœur, vieille demoiselle fort dévote. Malheureusement ni le digne homme ni la bonne tante n'avaient pour vertu la discrétion, en sorte que, dès leur arrivée, toutes leurs connaissances surent que Frédéric était amoureux fou d'une grisette qui s'était empoisonnée pour lui. On ajouta bientôt qu'il voulait l'épouser ; les malveillants crièrent au scandale, au déshonneur de la famille ; sous prétexte de défendre la cause du jeune homme, mademoiselle Darcy raconta tout ce qu'elle savait, avec les détails les plus romanesques. Bref, en voulant conjurer l'orage, Frédéric le vit fondre sur sa tête de tous côtés.

Il eut d'abord à comparaître devant les parents et les amis rassemblés, et à y subir une sorte d'interrogatoire : non qu'il fût traité en coupable, on lui témoignait au contraire toute l'indulgence possible ; mais il lui fallut mettre son cœur à nu et entendre discuter ses secrets les plus chers; il est inutile de dire que l'on ne put rien décider. M. Hombert voulut voir Bernerette; il alla chez elle, lui parla longtemps, et lui fit mille questions auxquelles elle sut répondre avec une grâce et une naïveté qui touchèrent le vieillard. Il avait eu, comme tout le monde, ses amourettes de jeunesse. Il sortit de cet entretien fort troublé et fort inquiet. Il fit venir son fils, et lui dit qu'il était décidé à faire un petit sacrifice en faveur de Bernerette, si elle promettait, quand elle serait rétablie, d'apprendre un métier. Frédéric transmit cette proposition à son amie.

— Et toi, que feras-tu? lui dit-elle; comptes-tu rester ou partir?

Il répondit qu'il resterait; mais ce n'était pas l'avis de la famille. Sur ce point, M. Hombert fut intraitable. Il représenta à son fils le danger, la honte, l'impossibilité d'une liaison pareille; il lui fit sentir, en termes bienveillants et mesurés, qu'il se perdait de réputation, qu'il ruinait son avenir. Après l'avoir forcé de réfléchir, il employa l'irrésistible argument qui fait la toute-puissance paternelle : il supplia son fils ; celui-ci promit ce qu'on voulut. Tant de secousses, tant d'intérêts divers l'avaient agité, qu'il ne savait plus à quoi se résoudre, et, voyant le malheur de tous les côtés, il n'osait ni lutter ni choisir. Gérard lui-même, ordinairement ferme, cherchait vainement quelque moyen de salut, et se voyait obligé de dire qu'il fallait laisser faire le destin.

Deux événements inattendus changèrent tout à coup les choses. Frédéric était seul, un soir, dans sa chambre; il vit entrer Bernerette. Elle était pâle, les cheveux en désordre; une fièvre ardente faisait briller ses yeux d'un éclat effrayant; contre l'ordinaire, sa parole était brève, impérieuse. Elle venait, disait-elle, sommer Frédéric de s'expliquer.

— Vous voulez me tuer? lui demanda-t-elle. M'aimez-vous ou ne m'aimez-vous pas? Êtes-vous un enfant? Avez-vous besoin des autres pour agir? Êtes-vous fou de consulter votre père pour savoir s'il faut garder votre maîtresse? Qu'est-ce que ces gens-là désirent? Nous séparer. Si vous le voulez comme eux, vous n'avez que faire de leur avis, et si vous ne le voulez pas, encore moins. Voulez-vous partir? Emmenez-moi. Je n'apprendrai jamais un métier; je ne veux pas rentrer au théâtre. Comment le pourrais-je, faite comme je suis? je souffre trop pour attendre; décidez-vous.

Elle parla sur ce ton pendant près d'une heure, interrompant Frédéric dès qu'il voulait répondre. Il tenta en vain de l'apaiser. Une exaltation aussi violente ne pouvait céder à aucun raisonnement. Enfin, épuisée de fatigue, Bernerette fondit en larmes. Le jeune homme la serra dans ses bras; il ne pouvait résister à tant d'amour. Il porta sa maîtresse sur son lit.

— Reste là, lui dit-il, et que le ciel m'écrase si je t'en laisse arracher! Je ne veux plus rien entendre, rien voir, si ce n'est toi. Tu me reproches ma lâcheté, et tu as raison; mais j'agirai, tu le verras. Si mon père me repousse, tu me suivras; puisque Dieu m'a fait pauvre, nous vivrons pauvrement. Je ne me soucie ni de mon nom, ni de ma famille, ni de l'avenir.

Ces mots, prononcés avec toute l'ardeur de la conviction, consolèrent Bernerette. Elle pria son ami de la reconduire chez elle à pied; malgré sa lassitude, elle voulait prendre l'air. Ils convinrent, pendant la route, du plan qu'ils avaient à suivre. Frédéric feindrait de se soumettre aux désirs de son père; mais il lui représenterait qu'avec peu de fortune il n'est pas possible de se hasarder dans la carrière diplomatique. Il demanderait donc à achever son stage; M. Hombert céderait vraisemblablement, à la condition que son fils oublierait ses folles amours. Bernerette, de son côté, changerait de quartier; on la croirait partie. Elle louerait une petite chambre dans la rue de la Harpe, ou aux environs; là, elle vivrait avec tant d'économie, que la pension de Frédéric suffirait pour tous deux. Dès que son père serait retourné à Besançon, il viendrait la rejoindre et demeurer avec elle. Pour le reste, Dieu y pourvoirait. Tel fut le projet auquel les pauvres amants s'arrêtèrent, et dont ils crurent le succès infaillible, comme il arrive toujours en pareil cas.

Deux jours après, Frédéric, après une nuit sans sommeil, se rendit chez son amie dès six heures du matin. Un entretien qu'il avait eu avec son père le troublait; on exigeait qu'il partît pour Berne; il venait embrasser Bernerette pour retrouver près d'elle son courage affaibli. La chambre était déserte, le lit était vide. Il questionna la portière, et apprit, à n'en pouvoir douter, qu'il avait un rival et qu'on le trompait.

Il sentit cette fois moins de douleur que d'indignation. La trahison était trop forte pour que le mépris ne vînt pas prendre la place de l'amour. Rentré chez lui, il écrivit une longue lettre à Bernerette pour l'accabler des reproches les plus amers. Mais il déchira cette lettre au moment de l'envoyer; une si misérable créature ne lui parut pas digne de sa colère. Il résolut de partir le plus tôt possible; une place était vacante pour le lendemain à la malle-poste de Strasbourg; il la retint, et courut prévenir son père; toute la famille le félicita; on ne lui demanda pas, bien entendu, par quel hasard il obéissait si vite. Gérard seul sut la vérité. Mademoiselle Darcy déclara que c'était une pitié, et que les hommes manqueraient toujours de cœur. Mademoiselle Hombert augmenta de ses épargnes la petite somme qu'emportait son neveu. Un dîner d'adieu réunit toute la famille, et Frédéric partit pour la Suisse.

X

Les plaisirs et les fatigues du voyage, l'attrait du changement, les occupations de sa nouvelle carrière, rendirent bientôt le calme à son esprit. Il ne pensait plus qu'avec horreur à la fatale passion qui avait failli le perdre. Il trouva à l'ambassade l'accueil le plus gracieux : il était bien recommandé; sa figure prévenait en sa faveur; une modestie naturelle donnait plus de prix à ses talents, sans leur ôter leur relief; il occupa bientôt dans le monde une place honorable et le plus riant avenir s'ouvrit devant lui.

Bernerette lui écrivit plusieurs fois. Elle lui demandait gaiement s'il était parti pour tout de bon, et s'il comptait bientôt revenir. Il s'abstint d'abord de répondre; mais, comme les lettres continuaient et devenaient de plus en plus pressantes, il perdit enfin patience. Il répondit et déchargea son cœur. Il demanda à Bernerette, dans les termes les plus amers, si elle avait oublié sa double trahison, et il la pria de lui épargner à l'avenir de feintes protestations dont il ne pouvait plus être la dupe. Il ajouta que, du reste, il bénissait la Providence de l'avoir éclairé à temps; que sa résolution était irrévocable, et qu'il ne reverrait probablement la

France qu'après un long séjour à l'étranger. Cette lettre partie, il se sentit plus à l'aise et entièrement délivré du passé. Bernerette cessa de lui écrire depuis ce moment, et il n'entendit plus parler d'elle.

Une famille anglaise assez riche habitait une jolie maison aux environs de Berne. Frédéric y fut présenté; trois jeunes personnes, dont la plus âgée n'avait que vingt ans, faisaient les honneurs de la maison. L'aînée était d'une beauté remarquable; elle s'aperçut bientôt de la vive impression qu'elle produisait sur le jeune *attaché*, et ne s'y montra pas insensible. Il n'était pourtant pas encore assez bien guéri pour se livrer à un nouvel amour. Mais, après tant d'agitations et de chagrins, il éprouvait le besoin d'ouvrir son cœur à un sentiment calme et pur. La belle Fanny ne devint pas sa confidente, comme l'avait été mademoiselle Darcy; mais, sans qu'il lui fît le récit de ses peines, elle devina qu'il venait de souffrir, et comme le regard de ses yeux bleus semblait consoler Frédéric, elle les tournait souvent de son côté.

La bienveillance mène à la sympathie, et la sympathie à l'amour. Au bout de trois mois l'amour n'était pas venu, mais il était bien près de venir. Un homme d'un caractère aussi tendre et aussi expansif que Frédéric ne pouvait être constant qu'à la condition d'être confiant. Gérard avait eu raison de lui dire autrefois qu'il aimerait Bernerette plus longtemps qu'il ne le croyait; mais il eût fallu pour cela que Bernerette l'aimât aussi, du moins en apparence. En révoltant les cœurs faibles, on met leur existence en question; il faut qu'ils se brisent ou qu'ils oublient, car ils n'ont pas la force d'être fidèles à un souvenir dont ils souffrent. Frédéric s'habitua donc de jour en jour à ne plus vivre que pour Fanny; il fut bientôt question de mariage. Le jeune homme n'avait pas grande fortune, mais sa position était faite, ses protections puissantes; l'amour, qui lève tout obstacle, plaidait pour lui; il fut décidé qu'on demanderait une faveur à la cour de France, et que Frédéric, nommé second secrétaire, deviendrait l'époux de Fanny.

Cet heureux jour arriva enfin; les nouveaux mariés venaient de se lever, et Frédéric, dans l'ivresse du bonheur, tenait sa femme entre ses bras. Il était assis près de la cheminée; un pétillement du feu et un jet de flamme le firent tressaillir. Par un bizarre effet de la mémoire, il se souvint tout à coup du jour où pour la première fois il s'était trouvé ainsi, avec Bernerette, près de la cheminée d'une petite chambre. Je laisse à commenter ce hasard étrange à ceux dont l'imagination se plaît à admettre que l'homme pressent la destinée. Ce fut en ce moment qu'on remit à Frédéric une lettre timbrée de Paris, qui lui annonçait la mort de Bernerette. Je n'ai pas besoin de peindre son étonnement et sa douleur; je dois me contenter de mettre sous les yeux du lecteur l'adieu de la pauvre fille à son ami; on y trouvera l'explication de sa conduite en quelques lignes, écrites de ce style à moitié gai et à moitié triste qui lui était particulier.

« Hélas! Frédéric, vous saviez bien que c'était un rêve. Nous ne pouvions pas vivre tranquillement et être heureux. J'ai voulu m'en aller d'ici; j'ai reçu la visite d'un jeune homme dont j'avais fait la connaissance en province, du temps de ma gloire; il était fou de moi à Bordeaux. Je ne sais où il avait appris mon adresse; il est venu et s'est jeté à mes pieds, comme si j'étais encore une reine de théâtre. Il m'offrait sa fortune qui n'est pas grand'chose, et son cœur qui n'est rien du tout. C'était le lendemain, ami, souviens-t'en! tu m'avais quittée en me répétant que tu partais. Je n'étais pas trop gaie, mon cher, et je ne savais trop où aller dîner. Je me suis laissé emmener; malheureusement, je n'ai pas pu y tenir : j'avais fait porter mes pantoufles chez lui; je les ai envoyé redemander, et je me suis décidée à mourir.

« Oui, mon pauvre bon, j'ai voulu te laisser là. Je ne pourrais pas vivre en apprentissage. Cependant la seconde fois j'étais décidée. Mais ton père est revenu chez moi : voilà ce que tu n'as pas su. Que voulais-tu que je lui disse? J'ai promis de t'oublier; je suis retournée chez mon adorateur. Ah! que je me suis ennuyée! Est-ce ma faute si tous les hommes me semblent laids et bêtes depuis que je t'aime? Je ne peux pourtant pas vivre de l'air du temps. Qu'est-ce que tu veux que j'y fasse?

« Je ne me tue pas, mon ami, je m'achève ; ce n'est pas un grand meurtre que je fais. Ma santé est déplorable, à jamais perdue. Tout cela ne serait rien sans l'ennui. On dit que tu te maries : est-elle belle? Adieu, adieu. Souviens-toi, quand il fera beau temps, du jour où tu arrosais tes fleurs. Ah! comme je t'ai aimé vite! En te voyant, c'était un soubresaut en moi, une pâleur qui me prenait. J'ai été bien heureuse avec toi. Adieu.

« Si ton père l'avait voulu, nous ne nous serions jamais quittés; mais tu n'avais point d'argent, voilà le malheur, et moi non plus. Quand j'aurais été chez une lingère, je n'y serais pas restée ; ainsi, que veux-tu? voilà maintenant deux essais que je fais de recommencer : rien ne me réussit.

« Je t'assure que ce n'est pas par folie que je veux mourir : j'ai toute ma raison. Mes parents (que Dieu leur pardonne!) sont encore revenus. Si tu savais ce qu'on veut faire de moi! C'est trop dégoûtant d'être un jouet de misère et de se voir tirailler ainsi. Quand nous nous sommes aimés autrefois, si nous avions eu plus d'économie, cela aurait mieux été. Mais tu voulais aller au spectacle et nous amuser. Nous avons passé de bonnes soirées à la Chaumière.

« Adieu, mon cher, pour la dernière fois, adieu. Si je me portais mieux, je serais rentrée au théâtre; mais je n'ai plus que le souffle. Ne te fais jamais reproche de ma mort; je sens bien que, si tu avais pu, rien de tout cela ne serait arrivé; je le sentais, moi, et je n'osais pas le dire; j'ai vu tout se préparer, mais je ne voulais pas te tourmenter.

« C'est par une triste nuit que je t'écris, plus triste, sois-en sûr, que celle où tu es venu sonner et où tu m'as trouvée sortie. Je ne t'avais jamais cru jaloux; quand j'ai su que tu étais en colère, cela m'a fait peine et plaisir. Pourquoi ne m'as-tu pas attendue d'autorité? Tu aurais vu la mine que j'avais en rentrant de ma bonne fortune; mais c'est égal, tu m'aimais plus que tu ne le disais.

« Je voudrais finir, et je ne peux pas. Je m'attache à ce papier comme à un reste de vie; je serre mes lignes; je voudrais rassembler tout ce que j'ai de force et te l'envoyer. Non, tu n'as pas connu mon cœur. Tu m'as aimée parce que tu es bon; c'était par pitié que tu venais, et aussi un peu pour ton plaisir. Si j'avais été riche, tu ne m'aurais pas quittée : voilà ce que je me dis; c'est la seule chose qui me donne du courage. Adieu.

« Puisse mon père ne pas se repentir du mal dont il a été cause! Maintenant, je le sens, que ne donnerais-je pas pour savoir quelque chose, pour avoir un gagne-pain dans les mains! Il est trop tard. Si, quand on est enfant, on pouvait voir sa vie dans un miroir, je ne finirais pas ainsi; tu m'aimerais encore; mais peut-être que non, puisque tu vas te marier.

« Comment as-tu pu m'écrire une lettre aussi dure?

Puisque ton père l'exigeait et puisque tu allais partir, je ne croyais pas mal faire en essayant de prendre un autre amant. Jamais je n'ai rien éprouvé de pareil, et jamais je n'ai rien vu de si drôle que sa figure quand je lui ai déclaré que je retournais chez moi.

« Ta lettre m'a désolée ; je suis restée au coin de mon feu pendant deux jours, sans pouvoir dire un mot ni bouger. Je suis née bien malheureuse, mon ami. Tu ne saurais croire comme le bon Dieu m'a traitée depuis une pauvre vingtaine d'années que j'existe : c'est comme une gageure. Enfant, on me battait, et quand je pleurais, on m'envoyait dehors. — Va voir s'il pleut, disait mon père. Quand j'avais douze ans, on me faisait raboter des planches ; et quand je suis devenue femme, m'a-t-on assez persécutée ! Ma vie s'est passée à tâcher de vivre, et finalement à voir qu'il faut mourir.

« Que Dieu te bénisse, toi qui m'as donné mes seuls, seuls jours heureux ! J'ai respiré là une bonne bouffée d'air ; que Dieu te la rende ! Puisses-tu être heureux, libre, ô ami ! Puisses-tu être aimé comme t'aime ta mourante, ta pauvre Bernerette !

« Ne t'afflige pas ; tout va être fini. Te souviens-tu d'une tragédie allemande que tu me lisais un soir chez nous ? Le héros de la pièce demande : « Qu'est-ce que « nous crierons en mourant ? — *Liberté !* » répond le petit Georges. Tu as pleuré en lisant ce mot-là. Pleure donc ! c'est le dernier cri de ton amie.

« Les pauvres meurent sans testament ; je t'envoie

pourtant une boucle de mes cheveux. Un jour que le coiffeur me les avait brûlés avec son fer, je me rappelle que tu voulais le battre. Puisque tu ne voulais pas qu'on me brulât mes cheveux, tu ne jetteras pas au feu cette boucle.

« Adieu, adieu encore; pour jamais.

« Ta fidèle amie,

« BERNERETTE. »

On m'a dit qu'après avoir lu cette lettre, Frédéric avait fait sur lui-même une funeste tentative. Je n'en parlerai pas ici : les indifférents trouvent trop souvent du ridicule à des actes semblables lorsqu'on y survit. Les jugements du monde sont tristes sur ce point; on rit de celui qui essaye de mourir, et celui qui meurt est oublié.

FIN DE FRÉDÉRIC ET BERNERETTE.

La notice sur la vie de l'auteur fera connaître ce qu'il y a de réel dans l'histoire de Bernerette.

LE
FILS DU TITIEN

1838

Dessin de Bida. — Gravé par Ballin.

LE FILS DU TITIEN.

Elle parut alors devant lui dans un costume à peu près pareil
à celui dont Paris Bordone a revêtu sa Vénus couronnée.

CHARPENTIER, ÉDITEUR

LE
FILS DU TITIEN

I

Au mois de février de l'année 1580, un jeune homme traversait, au point du jour, la Piazzetta, à Venise. Ses habits étaient en désordre; sa toque, sur laquelle flottait une belle plume écarlate, était enfoncée sur ses oreilles. Il marchait à grands pas vers la rive des Esclavons, et son épée et son manteau traînaient derrière lui, tandis que d'un pied assez dédaigneux il enjambait par-dessus les pêcheurs couchés à terre. Arrivé au pont de la Paille, il s'arrêta et regarda autour de lui. La lune se couchait derrière la Giudecca, et l'aurore dorait le palais ducal. De temps en temps une fumée épaisse, une lueur brillante, s'échappaient d'un palais voisin. Des poutres, des pierres, d'énormes blocs de marbre, mille débris encombraient le canal des Prisons. Un incendie récent venait de détruire, au milieu des eaux, la demeure d'un patricien. Des gerbes d'étincelles s'élevaient par instants, et, à cette clarté sinistre, on apercevait un soldat sous les armes veillant au milieu des ruines.

Cependant notre jeune homme ne semblait frappé ni de ce spectacle de destruction, ni de la beauté du ciel qui se teignait des plus fraîches nuances. Il regarda quelque temps l'horizon, comme pour distraire ses yeux éblouis; mais la clarté du jour parut produire sur lui un effet désagréable, car il s'enveloppa dans son manteau et poursuivit sa route en courant. Il s'arrêta bientôt de nouveau à la porte d'un palais où il frappa. Un valet, tenant un flambeau à la main, lui ouvrit aussitôt. Au moment d'entrer, il se retourna, et jetant sur le ciel encore un regard :

— Par Bacchus! s'écria-t-il, mon carnaval me coûte cher !

Ce jeune homme se nommait Pomponio Filippo Vecellio. C'était le second fils du Titien, enfant plein d'esprit et d'imagination, qui avait fait concevoir à son père les plus heureuses espérances, mais que sa passion pour le jeu entraînait dans un désordre continuel. Il y avait quatre ans seulement que le grand peintre et son fils aîné, Orazio, étaient morts presque en même temps, et le jeune Pippo, depuis quatre ans, avait déjà dissipé la meilleure part de l'immense fortune que lui avait donnée ce double héritage. Au lieu de cultiver les talents qu'il tenait de la nature, et de soutenir la gloire de son nom, il passait ses journées à dormir et ses nuits à jouer chez une certaine comtesse Orsini, ou du moins soi-disant comtesse, qui faisait profession de ruiner la jeunesse vénitienne. Chez elle s'assemblait chaque soir une nombreuse compagnie, composée de nobles et de courtisanes; là, on soupait et on jouait, et comme on ne payait pas son souper, il va sans dire que les dés se chargeaient d'indemniser la maîtresse du logis. Tandis que les sequins flottaient par monceaux, le vin de Chypre coulait, les œillades allaient grand train, et les victimes, doublement étourdies, y laissaient leur argent et leur raison.

C'est de ce lieu dangereux que nous venons de voir sortir le héros de ce conte, et il avait fait plus d'une perte dans la nuit. Outre qu'il avait vidé ses poches au passe-dix, le seul tableau qu'il eût jamais terminé, tableau que tous les connaisseurs donnaient pour excellent, venait de périr dans l'incendie du palais Dolfino. C'était un sujet d'histoire traité avec une verve et une hardiesse de pinceau presque dignes du Titien lui-même; vendue à un riche sénateur, cette toile avait eu le même sort qu'un grand nombre d'ouvrages précieux; l'imprudence d'un valet avait réduit en cendres ces richesses. Mais c'était là le moindre souci de Pippo; il ne songeait qu'à la chance fâcheuse qui venait de le poursuivre avec un acharnement inusité, et aux dés qui l'avaient fait perdre.

Il commença, en rentrant chez lui, par soulever le tapis qui couvrait sa table et compter l'argent qui restait dans son tiroir; puis, comme il était d'un caractère naturellement gai et insouciant, après qu'on l'eut déshabillé, il se mit à sa fenêtre en robe de chambre. Voyant qu'il faisait grand jour, il se demanda s'il fermerait ses volets pour se mettre au lit, ou s'il se réveillerait comme tout le monde; il y avait longtemps qu'il ne lui était arrivé de voir le soleil du côté où il se lève, et il trouvait le ciel plus joyeux qu'à l'ordinaire. Avant de se décider à veiller ou à dormir, tout en luttant contre le sommeil, il prit son chocolat sur son balcon. Dès que ses yeux se fermaient, il croyait voir une table, des mains agitées, des figures pâles, il entendait résonner les cornets. — Quelle fatale chance! murmurait-il; est-ce croyable qu'on perde avec quinze! Et il voyait son adversaire habituel, le vieux Vespasiano Memmo, amenant dix-huit et s'emparant de l'or entassé sur le tapis. Il rouvrait alors promptement les paupières pour se soustraire à ce mauvais rêve, et regardait les fillettes passer sur le quai. Il lui sembla apercevoir de loin une femme masquée; il s'en étonna, bien qu'on fût au carnaval, car les pauvres gens ne se masquent pas, et il était étrange, à une pareille heure, qu'une dame vénitienne sortît seule à pied[*]; mais il reconnut que ce qu'il avait pris pour un masque était le

---

[*] On sortait masqué autrefois à Venise tant que durait le carnaval.
(*Note de l'auteur.*)

visage d'une négresse ; il la vit bientôt de plus près, et elle lui parut assez bien tournée. Elle marchait fort vite, et un coup de vent, collant sur ses hanches sa robe bigarrée de fleurs, dessina des contours gracieux. Pippo se pencha sur le balcon, et vit, non sans surprise, que la négresse frappait à sa porte.

Le portier tardait à ouvrir.

— Que demandes-tu? cria le jeune homme ; est-ce à moi que tu as affaire, brunette? Mon nom est Vecellio, et, si on te fait attendre, je vais aller t'ouvrir moi-même.

La négresse leva la tête.

— Votre nom est Pomponio Vecellio?

— Oui, ou Pippo, comme tu voudras.

— Vous êtes le fils du Titien?

— A ton service ; qu'y a-t-il pour te plaire ?

Après avoir jeté sur Pippo un coup d'œil rapide et curieux, la négresse fit quelques pas en arrière, lança adroitement sur le balcon une petite boîte roulée dans du papier, puis s'enfuit promptement, en se retournant de temps en temps. Pippo ramassa la boîte, l'ouvrit et y trouva une jolie bourse enveloppée dans du coton. Il soupçonna avec raison qu'il pouvait y avoir sous le coton un billet qui lui expliquerait cette aventure. Le billet s'y trouvait en effet, mais était aussi mystérieux que le reste, car il ne contenait que ces mots :

« Ne dépense pas trop légèrement ce que je renferme; quand tu sortiras de chez toi, charge-moi d'une pièce d'or, c'est assez pour un jour; et s'il t'en reste le soir quelque chose, si peu que ce soit, tu trouveras un pauvre qui t'en remerciera. »

Lorsque le jeune homme eut retourné la boîte de cent façons, examiné la bourse, regardé de nouveau sur le quai, et qu'il vit enfin clairement qu'il n'en pourrait savoir davantage : Il faut avouer, pensa-t-il, que ce cadeau est singulier, mais il vient cruellement mal à propos. Le conseil qu'on me donne est bon; mais il est trop tard pour dire aux gens qu'ils se noient quand ils sont au fond de l'Adriatique. Qui diable peut m'envoyer cela?

Pippo avait aisément reconnu que la négresse était une servante; il commença à chercher dans sa mémoire quelle était la femme ou l'ami capable de lui adresser cet envoi, et, comme sa modestie ne l'aveuglait pas, il se persuada que ce devait être une femme plutôt qu'un de ses amis. La bourse était en velours brodé d'or; il lui sembla qu'elle était faite avec une finesse trop exquise pour sortir de la boutique d'un marchand. Il passa donc en revue dans sa tête d'abord les plus belles dames de Venise, ensuite celles qui l'étaient moins; mais il s'arrêta là, et se demanda comment il s'y prendrait pour découvrir d'où lui venait sa bourse. Il fit là-dessus les rêves les plus hardis et les plus doux; plus d'une fois il crut avoir deviné; le cœur lui battait, tandis qu'il s'efforçait de reconnaître l'écriture; il y avait une princesse bolonaise qui formait ainsi ses lettres majuscules, et une belle dame de Brescia dont c'était à peu près la main.

Rien n'est plus désagréable qu'une idée fâcheuse venant se glisser tout à coup au milieu de semblables rêveries; c'est à peu près comme si, en se promenant dans une prairie en fleur, on marchait sur un serpent. Ce fut aussi ce qu'éprouva Pippo lorsqu'il se souvint tout à coup d'une certaine Monna Bianchina, qui depuis peu le tourmentait singulièrement. Il avait eu avec cette femme une aventure de bal masqué, et elle était assez jolie, mais il n'avait aucun amour pour elle. Monna Bianchina, au contraire, s'était prise subitement de passion pour lui, et elle s'était même efforcée de voir de l'amour là où il n'y avait que de la politesse; elle s'attachait à lui, lui écrivait souvent, et l'accablait de tendres reproches; mais il s'était juré un jour, en sortant de chez elle, de ne jamais y retourner, et il tenait scrupuleusement sa parole. Il vint donc à penser que Monna Bianchina pouvait bien lui avoir fait une bourse et la lui avoir envoyée; ce soupçon détruisit sa gaieté et les illusions qui le berçaient; plus il réfléchissait, plus il trouvait vraisemblable cette supposition; il ferma sa fenêtre de mauvaise humeur, et se décida à se coucher.

Mais il ne pouvait dormir; malgré toutes les probabilités, il lui était impossible de renoncer à un doute qui flattait son orgueil. Il continua à rêver involontairement : tantôt il voulait oublier la bourse et n'y plus songer; tantôt il voulait se nier l'existence même de Monna Bianchina, afin de chercher plus à l'aise. Cependant il avait tiré ses rideaux, et il s'était enfoncé du côté de la ruelle pour ne pas voir le jour; tout à coup il sauta à bas de son lit, et appela ses domestiques. Il venait de faire une réflexion bien simple qui ne s'était pas d'abord présentée à lui. Monna Bianchina n'était pas riche; elle n'avait qu'une servante, et cette servante n'était pas une négresse, mais une grosse fille de Chioja. Comment aurait-elle pu se procurer, pour cette occasion, cette messagère inconnue que Pippo n'avait jamais vue à Venise? — Bénis soient ta noire figure, s'écria-t-il, et le soleil africain qui l'a colorée! Et, sans s'arrêter plus longtemps, il demanda son pourpoint et fit avancer sa gondole.

II

Il avait résolu d'aller rendre visite à la signora Dorothée, femme de l'avogador Pasqualigo. Cette dame, respectable par son âge, était des plus riches et des plus spirituelles de la république ; elle était, en outre, marraine de Pippo, et, comme il n'y avait pas une personne de distinction à Venise qu'elle ne connût, il espérait qu'elle pourrait l'aider à éclaircir le mystère qui l'occupait. Il pensa toutefois qu'il était encore trop matin pour se présenter chez sa protectrice, et il fit un tour de promenade, en attendant, sous les Procuraties.

Le hasard voulut qu'il y rencontrât précisément Monna Bianchina, qui marchandait des étoffes ; il entra dans la boutique, et, sans trop savoir pourquoi, après quelques paroles insignifiantes, il lui dit : Monna Bianchina, vous m'avez envoyé ce matin un joli cadeau, et vous m'avez donné un sage conseil ; je vous en remercie bien humblement.

En s'exprimant avec cet air de certitude, il comptait peut-être s'affranchir sur-le-champ du doute qui l'avait tourmenté ; mais Monna Bianchina était trop rusée pour témoigner de l'étonnement avant d'avoir examiné s'il était de son intérêt d'en montrer. Bien qu'elle n'eût réellement rien envoyé au jeune homme, elle vit qu'il y avait moyen de lui faire prendre le change; elle répondit, il est vrai, qu'elle ne savait de quoi il lui parlait; mais elle eut soin, en disant cela, de sourire avec tant de finesse et de rougir si modestement, que Pippo demeura convaincu, malgré les apparences, que la bourse venait d'elle. — Et depuis quand, lui demanda-t-il, avez-vous à vos ordres cette jolie négresse?

Déconcertée par cette question, et ne sachant comment y répondre, Monna Bianchina hésita un moment, puis elle partit d'un grand éclat de rire et quitta brusquement Pippo. Resté seul et désappointé, celui-ci renonça à la visite qu'il avait projetée; il rentra chez lui, jeta la bourse dans un coin, et n'y songea pas davantage.

Il arriva pourtant quelques jours après qu'il perdit au jeu une forte somme sur parole. Comme il sortait pour acquitter sa dette, il lui parut commode de se servir de cette bourse, qui était grande, et qui faisait bon effet à sa ceinture; il la prit donc, et, le soir même, il joua de nouveau et perdit encore.

— Continuez-vous? demanda ser Vespasiano, le vieux notaire de la chancellerie, lorsque Pippo n'eut plus d'argent.

— Non, répondit celui-ci, je ne veux plus jouer sur parole.

— Mais je vous prêterai ce que vous voudrez, s'écria la comtesse Orsini.

— Et moi aussi, dit ser Vespasiano.

— Et moi aussi, répéta d'une voix douce et sonore une des nombreuses nièces de la comtesse ; mais rouvrez votre bourse, seigneur Vecellio : il y a encore un sequin dedans.

Pippo sourit, et trouva en effet au fond de sa bourse un sequin qu'il y avait oublié. — Soit, dit-il, jouons encore un coup, mais je ne hasarderai pas davantage. Il prit le cornet, gagna, se remit à jouer en faisant paroli ; bref, au bout d'une heure, il avait réparé sa perte de la veille et celle de la soirée.

— Continuez-vous ? demanda-t-il à son tour à ser Vespasiano, qui n'avait plus rien devant lui.

— Non ! car il faut que je sois un grand sot de me laisser mettre à sec par un homme qui ne hasarderait qu'un sequin. Maudite soit cette bourse ! elle renferme sans doute quelque sortilège.

Le notaire sortit furieux de la salle. Pippo se disposait à le suivre, lorsque la nièce qui l'avait averti lui dit en riant :

— Puisque c'est à moi que vous devez votre bonheur, faites-moi cadeau du sequin qui vous a fait gagner.

Ce sequin avait une petite marque qui le rendait reconnaissable. Pippo le chercha, le retrouva, et il tendait déjà la main pour le donner à la jolie nièce, lorsqu'il s'écria tout à coup :

— Ma foi, ma belle, vous ne l'aurez pas ; mais, pour

vous montrer que je ne suis pas avare, en voilà dix que je vous prie d'accepter. Quant à celui-là, je veux suivre un avis qu'on m'a donné dernièrement, et j'en fais cadeau à la Providence.

En parlant ainsi, il jeta le sequin par la fenêtre.

— Est-il possible, pensait-il en retournant chez lui, que la bourse de Monna Bianchina me porte bonheur? Ce serait une singulière raillerie du hasard si une chose qui en elle-même m'est désagréable avait une influence heureuse pour moi.

Il lui sembla bientôt, en effet, que toutes les fois qu'il se servait de cette bourse il gagnait. Lorsqu'il y mettait une pièce d'or, il ne pouvait se défendre d'un certain respect superstitieux, et il réfléchissait quelquefois, malgré lui, à la vérité des paroles qu'il avait trouvées au fond de la boîte. — Un sequin est un sequin, se disait-il, et il y a bien des gens qui n'en ont pas un par jour. Cette pensée le rendait moins imprudent, et lui faisait un peu restreindre ses dépenses.

Malheureusement, Monna Bianchina n'avait pas oublié son entretien avec Pippo sous les Procuraties. Pour le confirmer dans l'erreur où elle l'avait laissé, elle lui envoyait de temps en temps un bouquet ou une autre bagatelle, accompagnés de quelques mots d'écrit. J'ai déjà dit qu'il était très fatigué de ses importunités, auxquelles il avait résolu de ne pas répondre.

Or il arriva que Monna Bianchina, poussée à bout par cette froideur, tenta une démarche audacieuse qui déplut beaucoup au jeune homme. Elle se présenta seule chez lui, pendant son absence, donna quelque argent à un domestique, et réussit à se cacher dans l'appartement. En rentrant, il la trouva donc, et il se vit forcé de lui dire, sans détour, qu'il n'avait point d'amour pour elle, et qu'il la priait de le laisser en repos.

La Bianchina, qui, comme je l'ai dit, était jolie, se laissa aller à une colère effrayante; elle accabla Pippo de reproches, mais non plus tendres cette fois. Elle lui dit qu'il l'avait trompée en lui parlant d'amour, qu'elle se regardait comme compromise par lui, et qu'enfin elle se vengerait. Pippo n'écouta pas ses menaces sans s'irriter à son tour; pour lui prouver qu'il ne craignait rien, il la força de reprendre à l'instant même un bouquet qu'elle lui avait envoyé le matin, et, comme la bourse se trouvait sous sa main : — Tenez, lui dit-il, prenez aussi cela; cette bourse m'a porté bonheur, mais apprenez par là que je ne veux rien de vous.

A peine eut-il cédé à ce mouvement de colère, qu'il en eut du regret. Monna Bianchina se garda bien de le détromper sur le mensonge qu'elle lui avait fait. Elle était pleine de rage, mais aussi de dissimulation. Elle prit la bourse et se retira, bien décidée à faire repentir Pippo de la manière dont il l'avait traitée.

Il joua le soir comme à l'ordinaire, et perdit; les jours suivants, il ne fut pas plus heureux. Ser Vespasiano avait toujours le meilleur dé, et lui gagnait des sommes considérables. Il se révolta contre sa fortune et contre sa superstition, il s'obstina et perdit encore. Enfin, un jour qu'il sortait de chez la comtesse Orsini, il ne put s'empêcher de s'écrier dans l'escalier : Dieu me pardonne! je crois que ce vieux fou avait raison, et que ma bourse était ensorcelée; car je n'ai plus un dé passable depuis que je l'ai rendue à la Bianchina.

En ce moment, il aperçut, flottant devant lui, une robe à fleurs, d'où sortaient deux jambes fines et lestes; c'était la mystérieuse négresse. Il doubla le pas, l'accosta, et lui demanda qui elle était et à qui elle appartenait.

— Qui sait? répondit l'Africaine avec un malicieux sourire.

— Toi, je suppose. N'es-tu pas la servante de Monna Bianchina?

— Non; qui est-elle, Monna Bianchina?

— Eh! par Dieu! celle qui t'a chargée l'autre jour de m'apporter cette boîte que tu as si bien jetée sur mon balcon.

— Oh! Excellence, je ne le crois pas.

— Je le sais; ne cherche pas à feindre; c'est elle-même qui me l'a dit.

— Si elle vous l'a dit,... répliqua la négresse d'un air d'hésitation. Elle haussa les épaules, réfléchit un instant; puis, donnant de son éventail un petit coup sur la joue de Pippo, elle lui cria en s'enfuyant :

— Mon beau garçon, on s'est moqué de toi.

Les rues de Venise sont un labyrinthe si compliqué, elles se croisent de tant de façons par des caprices si variés et si imprévus, que Pippo, après avoir laissé échapper la jeune fille, ne put parvenir à la rejoindre. Il resta fort embarrassé, car il avait commis deux fautes, la première en donnant sa bourse à Bianchina, et la seconde en ne retenant pas la négresse. Errant au hasard dans la ville, il se dirigea, presque sans le savoir, vers le palais de la signora Dorothée, sa marraine ; il se repentait de n'avoir pas fait à cette dame, quelque temps auparavant, sa visite projetée ; il avait coutume de la consulter sur tout ce qui l'intéressait, et rarement il avait eu recours à elle sans en retirer quelque avantage.

Il la trouva seule dans son jardin, et après lui avoir baisé la main : —Jugez, lui dit-il, ma bonne marraine, de la sottise que je viens de faire. On m'a envoyé, il n'y a pas longtemps, une bourse...

Mais à peine avait-il prononcé ces mots, que la signora Dorothée se mit à rire. — Eh bien ! lui dit-elle, est-ce que cette bourse n'est pas jolie ? Ne trouves-tu pas que les fleurs d'or font bon effet sur le velours rouge ?

— Comment ! s'écria le jeune homme ; se pourrait-il que vous fussiez instruite...

En ce moment, plusieurs sénateurs entraient dans le jardin ; la vénérable dame se leva pour les recevoir, et ne répondit pas aux questions que Pippo, dans son étonnement, ne cessait de lui adresser.

III

Lorsque les sénateurs se furent retirés, la signora Dorothée, malgré les prières et les importunités de son filleul, ne voulut jamais s'expliquer davantage. Elle était fâchée qu'un premier mouvement de gaieté lui eût fait avouer qu'elle savait le secret d'une aventure dont elle ne voulait pas se mêler. Comme Pippo insistait toujours :

— Mon cher enfant, lui dit-elle, tout ce que je puis te dire, c'est qu'il est vrai qu'en t'apprenant le nom de la personne qui a brodé pour toi cette bourse, je te rendrais peut-être un bon service; car cette personne est assurément une des plus nobles et des plus belles de Venise. Que cela te suffise donc; malgré mon envie de t'obliger, il faut que je me taise; je ne trahirai pas un secret que je possède seule, et que je ne pourrai te dire que si l'on m'en charge, car je le ferai alors honorablement.

— Honorablement, ma chère marraine? mais pouvez-vous croire qu'en me confiant à moi seul...

— Je m'entends, répliqua la vieille dame; et comme, malgré sa dignité, elle ne pouvait se passer d'un peu de malice : Puisque tu fais quelquefois des vers, ajouta-t-elle, que ne fais-tu un sonnet là-dessus?

Voyant qu'il ne pouvait rien obtenir, Pippo mit fin à ses instances; mais sa curiosité, comme on peut penser, était d'une vivacité extrême. Il resta à dîner chez l'avogador Pasqualigo, ne pouvant se résoudre à quitter sa marraine, espérant que sa belle inconnue viendrait peut-être faire visite le soir, mais il ne vit que des sénateurs, des magistrats, et les plus graves robes de la république.

Au coucher du soleil, le jeune homme se sépara de la compagnie, et alla s'asseoir dans un petit bosquet. Il réfléchit à ce qu'il avait à faire, et il se détermina à deux choses : obtenir de la Bianchina qu'elle lui rendît sa bourse, et suivre, en second lieu, le conseil que la signora Dorothée lui avait donné en riant, c'est-à-dire faire un sonnet sur son aventure. Il résolut, en outre, de donner ce sonnet, quand il serait fait, à sa marraine, qui ne manquerait sans doute pas de le montrer à la belle inconnue. Sans vouloir tarder davantage, il mit sur-le-champ son double projet à exécution.

Après avoir rajusté son pourpoint, et posé avec soin sa toque sur son oreille, il se regarda d'abord dans une glace pour voir s'il avait bonne mine, car sa première pensée avait été de séduire de nouveau la Bianchina par de feintes protestations d'amour, et de la persuader par la douceur; mais il renonça bientôt à ce projet, réfléchissant qu'ainsi il ne ferait que ranimer la passion de cette femme et se préparer de nouvelles importunités. Il prit le parti opposé; il courut chez elle en toute hâte, comme s'il eût été furieux; il se prépara à lui jouer une scène désespérée, et à l'épouvanter si bien qu'elle se tînt dorénavant en repos.

Monna Bianchina était une de ces Vénitiennes blondes aux yeux noirs dont le ressentiment a, de tout temps, été regardé comme dangereux. Depuis qu'il l'avait si maltraitée, Pippo n'avait reçu d'elle aucun message; elle préparait sans doute en silence la vengeance qu'elle avait annoncée. Il était donc nécessaire de frapper un coup décisif, sous peine d'augmenter le mal. Elle se disposait à sortir quand le jeune homme arriva chez elle; il l'arrêta dans l'escalier, et la forçant à rentrer dans sa chambre :

— Malheureuse femme! s'écria-t-il, qu'avez-vous fait? Vous avez détruit toutes mes espérances, et votre vengeance est accomplie!

— Bon Dieu! que vous est-il arrivé? demanda la Bianchina stupéfaite.

— Vous le demandez! Où est cette bourse que vous avez dit venir de vous? Oserez-vous encore me soutenir ce mensonge?

— Qu'importe si j'ai menti ou non? je ne sais ce que cette bourse est devenue.

— Tu vas mourir ou me la rendre, s'écria Pippo en se jetant sur elle. Et, sans respect pour une robe neuve dont la pauvre femme venait de se parer, il écarta violemment le voile qui couvrait sa poitrine et lui posa son poignard sur le cœur.

La Bianchina se crut morte et commença à appeler au secours; mais Pippo lui bâillonna la bouche avec son mouchoir, et, sans qu'elle pût pousser un cri, il la força d'abord de lui rendre la bourse qu'elle avait heureusement conservée. — Tu as fait le malheur d'une puissante famille, lui dit-il ensuite, tu as à jamais troublé l'existence d'une des plus illustres maisons de Venise! Tremble! cette maison redoutable veille sur toi; ni toi ni ton mari, vous ne ferez un seul pas, maintenant, sans qu'on ait l'œil sur vous. Les Seigneurs de la Nuit ont inscrit ton nom sur leur livre, pense aux caves du palais ducal. Au premier mot que tu diras pour révéler le secret terrible que ta malice t'a fait deviner, ta famille entière disparaîtra !

Il sortit sur ces paroles, et tout le monde sait qu'à Venise on n'en pouvait prononcer de plus effrayantes. Les impitoyables et secrets arrêts de la *corte maggiore* répandaient une terreur si grande, que ceux qui se croyaient seulement soupçonnés se regardaient d'avance comme morts. Ce fut justement ce qui arriva au mari de la Bianchina, ser Orio, à qui elle raconta, à peu de chose près, la menace que Pippo venait de lui faire. Il est vrai qu'elle en ignorait les motifs, et en effet Pippo les ignorait lui-même, puisque toute cette affaire n'était qu'une fable; mais ser Orio jugea prudemment qu'il n'était pas nécessaire de savoir par quels motifs on s'était attiré la colère de la cour suprême, et que le plus important était de s'y soustraire. Il n'était pas né à Venise, ses parents habitaient la terre ferme : il s'embarqua avec sa femme le jour suivant, et l'on n'entendit plus parler d'eux. Ce fut ainsi que Pippo trouva moyen de se débarrasser de Bianchina, et de lui rendre avec usure le mauvais tour qu'elle lui avait joué. Elle crut toute sa vie qu'un secret d'État était réellement attaché à la bourse qu'elle avait voulu dérober, et, comme dans ce bizarre événement tout était mystère pour elle, elle ne put jamais former que des conjectures. Les parents de ser Orio en firent le sujet de leurs entretiens particuliers. A force de suppositions, ils finirent par créer une fable plausible. Une grande dame, disaient-ils, s'était éprise du Tizianello, c'est-à-dire du fils du Titien, lequel était amoureux de Monna Bianchina, et perdait, bien entendu, ses peines auprès d'elle. Or, cette grande dame, qui avait brodé elle-même une bourse pour le Tizianello, n'était autre que la dogaresse en personne. Qu'on juge de sa colère en apprenant que le Tizianello avait fait le sacrifice de ce don d'amour à la Bianchina ! Telle était la chronique de famille qu'on se répétait à voix basse à Padoue dans la petite maison de ser Orio.

Satisfait du succès de sa première entreprise, notre héros songea à tenter la seconde. Il s'agissait de faire un sonnet pour sa belle inconnue. Comme l'étrange comédie qu'il avait jouée l'avait ému malgré lui, il commença par écrire rapidement quelques vers où respirait une certaine verve. L'espérance, l'amour, le mystère, toutes les expressions passionnées ordinaires aux poètes, se présentaient en foule à son esprit. — Mais, pensa-t-il, ma marraine m'a dit que j'avais affaire à l'une des plus nobles et des plus belles dames de Venise ; il me faut donc garder un ton convenable et l'aborder avec plus de respect.

Il effaça ce qu'il avait écrit, et, passant d'un extrême à l'autre, il rassembla quelques rimes sonores auxquelles il s'efforça d'adapter, non sans peine, des pensées semblables à sa dame, c'est-à-dire les plus belles et les plus nobles qu'il put trouver. A l'espérance trop hardie il substitua le doute craintif ; au lieu de mystère et d'amour, il parla de respect et de reconnaissance. Ne pouvant célébrer les attraits d'une femme qu'il n'avait jamais vue, il se servit, le plus délicatement possible, de quelques termes vagues qui pouvaient s'appliquer à tous les visages. Bref, après deux heures de réflexions et de travail, il avait fait douze vers passables, fort harmonieux et très insignifiants.

Il les mit au net sur une belle feuille de parchemin, et dessina sur les marges des oiseaux et des fleurs qu'il coloria soigneusement. Mais, dès que son ouvrage fut achevé, il n'eut pas plus tôt relu ses vers, qu'il les jeta par la fenêtre, dans le canal qui passait près de sa maison. — Que fais-je donc ? se demanda-t-il ; à quoi bon poursuivre cette aventure, si ma conscience ne parle pas ?

Il prit sa mandoline et se promena de long en large dans sa chambre, en chantant et en s'accompagnant sur un vieil air composé pour un sonnet de Pétrarque. Au bout d'un quart d'heure il s'arrêta; son cœur battait. Il ne songeait plus ni aux convenances, ni à l'effet qu'il pourrait produire. La bourse qu'il avait arrachée à la Bianchina, et qu'il venait de rapporter comme une conquête, était sur sa table. Il la regarda.

— La femme qui a fait cela pour moi, se dit-il, doit m'aimer et savoir aimer. Un pareil travail est long et difficile; ces fils légers, ces vives couleurs, demandent du temps, et, en travaillant, elle pensait à moi. Dans le peu de mots qui accompagnaient cette bourse, il y avait un conseil d'ami et pas une parole équivoque. Ceci est un cartel amoureux envoyé par une femme de cœur; n'eût-elle pensé à moi qu'un jour, il faut bravement relever le gant.

Il se remit à l'œuvre, et, en prenant sa plume, il était plus agité par la crainte et par l'espérance que lorsqu'il avait joué les plus fortes sommes sur un coup de dé. Sans réfléchir et sans s'arrêter, il écrivit à la hâte un sonnet, dont voici à peu près la traduction :

> Lorsque j'ai lu Pétrarque, étant encore enfant,
> J'ai souhaité d'avoir quelque gloire en partage.
> Il aimait en poète et chantait en amant;
> De la langue des dieux lui seul sut faire usage.
>
> Lui seul eut le secret de saisir au passage
> Les battements du cœur qui durent un moment,

Et, riche d'un sourire, il en gravait l'image
Du bout d'un stylet d'or sur un pur diamant.

O vous qui m'adressez une parole amie,
Qui l'écriviez hier et l'oublierez demain,
Souvenez-vous de moi qui vous en remercie.

J'ai le cœur de Pétrarque et n'ai point son génie;
Je ne puis ici-bas que donner en chemin
Ma main à qui m'appelle, à qui m'aime ma vie.

Pippo se rendit le lendemain chez la signora Dorothée. Dès qu'il se trouva seul avec elle, il posa son sonnet sur les genoux de l'illustre dame, en lui disant : Voilà pour votre amie. La signora se montra d'abord surprise, puis elle lut les vers, et jura qu'elle ne se chargerait jamais de les montrer à personne. Mais Pippo n'en fit que rire, et, comme il était persuadé du contraire, il la quitta en l'assurant qu'il n'avait là-dessus aucune inquiétude.

IV

Il passa cependant la semaine suivante dans le plus grand trouble; mais ce trouble n'était pas sans charmes. Il ne sortait pas de chez lui, et n'osait, pour ainsi dire, remuer, comme pour mieux laisser faire la fortune. En cela il agit avec plus de sagesse qu'on n'en a ordinairement à son âge, car il n'avait que vingt-cinq ans, et l'impatience de la jeunesse nous fait souvent dépasser le but en voulant l'atteindre trop vite. La fortune veut qu'on s'aide soi-même et qu'on sache la saisir à propos; car, selon l'expression de Napoléon, elle est femme. Mais, par cette raison même, elle veut avoir l'air d'accorder ce qu'on lui arrache, et il faut lui donner le temps d'ouvrir la main.

Ce fut le neuvième jour, vers le soir, que la capricieuse déesse frappa à la porte du jeune homme; et ce n'était pas pour rien, comme vous allez voir. Il descendit et ouvrit lui-même. La négresse était sur le seuil; elle tenait à la main une rose qu'elle approcha des lèvres de Pippo.

— Baisez cette fleur, lui dit-elle; il y a dessus un baiser de ma maîtresse. Peut-elle venir vous voir sans danger?

— Ce serait une grande imprudence, répondit Pippo, si elle venait en plein jour; mes domestiques ne pourraient manquer de la voir. Lui est-il possible de venir la nuit?

— Non; qui l'oserait à sa place? Elle ne peut ni sortir la nuit, ni vous recevoir chez elle.

— Il faut donc qu'elle consente à venir autre part qu'ici, dans un endroit que je t'indiquerai.

— Non, c'est ici qu'elle veut venir; voyez à prendre vos précautions.

Pippo réfléchit quelques instants. — Ta maîtresse peut-elle se lever de bonne heure? demanda-t-il à la négresse.

— A l'heure où se lève le soleil.

— Eh bien! écoute. Je me réveille ordinairement fort tard, par conséquent toute ma maison dort la grasse matinée. Si ta maîtresse peut venir au point du jour, je l'attendrai, et elle pourra pénétrer ici sans être vue de personne. Pour ce qui est de la faire sortir ensuite, je m'en charge, si toutefois elle peut rester chez moi jusqu'à la nuit tombante.

— Elle le fera; vous plaît-il que ce soit demain?

— Demain à l'aurore, dit Pippo. Il glissa une poignée de sequins sous la gorgerette de la messagère; puis, sans en demander davantage, il regagna sa chambre et s'y enferma, décidé à veiller jusqu'au jour. Il se fit d'abord déshabiller, afin qu'on crût qu'il allait se mettre au lit; lorsqu'il fut seul, il alluma un bon feu, mit une chemise brodée d'or, un collet de senteur et un pourpoint de velours blanc avec des manches de satin de la Chine; puis, tout étant bien disposé, il s'assit près de la fenêtre, et commença à rêver à son aventure.

Il ne jugeait pas aussi défavorablement qu'on le croirait peut-être de la promptitude avec laquelle sa dame lui avait donné un rendez-vous. Il ne faut pas, d'abord, oublier que cette histoire se passe au seizième siècle, et les amours de ce temps-là allaient plus vite que les nôtres. D'après les témoignages les plus authentiques, il paraît certain qu'à cette époque ce que nous appellerions de l'indélicatesse passait pour de la sincérité, et il y a même lieu de penser que ce qu'on nomme aujourd'hui vertu paraissait alors de l'hypocrisie. Quoi qu'il en soit, une femme amoureuse d'un joli garçon se rendait sans de longs discours, et celui-ci n'en prenait pas pour cela moins bonne opinion d'elle : personne ne songeait à rougir de ce qui lui semblait naturel; c'était le temps où un seigneur de la cour de France portait sur son chapeau, en guise de panache, un bas de soie appartenant à sa maîtresse, et il répondait sans façon à ceux qui s'étonnaient de le voir au Louvre dans cet équipage, que c'était le bas d'une femme qui le faisait mourir d'amour.

Tel était, d'ailleurs, le caractère de Pippo que, fût-il né dans le siècle présent, il n'eût peut-être pas entièrement changé d'avis sur ce point. Malgré beaucoup de désordre et de folie, s'il était capable de mentir quelquefois à autrui, il ne se mentait jamais à lui-même ; je veux dire par là qu'il aimait les choses pour ce qu'elles valent et non pour les apparences, et que, tout en étant capable de dissimulation, il n'employait la ruse que lorsque son désir était vrai. Or, s'il pensait qu'il y eût un caprice dans l'envoi qu'on lui avait fait, du moins il n'y croyait pas voir le caprice d'une coquette ; j'en ai dit tout à l'heure les motifs, qui étaient le soin et la finesse avec lesquels sa bourse était brodée, et le temps qu'on avait dû mettre à la faire.

Pendant que son esprit s'efforçait de devancer le bonheur qui lui était promis, il se souvint d'un mariage turc dont on lui avait fait le récit. Quand les Orientaux prennent femme, ils ne voient qu'après la noce le visage de leur fiancée, qui, jusque-là, reste voilée devant eux, comme devant tout le monde. Ils se fient à ce que leur ont dit les parents, et se marient ainsi sur parole. La cérémonie terminée, la jeune femme se montre à l'époux, qui peut alors vérifier par lui-même si son marché conclu est bon ou mauvais ; comme il est trop tard pour s'en dédire, il n'a rien de mieux à faire que de le trouver bon ; et l'on ne voit pas, du reste, que ces unions soient plus malheureuses que d'autres.

Pippo se trouvait précisément dans le même cas qu'un fiancé turc : il ne s'attendait pas, il est vrai, à trouver une vierge dans sa dame inconnue, mais il s'en consolait aisément ; il y avait en outre cette différence à son avantage, que ce n'était pas un lien aussi solennel qu'il allait contracter. Il pouvait se livrer aux charmes de l'attente et de la surprise, sans en redouter les inconvénients, et cette considération lui semblait suffire pour le dédommager de ce qui pourrait d'ailleurs lui manquer. Il se figura donc que cette nuit était réellement celle de ses noces, et il n'est pas étonnant qu'à son âge cette pensée lui causât des transports de joie.

La première nuit des noces doit être, en effet, pour une imagination active, un des plus grands bonheurs possibles, car il n'est précédé d'aucune peine. Les philosophes veulent, il est vrai, que la peine donne plus de saveur au plaisir qu'elle accompagne, mais Pippo pensait qu'une méchante sauce ne rend pas le poisson plus frais. Il aimait donc les jouissances faciles, mais il ne les voulait pas grossières, et, malheureusement, c'est une loi presque invariable que les plaisirs exquis se payent chèrement. Or la nuit des noces fait exception à cette règle; c'est une circonstance unique dans la vie, qui satisfait à la fois les deux penchants les plus chers à l'homme, la paresse et la convoitise; elle amène dans la chambre d'un jeune homme une femme couronnée de fleurs, qui ignore l'amour, et dont une mère s'est efforcée, depuis quinze ans, d'ennoblir l'âme et d'orner l'esprit : pour obtenir un regard de cette belle créature, il faudrait peut-être la supplier pendant une année entière; cependant, pour posséder ce trésor, l'époux n'a qu'à ouvrir les bras; la mère s'éloigne; Dieu lui-même le permet. Si, en s'éveillant d'un si beau rêve, on ne se trouvait pas marié, qui ne voudrait le faire tous les soirs ?

Pippo ne regrettait pas de ne point avoir adressé de questions à la négresse ; car une servante, en pareil cas, ne peut manquer de faire l'éloge de sa maîtresse, fût-elle plus laide qu'un péché mortel ; et les deux mots échappés à la signora Dorothée suffisaient. Il eût voulu seulement savoir si sa dame inconnue était brune ou blonde. Pour se faire une idée d'une femme, lorsqu'on sait qu'elle est belle, rien n'est plus important que de connaître la nuance de ses cheveux. Pippo hésita longtemps entre les deux couleurs, enfin il s'imagina qu'elle avait les cheveux châtains, afin de mettre son esprit en repos.

Mais il ne sut alors comment décider de quelle couleur étaient ses yeux ; il les aurait supposés noirs si elle eût été brune, et bleus si elle eût été blonde. Il se figura qu'ils étaient bleus, non pas de ce bleu clair et indécis qui est tour à tour gris ou verdâtre, mais de cet azur pur comme le ciel, qui, dans les moments de passion, prend une teinte plus foncée, et devient sombre comme l'aile du corbeau.

A peine ces yeux charmants lui eurent-ils apparu, avec un regard tendre et profond, que son imagination les entoura d'un front blanc comme la neige, et de deux joues roses comme les rayons du soleil sur le sommet des Alpes. Entre ces deux joues, aussi douces qu'une pêche, il crut voir un nez effilé comme celui du buste antique qu'on a appelé l'Amour grec. Au-dessous, une bouche vermeille, ni trop grande ni trop petite, laissant passer entre deux rangées de perles une haleine fraîche et voluptueuse ; le menton était bien formé et légèrement arrondi ; la physionomie franche, mais un peu altière ; sur un cou un peu long, sans un seul pli, d'une blancheur mate, se balançait mollement, comme une fleur sur sa tige, cette tête et gracieuse et toute sympathique*. A cette belle image, créée par la fantaisie, il ne manquait que d'être réelle. Elle va venir, pensait Pippo, elle sera ici quand il fera jour ; et ce qui n'est pas le moins surprenant dans son étrange rêverie, c'est qu'il venait de faire, sans s'en douter, le fidèle portrait de sa future maîtresse.

Lorsque la frégate de l'État qui veille à l'entrée du port tira son coup de canon pour annoncer six heures du matin, Pippo vit que la lumière de sa lampe devenait rougeâtre, et qu'une légère teinte bleue colorait ses vitres. Il se mit aussitôt à sa croisée. Ce n'était plus, cette fois, avec des yeux à demi fermés qu'il regardait autour de lui ; bien que sa nuit se fût passée sans sommeil, il se sentait plus libre et plus dispos que jamais. L'aurore commençait à se montrer, mais Venise dormait encore : cette paresseuse patrie du plaisir ne s'éveille pas si matin. A l'heure où, chez nous, les bou-

---

* **Simpatica**, mot italien dont notre langue n'a pas l'équivalent, peut-être parce que notre caractère n'a pas l'équivalent de ce qu'il exprime.
(*Note de l'auteur.*)

tiques s'ouvrent, les passants se croisent, les voitures roulent, les brouillards se jouaient sur la lagune déserte et couvraient d'un rideau les palais silencieux. Le vent ridait à peine l'eau; quelques voiles paraissaient au loin du côté de Fusine, apportant à la reine des mers les provisions de la journée. Seul, au sommet de la ville endormie, l'ange du campanile de Saint-Marc sortait brillant du crépuscule, et les premiers rayons du soleil étincelaient sur ses ailes dorées.

Cependant les innombrables églises de Venise sonnaient l'*Angelus* à grand bruit; les pigeons de la république, avertis par le son des cloches, dont ils savent compter les coups avec un merveilleux instinct, traversaient par bandes, à tire-d'aile, la rive des Esclavons, pour aller chercher sur la grande place le grain qu'on y répand régulièrement pour eux à cette heure; les brouillards s'élevaient peu à peu; le soleil parut; quelques pêcheurs secouèrent leurs manteaux et se mirent à nettoyer leurs barques; l'un d'eux entonna d'une voix claire et pure un couplet d'un air national; du fond d'un bâtiment de commerce, une voix de basse lui répondit; une autre plus éloignée se joignit au refrain du second couplet; bientôt le chœur fut organisé, chacun faisait sa partie tout en travaillant, et une belle chanson matinale salua la clarté du jour.

La maison de Pippo était située sur le quai des Esclavons, non loin du palais Nani, à l'angle d'un petit canal; en cet instant, au fond de ce canal obscur, brilla la scie d'une gondole. Un seul barcarol était sur la poupe; mais le frêle bateau fendait l'onde avec la rapidité d'une flèche, et semblait glisser sur l'épais miroir où sa rame plate s'enfonçait en cadence. Au moment de passer sous le pont qui sépare le canal de la grande lagune, la gondole s'arrêta. Une femme masquée, d'une taille noble et svelte, en sortit, et se dirigea vers le quai. Pippo descendit aussitôt et s'avança vers elle. — Est-ce vous? lui dit-il à voix basse. Pour toute réponse, elle prit sa main qu'il lui présentait, et le suivit. Aucun domestique n'était encore levé dans la maison; sans dire un seul mot, ils traversèrent sur la pointe du pied la galerie inférieure où dormait le portier. Arrivée dans l'appartement du jeune homme, la dame s'assit sur un sofa et resta d'abord quelque temps pensive. Elle ôta son masque. Pippo reconnut alors que la signora Dorothée ne l'avait pas trompé, et qu'il avait en effet devant lui une des plus belles femmes de Venise, et l'héritière de deux nobles familles, Béatrice Lorédano, veuve du procurateur Donato.

V

Il est impossible de rendre par des paroles la beauté des premiers regards que Béatrice jeta autour d'elle lorsqu'elle eut découvert son visage. Bien qu'elle fût veuve depuis dix-huit mois, elle n'avait encore que vingt-quatre ans, et quoique la démarche qu'elle venait de faire ait pu paraître hardie au lecteur, c'était la première fois de sa vie qu'elle en faisait une semblable; car il est certain que jusque-là elle n'avait eu d'amour que pour son mari. Aussi cette démarche l'avait-elle troublée à tel point que, pour n'y pas renoncer en route, il lui avait fallu réunir toutes ses forces, et ses yeux étaient à la fois pleins d'amour, de confusion et de courage.

Pippo la regardait avec tant d'admiration, qu'il ne pouvait parler. En quelque circonstance qu'on se trouve, il est impossible de voir une femme parfaitement belle sans étonnement et sans respect. Pippo avait souvent rencontré Béatrice à la promenade et à des réunions particulières. Il avait fait et entendu faire cent fois l'éloge de sa beauté. Elle était fille de Pierre Lorédan, membre du conseil des Dix, et arrière-petite-fille du fameux Lorédan qui prit une part si active au procès de

Jacques Foscari. L'orgueil de cette famille n'était que trop connu à Venise, et Béatrice passait aux yeux de tous pour avoir hérité de la fierté de ses ancêtres. On l'avait mariée très jeune au procurateur Marco Donato, et la mort de celui-ci venait de la laisser libre et en possession d'une grande fortune. Les premiers seigneurs de la république aspiraient à sa main; mais elle ne répondait aux efforts qu'ils faisaient pour lui plaire que par la plus dédaigneuse indifférence. En un mot, son caractère altier et presque sauvage était, pour ainsi dire, passé en proverbe. Pippo était donc doublement surpris; car si, d'une part, il n'eût jamais osé supposer que sa mystérieuse conquête fût Béatrice Donato, d'un autre côté, il lui semblait, en la regardant, qu'il la voyait pour la première fois, tant elle était différente d'elle-même. L'amour, qui sait donner des charmes aux visages les plus vulgaires, montrait en ce moment sa toute-puissance en embellissant ainsi un chef-d'œuvre de la nature.

Après quelques instants de silence, Pippo s'approcha de sa dame et lui prit la main. Il essaya de lui peindre sa surprise et de la remercier de son bonheur; mais elle ne lui répondait pas et ne paraissait pas l'entendre. Elle restait immobile et semblait ne rien distinguer, comme si tout ce qui l'entourait eût été un rêve. Il lui parla longtemps sans qu'elle fît aucun mouvement; cependant il avait entouré de son bras la taille de Béatrice, et il s'était assis auprès d'elle.

— Vous m'avez envoyé hier, lui dit-il, un baiser sur une rose ; sur une fleur plus belle et plus fraîche, laissez-moi vous rendre ce que j'ai reçu.

En parlant ainsi, il l'embrassa sur les lèvres. Elle ne fit point d'effort pour l'en empêcher ; mais ses regards, qui erraient au hasard, se fixèrent tout à coup sur Pippo. Elle le repoussa doucement et lui dit en secouant la tête avec une tristesse pleine de grâce :

— Vous ne m'aimerez pas, vous n'aurez pour moi qu'un caprice ; mais je vous aime, et je veux d'abord me mettre à genoux devant vous.

Elle s'inclina en effet ; Pippo la retint vainement, en la suppliant de se lever. Elle glissa entre ses bras, et s'agenouilla sur le parquet.

Il n'est pas ordinaire ni même agréable de voir une femme prendre cette humble posture. Bien que ce soit une marque d'amour, elle semble appartenir exclusivement à l'homme ; c'est une attitude pénible qu'on ne peut voir sans trouble, et qui a quelquefois arraché à des juges le pardon d'un coupable. Pippo contempla avec une surprise croissante le spectacle admirable qui s'offrait à lui. S'il avait été saisi de respect en reconnaissant Béatrice, que devait-il éprouver en la voyant à ses pieds ? La veuve de Donato, la fille des Lorédans, était à genoux. Sa robe de velours, semée de fleurs d'argent, couvrait les dalles ; son voile, ses cheveux déroulés, pendaient à terre. De ce beau cadre sortaient ses blanches épaules et ses mains jointes, tandis que ses yeux humides se levaient vers Pippo. Ému jusqu'au fond du cœur, il recula de quelques pas, et se sentit enivré d'orgueil. Il n'était pas noble ; la fierté patricienne que Béatrice dépouillait passa comme un éclair dans l'âme du jeune homme.

Mais cet éclair ne dura qu'un instant et s'évanouit rapidement. Un tel spectacle devait produire plus qu'un mouvement de vanité. Quand nous nous penchons sur une source limpide, notre image s'y peint aussitôt, et notre approche fait naître un frère qui, du fond de l'eau, vient au-devant de nous. Ainsi, dans l'âme humaine, l'amour appelle l'amour et le fait éclore d'un regard. Pippo se jeta aussi à genoux. Inclinés l'un devant l'autre, ils restèrent ainsi tous deux quelques moments, échangeant leurs premiers baisers.

Si Béatrice était fille des Lorédans, le doux sang de sa mère, Bianca Contarini, coulait aussi dans ses veines. Jamais créature en ce monde n'avait été meilleure que cette mère, qui était aussi une des beautés de Venise. Toujours heureuse et avenante, ne pensant qu'à bien vivre durant la paix, et, en temps de guerre, amoureuse de la patrie, Bianca semblait la sœur aînée de ses filles. Elle mourut jeune, et, morte, elle était belle encore.

C'était par elle que Béatrice avait appris à connaître et à aimer les arts, et surtout la peinture. Ce n'est pas que la jeune veuve fût devenue bien savante sur ce sujet. Elle avait été à Rome et à Florence, et les chefs-d'œuvre de Michel-Ange ne lui avaient inspiré que de la curiosité. Romaine, elle n'eût aimé que Raphaël ; mais elle était fille de l'Adriatique, et elle préférait le Titien. Pendant que tout le monde s'occupait, autour d'elle, d'intrigues de cour ou des affaires de la république, elle ne s'inquiétait que de tableaux nouveaux et de ce qu'allait devenir son art favori après la mort du vieux Vecellio. Elle avait vu au palais Dolfin le tableau dont j'ai parlé au commencement de ce conte, le seul qu'eût fait le Tizianello, et qui avait péri dans un incendie. Après avoir admiré cette toile, elle avait rencontré Pippo chez la signora Dorothée, et elle s'était éprise pour lui d'un amour irrésistible.

La peinture, au siècle de Jules II et de Léon X, n'était pas un métier comme aujourd'hui ; c'était une religion pour les artistes, un goût éclairé chez les grands seigneurs, une gloire pour l'Italie et une passion pour les femmes. Lorsqu'un pape quittait le Vatican pour rendre visite à Buonarotti, la fille d'un noble vénitien pouvait sans honte aimer le Tizianello ; mais Béatrice avait conçu un projet qui élevait et enhardissait sa passion. Elle voulait faire de Pippo plus que son amant, elle voulait en faire un grand peintre. Elle connaissait la vie déréglée qu'il menait, et elle avait résolu de l'en arracher. Elle savait qu'en lui, malgré ses désordres, le feu sacré des arts n'était pas éteint, mais seulement couvert de cendre, et elle espérait que l'amour ranimerait la divine étincelle. Elle avait hésité une année entière, caressant en secret cette idée, rencontrant Pippo de temps en temps, regardant ses fenêtres quand elle passait sur le quai. Un caprice l'avait entraînée ; elle n'avait pu résister à la tentation de broder une bourse et de l'envoyer. Elle s'était promis, il est vrai, de ne pas aller plus loin et de ne jamais tenter davantage. Mais quand la signora Dorothée lui avait montré les vers que Pippo avait faits pour elle, elle avait versé des larmes de joie. Elle n'ignorait pas quel risque elle courait en essayant de réaliser son rêve ; mais c'était un rêve de femme, et elle s'était dit en sortant de chez elle : Ce que femme veut, Dieu le veut.

Conduite et soutenue par cette pensée, par son amour et par sa franchise, elle se sentait à l'abri de la crainte. En s'agenouillant devant Pippo, elle venait de faire sa première prière à l'Amour ; mais, après le sacrifice de sa fierté, le dieu impatient lui en demandait un autre. Elle n'hésita pas plus à devenir la maîtresse du Tizianello que si elle eût été sa femme. Elle ôta son voile, et le posa sur une statue de Vénus qui se trouvait dans la chambre ; puis, aussi belle et aussi pâle que la déesse de marbre, elle s'abandonna au destin.

Elle passa la journée chez Pippo, comme il avait été convenu. Au coucher du soleil, la gondole qui l'avait amenée vint la chercher. Elle sortit aussi secrètement qu'elle était entrée. Les domestiques avaient été écartés sous différents prétextes ; le portier seul restait dans la maison. Habitué à la manière de vivre de son maître, il ne s'étonna pas de voir une femme masquée traverser la galerie avec Pippo. Mais lorsqu'il vit la dame, auprès de la porte, relever la barbe de son masque, et Pippo lui donner un baiser d'adieu, il s'avança sans bruit et prêta l'oreille.

— Ne m'avais-tu jamais remarquée? demandait gaiement Béatrice.

— Si, répondit Pippo, mais je ne connaissais pas ton visage; toi-même, sois-en sûre, tu ne te doutes pas de ta beauté.

— Ni toi non plus; tu es beau comme le jour, mille fois plus que je ne le croyais. M'aimeras-tu?

— Oui, et longtemps.

— Et moi toujours.

Ils se séparèrent sur ces mots, et Pippo resta sur le pas de sa porte, suivant des yeux la gondole qui emportait Béatrice Donato.

VI

Quinze jours s'étaient écoulés, et Béatrice n'avait pas encore parlé du projet qu'elle avait conçu. A dire vrai, elle l'avait un peu oublié elle-même. Les premiers jours d'une liaison amoureuse ressemblent aux excursions des Espagnols, lors de la découverte du nouveau monde. En s'embarquant, ils promettaient à leur gouvernement de suivre des instructions précises, de rapporter des plans et de civiliser l'Amérique; mais, à peine arrivés, l'aspect d'un ciel inconnu, une forêt vierge, une mine d'or ou d'argent, leur faisaient perdre la mémoire. Pour courir après la nouveauté, ils oubliaient leurs promesses et l'Europe entière, mais il leur arrivait de découvrir un trésor : ainsi font quelquefois les amants.

Un autre motif excusait encore Béatrice. Pendant ces quinze jours, Pippo n'avait pas joué et n'était pas allé une seule fois chez la comtesse Orsini. C'était un commencement de sagesse; Béatrice, du moins, en jugeait ainsi, et je ne sais si elle avait tort ou raison. Pippo passait une moitié du jour près de sa maîtresse, et l'autre moitié à regarder la mer, en buvant du vin de

Samos dans un cabaret du Lido. Ses amis ne le voyaient plus ; il avait rompu toutes ses habitudes, et ne s'inquiétait ni du temps, ni de l'heure, ni de ses actions ; il s'enivrait en un mot du profond oubli de toutes choses que les premiers baisers d'une belle femme laissent toujours après eux ; et peut-on dire d'un homme, en pareil cas, s'il est sage ou fou ?

Pour me servir d'un mot qui dit tout, Pippo et Béatrice étaient faits l'un pour l'autre ; ils s'en étaient aperçus dès le premier jour, mais encore fallait-il le temps de s'en convaincre, et, pour cela, ce n'était pas trop d'un mois. Un mois se passa donc sans qu'il fût question de peinture. En revanche, il était beaucoup question d'amour, de musique sur l'eau et de promenades hors de la ville. Les grandes dames aiment quelquefois mieux une secrète partie de plaisir dans une auberge des faubourgs qu'un petit souper dans un boudoir. Béatrice était de cet avis, et elle préférait aux dîners mêmes du doge un poisson frais mangé en tête-à-tête avec Pippo sous les tonnelles de la Quintavalle. Après le repas, ils montaient en gondole, et s'en allaient voguer autour de l'île des Arméniens : c'est là, entre la ville et le Lido, entre le ciel et la mer, que je conseille au lecteur d'aller, par un beau clair de lune, faire l'amour à la vénitienne.

Au bout d'un mois, un jour que Béatrice était venue secrètement chez Pippo, elle le trouva plus joyeux que de coutume. Lorsqu'elle entra, il venait de déjeuner et se promenait en chantant; le soleil éclairait sa chambre et faisait reluire sur sa table une écuelle d'argent pleine de sequins. Il avait joué la veille, et gagné quinze cents piastres à ser Vespasiano. De cette somme il avait acheté un éventail chinois, des gants parfumés et une chaîne d'or faite à Venise et admirablement travaillée; il avait mis le tout dans un coffret de bois de cèdre incrusté de nacre, qu'il offrit à Béatrice.

Elle reçut d'abord ce cadeau avec joie; mais bientôt après, lorsqu'elle eut appris qu'il provenait d'argent gagné au jeu, elle ne voulut plus l'accepter. Au lieu de se joindre à la gaieté de Pippo, elle tomba dans la rêverie. Peut-être pensait-elle qu'il avait déjà moins d'amour pour elle, puisqu'il était retourné à ses anciens plaisirs. Quoi qu'il en fût, elle vit que le moment était venu de parler et d'essayer de le faire renoncer aux désordres dans lesquels il allait retomber.

Ce n'était pas une entreprise facile. Depuis un mois, elle avait déjà pu connaître le caractère de Pippo. Il était, il est vrai, d'une nonchalance extrême pour ce qui regarde les choses ordinaires de la vie, et il pratiquait le *far-niente* avec délices; mais, pour les choses plus importantes, il n'était pas aisé de le maîtriser, à cause de cette indolence même; car, dès qu'on voulait prendre de l'empire sur lui, au lieu de lutter et de disputer, il laissait dire les gens et n'en faisait pas moins à sa guise. Pour arriver à ses fins, Béatrice prit un détour et lui demanda s'il voulait faire son portrait.

Il y consentit sans peine ; le lendemain il acheta une toile, et fit apporter dans sa chambre un beau chevalet de chêne sculpté qui avait appartenu à son père. Béatrice arriva dès le matin, couverte d'une ample robe brune, dont elle se débarrassa lorsque Pippo fut prêt à se mettre à l'ouvrage. Elle parut alors devant lui dans un costume à peu près pareil à celui dont Pâris Bordone a revêtu sa Vénus couronnée. Ses cheveux, noués sur le front et entremêlés de perles, tombaient sur ses bras et sur ses épaules en longues mèches ondoyantes. Un collier de perles qui descendait jusqu'à la ceinture, fixé au milieu de sa poitrine par un fermoir d'or, suivait et dessinait les parfaits contours de son sein nu. Sa robe de taffetas changeant, bleu et rose, était relevée sur le genou par une agrafe de rubis, laissant à découvert une jambe polie comme le marbre. Elle portait en outre de riches bracelets et des mules de velours écarlate lacées d'or.

La Vénus de Bordone n'est pas autre chose, comme on sait, que le portrait d'une dame vénitienne ; et ce peintre, élève du Titien, avait une grande réputation en Italie. Mais Béatrice, qui connaissait peut-être le modèle du tableau, savait bien qu'elle était plus belle. Elle voulait exciter l'émulation de Pippo, et elle lui montrait ainsi qu'on pouvait surpasser le Bordone. — Par le sang de Diane ! s'écria le jeune homme lorsqu'il l'eut examinée quelque temps, la Vénus couronnée n'est qu'une écaillère de l'arsenal qui s'est déguisée en déesse ; mais voici la mère de l'Amour et la maîtresse du dieu des batailles !

Il est facile de croire que son premier soin, en voyant un si beau modèle, ne fut pas de se mettre à peindre. Béatrice craignit un instant d'être trop belle et d'avoir pris un mauvais moyen pour faire réussir ses projets de réforme. Cependant le portrait fut commencé, mais il était ébauché d'une main distraite. Pippo laissa par hasard tomber son pinceau ; Béatrice le ramassa, et en le rendant à son amant : — Le pinceau de ton père, lui dit-elle, tomba ainsi un jour de sa main ; Charles-Quint le ramassa et le lui rendit : je veux faire comme César, quoique je ne sois pas une impératrice.

Pippo avait toujours eu pour son père une affection et une admiration sans bornes, et il n'en parlait jamais qu'avec respect. Ce souvenir fit impression sur lui. Il se leva et ouvrit une armoire. — Voilà le pinceau dont vous me parlez, dit-il à Béatrice en le lui montrant ; mon pauvre père l'avait conservé comme une relique, depuis que le maître de la moitié du monde y avait touché.

— Vous souvenez-vous de cette scène, demanda Béatrice, et pourriez-vous m'en faire le récit ?

— C'était à Bologne, répondit Pippo. Il y avait eu une entrevue entre le pape et l'empereur ; il s'agissait du duché de Florence, ou, pour mieux dire, du sort de l'Italie. On avait vu le pape et Charles-Quint causer ensemble sur une terrasse, et pendant leur entretien la ville entière se taisait. Au bout d'une heure tout était décidé; un grand bruit d'hommes et de chevaux avait succédé au silence. On ignorait ce qui allait arriver, et on s'agitait pour le savoir; mais le plus profond mystère avait été ordonné; les habitants regardaient passer avec curiosité et avec terreur les moindres officiers des deux cours; on parlait d'un démembrement de l'Italie, d'exils et de principautés nouvelles. Mon père travaillait à un grand tableau, et il était au bout de l'échelle qui lui servait à peindre, lorsque des hallebardiers, leur pique à la main, ouvrirent la porte et se rangèrent contre le mur. Un page entra et cria à haute voix : César! Quelques minutes après, l'empereur parut, roide dans son pourpoint, et souriant dans sa barbe rousse. Mon père, surpris et charmé de cette visite inattendue, descendait aussi vite qu'il pouvait de son échelle ; il était vieux; en s'appuyant à la rampe, il laissa tomber son pinceau. Les assistants restaient immobiles, car la présence de l'empereur les avait changés en statues. Mon père était confus de sa lenteur et de sa maladresse, mais il craignait, en se hâtant, de se blesser; Charles-Quint fit quelques pas en avant, se courba lentement et ramassa le pinceau. — Le Titien, dit-il d'une voix claire et impérieuse, le Titien mérite bien d'être servi par César. Et avec une majesté vraiment sans égale, il rendit le pinceau à mon père, qui mit un genou en terre pour le recevoir.

Après ce récit, que Pippo n'avait pu faire sans émotion, Béatrice resta silencieuse pendant quelque temps ; elle baissait la tête et paraissait tellement distraite, qu'il lui demanda à quoi elle pensait.

— Je pense à une chose, répondit-elle. Charles-Quint est mort maintenant, et son fils est roi d'Espagne. Que dirait-on de Philippe II, si, au lieu de porter l'épée de son père, il la laissait se rouiller dans une armoire?

Pippo sourit, et quoiqu'il eût compris la pensée de Béatrice, il lui demanda ce qu'elle voulait dire par là.

— Je veux dire, répondit-elle, que toi aussi tu es l'héritier d'un roi, car le Bordone, le Moretto, le Romanino, sont de bons peintres ; le Tintoret et le Giorgione étaient des artistes ; mais le Titien était un roi ; et maintenant qui porte son sceptre?

— Mon frère Orazio, répondit Pippo, eût été un grand peintre s'il eût vécu.

— Sans doute, répliqua Béatrice, et voilà ce qu'on dira des fils du Titien : l'un aurait été grand s'il avait vécu, et l'autre s'il avait voulu.

— Crois-tu cela? dit en riant Pippo ; eh bien! on ajoutera donc : Mais il aima mieux aller en gondole avec Béatrice Donato.

Comme c'était une autre réponse que Béatrice avait espérée, elle fut un peu déconcertée. Elle ne perdit pourtant point courage, mais elle prit un ton plus sérieux.

— Ecoute-moi, dit-elle, et ne raille pas. Le seul tableau que tu aies fait a été admiré. Il n'y a personne qui n'en regrette la perte ; mais la vie que tu mènes est quelque chose de pire que l'incendie du palais Dolfin, car elle te consume toi-même. Tu ne penses qu'à te divertir, et tu ne réfléchis pas que ce qui est un égarement pour les autres est pour toi une honte. Le fils d'un marchand enrichi peut jouer aux dés, mais non le Tizianello. A quoi sert que tu en saches autant que nos plus vieux peintres, et que tu aies la jeunesse qui leur manque? Tu n'as qu'à essayer pour réussir et tu n'essayes pas. Tes amis te trompent, mais je remplis mon devoir en te disant que tu outrages la mémoire de ton père; et qui te le dirait, si ce n'est moi? Tant que tu seras riche, tu trouveras des gens qui t'aideront à te ruiner; tant que tu seras beau, les femmes t'aimeront; mais qu'arrivera-t-il si, pendant que tu es jeune, on ne te dit pas la vérité? Je suis votre maîtresse, mon cher seigneur, mais je veux être aussi votre amante. Plût à Dieu que vous fussiez né pauvre! Si vous m'aimez, il faut travailler. J'ai trouvé dans un quartier éloigné de la ville une petite maison retirée, où il n'y a qu'un étage. Nous la ferons meubler, si vous voulez, à notre goût, et nous en aurons deux clefs : l'une sera pour vous, et je garderai l'autre. Là, nous n'aurons peur de personne, et nous serons en liberté. Vous y ferez porter un chevalet; si vous me promettez d'y venir travailler seulement deux heures par jour, j'irai vous y voir tous les jours. Aurez-vous assez de patience pour cela? Si vous acceptez, dans un an d'ici vous ne m'aimerez probablement plus, mais vous aurez pris l'habitude du travail, et il y aura un grand nom de plus en Italie. Si vous refusez, je ne puis cesser de vous aimer, mais ce sera me dire que vous ne m'aimez pas.

Pendant que Béatrice parlait, elle était tremblante. Elle craignait d'offenser son amant, et cependant elle s'était imposé l'obligation de s'exprimer sans réserve; cette crainte et le désir de plaire faisaient étinceler ses yeux. Elle ne ressemblait plus à Vénus, mais à une Muse. Pippo ne lui répondit pas sur-le-champ; il la trouvait si belle ainsi, qu'il la laissa quelque temps dans l'inquiétude. A dire vrai, il avait moins écouté les remontrances que l'accent de la voix qui les prononçait; mais cette voix pénétrante l'avait charmé. Béatrice avait parlé de toute son âme, dans le plus pur toscan, avec la douceur vénitienne. Quand une vive ariette sort d'une belle bouche, nous ne faisons pas grande attention aux paroles; il est même quelquefois plus agréable de ne pas les entendre distinctement, et de nous laisser entraîner par la musique seule. Ce fut à peu près ce que fit Pippo. Sans songer à ce qu'on lui demandait, il s'approcha de Béatrice, lui donna un baiser sur le front, et lui dit :

— Tout ce que tu voudras, tu es belle comme un ange.

Il fut convenu qu'à partir de ce jour, Pippo travaillerait régulièrement. Béatrice voulut qu'il s'y engageât par écrit. Elle tira ses tablettes, et en y traçant quelques lignes avec une fierté amoureuse :

— Tu sais, dit-elle, que nous autres Lorédans, nous tenons des comptes fidèles*. Je t'inscris comme mon débiteur pour deux heures de travail par jour pendant un an ; signe, et paye-moi exactement, afin que je sache que tu m'aimes.

Pippo signa de bonne grâce. — Mais il est bien entendu, dit-il, que je commencerai par faire ton portrait.

Béatrice l'embrassa à son tour, et lui dit à l'oreille :
— Et moi aussi je ferai ton portrait, un beau portrait bien ressemblant, non pas inanimé, mais vivant.

---

*Lorsque Foscari fut jugé, Jacques Lorédan, fils de Pierre, croyait ou feignait de croire avoir à venger les pertes de sa famille. Dans ses livres de compte (car il faisait le commerce, comme, à cette époque, presque tous les patriciens), il avait inscrit de sa propre main le doge au nombre de ses débiteurs, « pour la mort, y était-il dit, de mon père et de mon oncle. » De l'autre côté du registre, il avait laissé une page en blanc, pour y faire mention du recouvrement de cette dette ; et en effet, après la perte du doge, il écrivit sur son registre : *l'ha pagata*, il l'a payée. (DARU, *Hist. de la République de Venise.*) (*Note de l'auteur.*)

VII

L'amour de Pippo et de Béatrice avait pu se comparer d'abord à une source qui s'échappe de terre; il ressemblait maintenant à un ruisseau qui s'infiltre peu à peu et se creuse un lit dans le sable. Si Pippo eût été noble, il eût certainement épousé Béatrice; car, à mesure qu'ils se connaissaient mieux, ils s'aimaient davantage; mais, quoique les Vecelli fussent d'une bonne famille de Cador en Frioul, une pareille union n'était pas possible. Non seulement les proches parents de Béatrice s'y seraient opposés, mais tout ce qui portait à Venise un nom patricien se serait indigné. Ceux qui toléraient le plus volontiers les intrigues d'amour, et qui ne trouvaient rien à redire à ce qu'une noble dame fût la maîtresse d'un peintre, n'eussent jamais pardonné à cette même femme si elle eût épousé son amant. Tels étaient les préjugés de cette époque, qui valait pourtant mieux que la nôtre.

La petite maison était meublée; Pippo tenait parole en y allant tous les jours. Dire qu'il travaillait, ce serait trop, mais il en faisait semblant, ou plutôt il croyait travailler. Béatrice, de son côté, tenait plus qu'elle n'avait promis, car elle arrivait toujours la première. Le portrait était ébauché; il avançait lentement, mais il était sur le chevalet, et, quoiqu'on n'y touchât pas la plupart du temps, il faisait du moins l'office de témoin, soit pour encourager l'amour, soit pour excuser la paresse.

Tous les matins, Béatrice envoyait à son amant un bouquet par sa négresse, afin qu'il s'accoutumât à se lever de bonne heure. — Un peintre doit être debout à l'aurore, disait-elle; la lumière du soleil est sa vie et le véritable élément de son art, puisqu'il ne peut rien faire sans elle.

Cet avertissement paraissait juste à Pippo, mais il en trouvait l'application difficile. Il lui arrivait de mettre le bouquet de la négresse dans le verre d'eau sucrée qu'il avait sur sa table de nuit, et de se rendormir. Quand, pour aller à la petite maison, il passait sous les fenêtres de la comtesse Orsini, il lui semblait que son argent s'agitait dans sa poche. Il rencontra un jour à la promenade ser Vespasiano, qui lui demanda pourquoi on ne le voyait plus.

— J'ai fait serment de ne plus tenir un cornet, répondit-il, et de ne plus toucher à une carte; mais, puisque vous voilà, jouons à croix ou pile l'argent que nous avons sur nous.

Ser Vespasiano, qui, bien qu'il fût vieux et notaire, n'en était pas moins le jeu incarné, n'eut garde de refuser cette proposition. Il jeta une piastre en l'air, perdit une trentaine de sequins et s'en fut très peu satisfait. — Quel dommage, pensa Pippo, de ne pas jouer dans ce moment-ci! je suis sûr que la bourse de Béatrice continuerait à me porter bonheur, et que je regagnerais en huit jours ce que j'ai perdu depuis deux ans.

C'était pourtant avec grand plaisir qu'il obéissait à sa maîtresse. Son petit atelier offrait l'aspect le plus gai et le plus tranquille. Il s'y trouvait comme dans un monde nouveau, dont cependant il avait mémoire, car sa toile et son chevalet lui rappelaient son enfance. Les choses qui nous ont été jadis familières nous le redeviennent aisément, et cette facilité, jointe au souvenir, nous les rend chères sans que nous sachions pourquoi. Lorsque Pippo prenait sa palette, et que, par une belle matinée, il y écrasait ses couleurs brillantes; puis quand il les regardait disposées en ordre et prêtes à se mêler sous sa main, il lui semblait entendre derrière lui la voix rude de son père lui crier comme autrefois : Allons, fainéant; à quoi rêves-tu? qu'on m'entame hardiment cette besogne! A ce souvenir, il tournait la tête; mais, au lieu du sévère visage du Titien, il voyait Béatrice les bras et le sein nus, le front couronné de perles, qui se préparait à poser devant lui, et qui lui disait en souriant : Quand il vous plaira, mon seigneur.

Il ne faut pas croire qu'il fût indifférent aux conseils qu'elle lui donnait, et elle ne les lui épargnait pas. Tantôt elle lui parlait des maîtres vénitiens, et de la place glorieuse qu'ils avaient conquise parmi les écoles d'Italie; tantôt, après lui avoir rappelé à quelle grandeur l'art s'était élevé, elle lui en montrait la décadence. Elle n'avait que trop raison sur ce sujet, car Venise faisait alors ce que venait de faire Florence : elle perdait non seulement sa gloire, mais le respect de sa gloire. Michel-Ange et le Titien avaient vécu tous deux près d'un siècle; après avoir enseigné les arts à leur patrie, ils avaient lutté contre le désordre aussi longtemps que le peut la force humaine; mais ces deux vieilles colonnes s'étaient enfin écroulées. Pour élever aux nues des novateurs obscurs, on oubliait les maîtres à peine ensevelis. Brescia, Crémone, ouvraient de nouvelles écoles, et les proclamaient supérieures aux anciennes. A Venise même, le fils d'un élève du Titien, usurpant le surnom donné à Pippo, se faisait appeler comme lui le Tizianello, et remplissait d'ouvrages du plus mauvais goût l'église patriarcale.

Quand même Pippo ne se fût pas soucié de la honte de sa patrie, il devait s'irriter de ce scandale. Lorsqu'on vantait devant lui un mauvais tableau, ou lorsqu'il trouvait dans quelque église une méchante toile au milieu des chefs-d'œuvre de son père, il éprouvait le même déplaisir qu'aurait pu ressentir un patricien en voyant le nom d'un bâtard inscrit sur le livre d'or. Béatrice comprenait ce déplaisir, et les femmes ont toutes plus ou moins un peu de l'instinct de Dalila : elles savent saisir à propos le secret des cheveux de Samson. Tout en respectant les noms consacrés, Béatrice avait soin de faire de temps en temps l'éloge de quelque peintre médiocre. Il ne lui était pas facile de se contredire ainsi elle-même, mais elle donnait à ces faux éloges, avec beaucoup d'habileté, un air de vraisemblance. Par ce moyen, elle parvenait souvent à exciter la mauvaise humeur de Pippo, et elle avait remarqué que, dans ces moments, il se mettait à l'ouvrage avec une vivacité extraordinaire. Il avait alors la hardiesse d'un maître, et l'impatience l'inspirait. Mais son caractère frivole reprenait bientôt le dessus, il jetait tout à coup son pinceau. — Allons boire un verre de vin de Chypre, disait-il, et ne parlons plus de ces sottises.

Un esprit aussi inconstant eût peut-être découragé une autre que Béatrice ; mais, puisque nous trouvons dans l'histoire le récit des haines les plus tenaces, il ne faut pas s'étonner que l'amour puisse donner de la persévérance. Béatrice était persuadée d'une chose vraie, c'est que l'habitude peut tout ; et voici d'où lui venait cette conviction. Elle avait vu son père, homme extrêmement riche et d'une faible santé, se livrer, dans sa vieillesse, aux plus grandes fatigues, aux calculs les plus arides, pour augmenter de quelques sequins son immense fortune. Elle l'avait souvent supplié de se ménager, mais il avait constamment fait la même réponse : que c'était une habitude prise dès l'enfance, qui lui était devenue nécessaire, et qu'il conserverait tant qu'il vivrait. Instruite par cet exemple, Béatrice ne voulait rien préjuger tant que Pippo ne se serait pas astreint à un travail régulier, et elle se disait que l'amour de la gloire est une noble convoitise qui doit être aussi forte que l'avarice.

En pensant ainsi, elle ne se trompait pas; mais la difficulté consistait en ceci, que, pour donner à Pippo une bonne habitude, il fallait lui en ôter une mauvaise. Or il y a de mauvaises herbes qui s'arrachent sans beaucoup d'efforts, mais le jeu n'est pas de celles-là; peut-être même est-ce la seule passion qui puisse résister à l'amour, car on a vu des ambitieux, des libertins et des dévots céder à la volonté d'une femme, mais bien rarement des joueurs, et la raison en est facile à dire. De même que le métal monnayé représente presque toutes les jouissances, le jeu résume presque toutes les émotions; chaque carte, chaque coup de dé entraîne la perte ou la possession d'un certain nombre de pièces d'or ou d'argent, et chacune de ces pièces est le signe d'une jouissance indéterminée. Celui qui gagne sent donc une multitude de désirs, et non seulement il s'y livre en liberté, mais il cherche à s'en créer de nouveaux, ayant la certitude de les satisfaire. De là le désespoir de celui qui perd, et qui se trouve tout à coup dans l'impossibilité d'agir, après avoir manié des sommes énormes. De telles épreuves, répétées souvent, épuisent et exaltent à la fois l'esprit, le jettent dans une sorte de vertige, et les sensations ordinaires sont trop faibles, elles se présentent d'une manière trop lente et trop successive, pour que le joueur, accoutumé à concentrer les siennes, puisse y prendre le moindre intérêt.

Heureusement pour Pippo, son père l'avait laissé trop riche pour que la perte ou le gain pussent exercer sur lui une influence aussi funeste. Le désœuvrement, plutôt que le vice, l'avait poussé; il était trop jeune, d'ailleurs, pour que le mal fût sans remède; l'inconstance même de ses goûts le prouvait; il n'était donc pas impossible qu'il se corrigeât, pourvu qu'on sût veiller attentivement sur lui. Cette nécessité n'avait pas échappé à Béatrice, et, sans s'inquiéter du soin de sa propre réputation, elle passait près de son amant presque toutes ses journées. D'autre part, pour que l'habitude n'engendrât pas la satiété, elle mettait en œuvre toutes les ressources de la coquetterie féminine; sa coiffure, sa parure, son langage même, variaient sans cesse, et, de peur que Pippo ne vînt à se dégoûter d'elle, elle changeait de robe tous les jours. Pippo s'apercevait de ces petits stratagèmes; mais il n'était pas si sot que de s'en fâcher; tout au contraire, car de son côté il en faisait autant; il changeait d'humeur et de façons autant de fois que de collerette. Mais il n'avait pas, pour cela, besoin de s'y étudier; le naturel y pourvoyait, et il disait quelquefois en riant : Un goujon est un petit poisson, et un caprice est une petite passion.

Vivant ainsi et aimant tous deux le plaisir, nos

amants s'entendaient à merveille. Une seule chose inquiétait Béatrice. Toutes les fois qu'elle parlait à Pippo des projets qu'elle formait pour l'avenir, il se contentait de répondre : Commençons par faire ton portrait.

— Je ne demande pas mieux, disait-elle, et il y a longtemps que cela est convenu. Mais que comptes-tu faire ensuite? Ce portrait ne peut être exposé en public, et il faut, dès qu'il sera fini, penser à te faire connaître. As-tu quelque sujet dans la tête? Sera-ce un tableau d'église ou d'histoire?

Quand elle lui adressait ces questions, il trouvait toujours moyen d'avoir quelque distraction qui l'empêchait d'entendre, comme, par exemple, de ramasser son mouchoir, de rajuster un bouton de son habit, ou toute autre bagatelle de même sorte. Elle avait commencé par croire que ce pouvait être un mystère d'artiste, et qu'il ne voulait pas rendre compte de ses plans; mais personne n'était moins mystérieux que lui, ni même plus confiant, du moins avec sa maîtresse, car il n'y a pas d'amour sans confiance. — Serait-il possible qu'il me trompât, se demandait Béatrice; que sa complaisance ne fût qu'un jeu, et qu'il n'eût pas l'intention de tenir sa parole?

Lorsque ce doute lui venait à l'esprit, elle prenait un air grave et presque hautain. — J'ai votre promesse, disait-elle; vous vous êtes engagé pour un an, et nous verrons si vous êtes homme d'honneur. Mais, avant qu'elle eût achevé sa phrase, Pippo l'embrassait tendrement. — Commençons par faire ton portrait, répétait-il. Puis il savait s'y prendre de façon à la faire parler d'autre chose.

On peut juger si elle avait hâte de voir ce portrait terminé. Au bout de six semaines, il le fut enfin. Lorsqu'elle posa pour la dernière séance, Béatrice était si joyeuse, qu'elle ne pouvait rester en place; elle allait et venait du tableau à son fauteuil, et elle se récriait à la fois d'admiration et de plaisir. Pippo travaillait lentement et secouait la tête de temps en temps; il fronça tout à coup le sourcil, et passa brusquement sur sa toile le linge qui lui servait à essuyer ses pinceaux. Béatrice courut à lui aussitôt, et elle vit qu'il avait effacé la bouche et les yeux. Elle en fut tellement consternée, qu'elle ne put retenir ses larmes; mais Pippo remit tranquillement ses couleurs dans sa boîte. — Le regard et le sourire, dit-il, sont deux choses difficiles à rendre; il faut être inspiré pour oser les peindre. Je ne me sens pas la main assez sûre; et je ne sais même pas si je l'aurai jamais.

Le portrait resta donc ainsi défiguré, et toutes les fois que Béatrice regardait cette tête sans bouche et sans yeux, elle sentait redoubler son inquiétude.

VIII

Le lecteur a pu remarquer que Pippo aimait les vins grecs. Or, quoique les vins d'Orient ne soient pas bavards, après un bon dîner il jasait volontiers au dessert. Béatrice ne manquait jamais de faire tomber la conversation sur la peinture ; mais, dès qu'il en était question, il arrivait de deux choses l'une : ou Pippo gardait le silence, et il avait alors un certain sourire que Béatrice n'aimait pas à voir sur ses lèvres ; ou il parlait des arts avec une indifférence et un dédain singuliers. Une pensée bizarre lui revenait surtout, la plupart du temps, dans ces entretiens.

— Il y aurait un beau tableau à faire, disait-il ; il représenterait le Campo-Vaccino à Rome, au soleil couchant. L'horizon est vaste, la place déserte. Sur le premier plan, des enfants jouent sur des ruines ; au second plan, on voit passer un jeune homme enveloppé d'un manteau ; son visage est pâle, ses traits délicats sont altérés par la souffrance ; il faut qu'en le voyant on devine qu'il va mourir. D'une main il tient une palette et des pinceaux, de l'autre il s'appuie sur une femme jeune et robuste, qui tourne la tête en souriant.

Afin d'expliquer cette scène, il faudrait mettre au bas la date du jour où elle se passe, le vendredi saint de l'année 1520.

Béatrice comprenait aisément le sens de cette espèce d'énigme. C'était le vendredi saint de l'année 1520 que Raphaël était mort à Rome, et, quoiqu'on eût essayé de démentir le bruit qui en avait couru, il était certain que ce grand homme avait expiré dans les bras de sa maîtresse. Le tableau que projetait Pippo eût donc représenté Raphaël peu d'instants avant sa fin; et une telle scène, en effet, traitée avec simplicité par un véritable artiste, eût pu être belle. Mais Béatrice savait à quoi s'en tenir sur ce projet supposé, et elle lisait dans les yeux de son amant ce qu'il lui donnait à entendre.

Tandis que tout le monde s'accordait, en Italie, à déplorer cette mort, Pippo avait coutume, au contraire, de la vanter, et il disait souvent que, malgré tout le génie de Raphaël, sa mort était plus belle que sa vie. Cette pensée révoltait Béatrice, sans qu'elle pût se défendre d'en sourire; c'était dire que l'amour vaut mieux que la gloire, et si une pareille idée peut être blâmée par une femme, elle ne peut du moins l'offenser. Si Pippo avait choisi un autre exemple, Béatrice aurait peut-être été de son avis. — Mais pourquoi, disait-elle, opposer l'une à l'autre deux choses qui sympathisent si bien? L'amour et la gloire sont le frère et la sœur : pourquoi veux-tu les désunir?

— On ne fait jamais bien deux choses à la fois, ajoutait Pippo. Tu ne conseillerais pas à un commerçant de faire des vers en même temps que ses calculs, ni à un poète d'auner de la toile pendant qu'il chercherait ses rimes. Pourquoi donc veux-tu me faire peindre pendant que je suis amoureux ?

Béatrice ne savait trop que répondre, car elle n'osait dire que l'amour n'est pas une occupation.

— Veux-tu donc mourir comme Raphaël? demandait-elle; et si tu le veux, que ne commences-tu par faire comme lui?

— C'est, au contraire, répondait Pippo, de peur de mourir comme Raphaël que je ne veux pas faire comme lui. Ou Raphaël a eu tort de devenir amoureux étant peintre, ou il a eu tort de se mettre à peindre étant amoureux. C'est pourquoi il est mort à trente-sept ans, d'une manière glorieuse, il est vrai; mais il n'y a pas de bonne manière de mourir. S'il eût fait seulement cinquante chefs-d'œuvre de moins, c'eût été un malheur pour le pape, qui aurait été obligé de faire décorer ses chapelles par un autre; mais la Fornarine en aurait eu cinquante baisers de plus, et Raphaël aurait évité l'odeur des couleurs à l'huile, qui est si nuisible à la santé.

— Feras-tu donc de moi une Fornarine? s'écriait alors Béatrice; si tu ne prends soin ni de ta gloire ni de ta vie, veux-tu me charger de t'ensevelir?

— Non, en vérité, répondait Pippo, en portant son

verre à ses lèvres ; si je pouvais te métamorphoser, je ferais de toi une Staphylé*.

Malgré le ton léger qu'il affectait, Pippo, en s'exprimant ainsi, ne plaisantait pas tant qu'on pourrait le croire. Il cachait même sous ses railleries une opinion raisonnable, et voici quel était le fond de sa pensée.

On a souvent parlé, dans l'histoire des arts, de la facilité avec laquelle de grands artistes exécutaient leurs ouvrages, et on en a cité qui savaient allier au travail le désordre et l'oisiveté même. Mais il n'y a pas de plus grande erreur que celle-là. Il n'est pas impossible qu'un peintre exercé, sûr de sa main et de sa réputation, réussisse à faire une belle esquisse au milieu des distractions et des plaisirs. Le Vinci peignit quelquefois, dit-on, tenant sa lyre d'une main ; mais le célèbre portrait de la Joconde resta quatre ans sur son chevalet. Malgré de rares tours de force, qui, en résultat, sont toujours trop vantés, il est certain que ce qui est véritablement beau est l'ouvrage du temps et du recueillement, et qu'il n'y a pas de vrai génie sans patience.

Pippo était convaincu de cette règle, et l'exemple de son père l'avait confirmé dans son opinion. En effet, il n'a peut-être jamais existé un peintre aussi hardi que le Titien, si ce n'est son élève Rubens ; mais si la main du Titien était vive, sa pensée était patiente. Pendant quatre-vingt-dix-neuf ans qu'il vécut, il s'occupa con-

---

* Nymphe dont Bacchus fut amoureux. Il la changea en grappe de raisin. *(Note de l'auteur.)*

stamment de son art. A ses débuts, il avait commencé par peindre avec une timidité minutieuse et une sècheresse qui faisaient ressembler ses ouvrages aux tableaux gothiques d'Albert Dürer. Ce ne fut qu'après de longs travaux qu'il osa obéir à son génie et laisser courir son pinceau; encore eut-il quelquefois à s'en repentir, et il arriva à Michel-Ange de dire, en voyant une toile du Titien, qu'il était fâcheux qu'à Venise on négligeât les principes du dessin.

Or, au moment où se passait ce que je raconte, une facilité déplorable, qui est toujours le premier signe de la décadence des arts, régnait à Venise. Pippo, soutenu par le nom qu'il portait, avec un peu d'audace et les études qu'il avait faites, pouvait aisément et promptement s'illustrer; mais c'était là précisément ce qu'il ne voulait pas. Il eût regardé comme une chose honteuse de profiter de l'ignorance du vulgaire; il se disait, avec raison, que le fils d'un architecte ne doit pas démolir ce qu'a bâti son père, et que, si le fils du Titien se faisait peintre, il était de son devoir de s'opposer à la décadence de la peinture.

Mais, pour entreprendre une pareille tâche, il lui fallait sans aucun doute y consacrer sa vie entière. Réussirait-il? C'était incertain. Un seul homme a bien peu de force, quand tout un siècle lutte contre lui; il est emporté par la multitude comme un nageur par un tourbillon. Qu'arriverait-il donc? Pippo ne s'aveuglait pas sur son propre compte; il prévoyait que le courage lui manquerait tôt ou tard, et que ses anciens plaisirs l'entraîneraient de nouveau; il courait donc la chance de faire un sacrifice inutile, soit que ce sacrifice fût entier, soit qu'il fût incomplet; et quel fruit en recueillerait-il? Il était jeune, riche, bien portant, et il avait une belle maîtresse; pour vivre heureux sans qu'on eût, après tout, de reproches à lui faire, il n'avait qu'à laisser le soleil se lever et se coucher. Fallait-il renoncer à tant de biens pour une gloire douteuse qui, probablement, lui échapperait?

C'était après y avoir mûrement réfléchi que Pippo avait pris le parti d'affecter une indifférence qui, peu à peu, lui était devenue naturelle. — Si j'étudie encore vingt ans, disait-il, et si j'essaye d'imiter mon père, je chanterai devant des sourds; si la force me manque, je déshonorerai mon nom. Et, avec sa gaieté habituelle, il concluait en s'écriant : Au diable la peinture ! la vie est trop courte.

Pendant qu'il disputait avec Béatrice, le portrait restait toujours inachevé. Pippo entra un jour, par hasard, dans le couvent des Servites. Sur un échafaud élevé dans une chapelle, il aperçut le fils de Marco Vecellio, celui-là même qui, comme je l'ai dit plus haut, se faisait appeler aussi le Tizianello. Ce jeune homme n'avait pour prendre ce nom aucun motif raisonnable, si ce n'est qu'il était parent éloigné du Titien, et qu'il s'appelait, de son nom de baptême, Tito, dont il avait fait Titien, et de Titien Tizianello, moyennant quoi les badauds de Venise le croyaient héritier du génie du grand peintre, et s'extasiaient devant ses fresques. Pippo ne s'était jamais guère inquiété de cette supercherie ridicule ; mais, en ce moment, soit qu'il lui fût désagréable de se trouver vis-à-vis de ce personnage, soit qu'il pensât à sa propre valeur plus sérieusement que d'ordinaire, il s'approcha de l'échafaud qui était soutenu par de petites poutres mal étayées : il donna un coup de pied sur une de ces poutres et la fit tomber. Fort heureusement l'échafaud ne tomba pas en même temps ; mais il vacilla de telle sorte que le soi-disant Tizianello chancela d'abord comme s'il eût été ivre, puis acheva de perdre l'équilibre au milieu de ses couleurs dont il fut bariolé de la plus étrange façon.

On peut juger, lorsqu'il se releva, de la colère où il était. Il descendit aussitôt de son échafaud, et s'avança vers Pippo en lui adressant des injures. Un prêtre se jeta entre eux pour les séparer au moment où ils allaient tirer l'épée dans le saint lieu ; les dévotes s'enfuirent épouvantées avec de grands signes de croix, tandis que les curieux s'empressèrent d'accourir. Tito criait à haute voix qu'un homme avait voulu l'assassiner, et qu'il demandait justice de ce crime ; la poutre renversée en témoignait. Les assistants commencèrent à murmurer, et l'un d'eux, plus hardi que les autres, voulut prendre Pippo au collet. Pippo, qui n'avait agi que par étourderie, et qui regardait cette scène en riant, se voyant sur le point d'être traîné en prison et s'entendant traiter d'assassin, se mit à son tour en colère. Après avoir rudement repoussé celui qui voulait l'arrêter, il s'élança sur Tito.

— C'est toi, s'écria-t-il en le saisissant, c'est toi qu'il faut prendre au collet et mener sur la place Saint-Marc pour y être pendu comme un voleur! Sais-tu à qui tu parles, emprunteur de noms? Je me nomme Pomponio Vecellio, fils du Titien. J'ai donné tout à l'heure un coup de pied dans ta baraque vermoulue; mais, si mon père eût été à ma place, sois sûr que, pour t'apprendre à te faire appeler le Tizianello, il t'aurait si bien secoué sur ton arbre que tu en serais tombé comme une pomme pourrie. Mais il n'en serait pas resté là. Pour te traiter comme tu le mérites, il t'aurait pris par l'oreille, insolent écolier, et il t'aurait ramené à l'atelier, dont tu t'es échappé avant de savoir dessiner une tête. De quel droit salis-tu les murs de ce couvent et signes-tu de mon nom tes misérables fresques? Va-t'en apprendre l'anatomie et copier des écorchés pendant dix ans, comme je l'ai fait, moi, chez mon père, et nous verrons ensuite qui tu es et si tu as une signature. Mais jusque-là ne t'avise plus de prendre celle qui m'appartient, sinon je te jette dans le canal, afin de te baptiser une fois pour toutes!

Pippo sortit de l'église sur ces mots. Dès que la foule avait entendu son nom, elle s'était aussitôt calmée; elle s'écarta pour lui ouvrir un passage, et le suivit avec curiosité. Il s'en fut à la petite maison, où il trouva Béatrice qui l'attendait. Sans perdre de temps à lui raconter son aventure, il prit sa palette, et, encore ému de colère, il se mit à travailler au portrait.

En moins d'une heure il l'acheva. Il y fit en même temps de grands changements ; il retrancha d'abord plusieurs détails trop minutieux ; il disposa plus librement les draperies, retoucha le fond et les accessoires, qui sont des parties très importantes dans la peinture vénitienne. Il en vint ensuite à la bouche et aux yeux, et il réussit, en quelques coups de pinceau, à leur donner une expression parfaite. Le regard était doux et fier ; les lèvres, au-dessus desquelles paraissait un léger duvet, étaient entr'ouvertes ; les dents brillaient comme des perles, et la parole semblait prête à sortir.

— Tu ne te nommeras pas Vénus couronnée, dit-il quand tout fut fini, mais Vénus amoureuse.

On devine la joie de Béatrice ; pendant que Pippo travaillait, elle avait à peine osé respirer ; elle l'embrassa et le remercia cent fois, et lui dit qu'à l'avenir elle ne voulait plus l'appeler Tizianello, mais Titien. Pendant le reste de la journée, elle ne parla que des beautés sans nombre qu'elle découvrait à chaque instant dans son portrait ; non seulement elle regrettait qu'il ne pût être exposé, mais elle était près de demander qu'il le fût. La soirée se passa à la Quintavalle, et jamais les deux amants n'avaient été plus gais ni plus heureux. Pippo montrait lui-même une joie d'enfant, et ce ne fut que le plus tard possible, après mille protestations d'amour, que Béatrice se décida à se séparer de lui pour quelques heures.

Elle ne dormit pas de la nuit; les plus riants projets, les plus douces espérances l'agitèrent. Elle voyait déjà ses rêves réalisés, son amant vanté et envié par toute l'Italie, et Venise lui devant une gloire nouvelle. Le lendemain, elle se rendit, comme d'ordinaire, la première au rendez-vous, et elle commença, en attendant Pippo, par regarder son cher portrait. Le fond de ce portrait était un paysage, et il y avait sur le premier plan une roche. Sur cette roche, Béatrice aperçut quelques lignes tracées avec du cinabre. Elle se pencha avec inquiétude pour les lire; en caractères gothiques très fins, était écrit le sonnet suivant :

> Béatrix Donato fut le doux nom de celle
> Dont la forme terrestre eut ce divin contour;
> Dans sa blanche poitrine était un cœur fidèle,
> Et dans son corps sans tache un esprit sans détour.
>
> Le fils du Titien, pour la rendre immortelle,
> Fit ce portrait, témoin d'un mutuel amour;
> Puis il cessa de peindre à compter de ce jour,
> Ne voulant de sa main illustrer d'autre qu'elle.
>
> Passant, qui que tu sois, si ton cœur sait aimer,
> Regarde ma maîtresse avant de me blâmer,
> Et dis si par hasard la tienne est aussi belle.
>
> Vois donc combien c'est peu que la gloire ici-bas,
> Puisque, tout beau qu'il est, ce portrait ne vaut pas,
> Crois-m'en sur ma parole, un baiser du modèle.

Quelque effort que Béatrice pût faire par la suite, elle n'obtint jamais de son amant qu'il travaillât de nouveau ; il fut inflexible à toutes ses prières, et, quand elle le pressait trop vivement, il lui récitait son sonnet. Il resta ainsi jusqu'à sa mort fidèle à sa paresse ; et Béatrice, dit-on, le fut à son amour. Ils vécurent longtemps comme deux époux, et il est à regretter que l'orgueil des Lorédans, blessé de cette liaison publique, ait détruit le portrait de Béatrice, comme le hasard avait détruit le premier tableau du Tizianello*.

* C'est aux recherches d'un amateur célèbre, M. Doglioni, qu'on doit de savoir que ce tableau a existé. (*Note de l'auteur.*)

FIN DU FILS DU TITIEN.

MARGOT

1838

MARGOT

I

Dans une grande et gothique maison, rue du Perche au Marais, habitait, en 1804, une vieille dame connue et aimée de tout le quartier; elle s'appelait madame Doradour. C'était une femme du temps passé, non pas de la cour, mais de la bonne bourgeoisie, riche, dévote, gaie et charitable. Elle menait une vie très retirée; sa seule occupation était de faire l'aumône et de jouer au boston avec ses voisins. On dînait chez elle à deux heures, on soupait à neuf. Elle ne sortait guère que pour aller à l'église et faire quelquefois, en revenant, un tour à la place Royale. Bref, elle avait conservé les mœurs et à peu près le costume de son temps, ne se souciant que médiocrement du nôtre, lisant ses heures plutôt que les journaux, laissant le monde aller son train, et ne pensant qu'à mourir en paix.

Comme elle était causeuse et même un peu bavarde, elle avait toujours eu, depuis vingt ans qu'elle était veuve, une demoiselle de compagnie. Cette demoiselle, qui ne la quittait jamais, était devenue pour elle une amie. On les voyait sans cesse toutes deux ensemble, à la messe, à la promenade, au coin du feu. Mademoiselle Ursule tenait les clefs de la cave, des armoires, et même du secrétaire. C'était une grande fille sèche, à tournure masculine, parlant du bout des lèvres, fort impérieuse et passablement acariâtre. Madame Doradour, qui n'était pas grande, se suspendait en babillant au bras de cette vilaine créature, l'appelait sa toute bonne, et se laissait mener à la lisière. Elle témoignait à sa favorite une confiance aveugle; elle lui avait assuré d'avance une large part dans son testament. Mademoiselle Ursule ne l'ignorait pas; aussi faisait-elle profession d'aimer sa maîtresse plus qu'elle-même, et n'en parlait-elle que les yeux au ciel avec des soupirs de reconnaissance.

Il va sans dire que mademoiselle Ursule était la véritable maîtresse au logis. Pendant que madame Doradour, enfoncée dans sa chaise longue, tricotait dans un coin de son salon, mademoiselle Ursule, affublée de ses clefs, traversait majestueusement les corridors, tapait les portes, payait les marchands et faisait damner les domestiques; mais dès qu'il était l'heure de dîner, et dès que la compagnie arrivait, elle apparaissait avec timidité, dans un vêtement foncé et modeste;

elle saluait avec componction, savait se tenir à l'écart
et abdiquer en apparence. A l'église, personne ne priait
plus dévotement qu'elle et ne baissait les yeux plus
bas; il arrivait à madame Doradour, dont la piété était
sincère, de s'endormir au milieu d'un sermon : mademoiselle Ursule lui poussait le coude, et le prédicateur
lui en savait gré. Madame Doradour avait des fermiers,
des locataires, des gens d'affaires; mademoiselle Ursule
vérifiait leurs comptes, et en matière de chicane elle
se montrait incomparable. Il n'y avait pas, grâce à
elle, un grain de poussière dans la maison; tout était
propre, net, frotté, brossé, les meubles en ordre, le
linge blanc, la vaisselle luisante, les pendules réglées,
tout cela était nécessaire à la gouvernante pour qu'elle
pût gronder à son aise et régner dans toute sa gloire.

Madame Doradour ne se dissimulait pas, à propre-
ment parler, les défauts de sa bonne amie, mais elle
n'avait su de sa vie distinguer en ce monde que le bien.
Le mal ne lui semblait jamais clair; elle l'endurait sans
le comprendre. L'habitude, d'ailleurs, pouvait tout sur
elle; il y avait vingt ans que mademoiselle Ursule lui
donnait le bras et qu'elles prenaient le matin leur café
ensemble. Quand sa protégée criait trop fort, madame
Doradour quittait son tricot, levait la tête et demandait
de sa petite voix flûtée : Qu'est-ce donc, ma toute
bonne? Mais la toute bonne ne daignait pas toujours
répondre, ou, si elle entrait en explication, elle s'y
prenait de telle sorte que madame Doradour revenait à

son tricot en fredonnant un petit air, pour n'en pas entendre davantage.

Il fut reconnu tout à coup, après une si longue confiance, que mademoiselle Ursule trompait tout le monde, à commencer par sa maîtresse; non seulement elle se faisait un revenu sur les dépenses qu'elle dirigeait, mais elle s'appropriait, par anticipation sur le testament, des hardes, du linge et jusqu'à des bijoux. Comme l'impunité l'enhardit, elle en était enfin venue jusqu'à dérober un écrin de diamants, dont, il est vrai, madame Doradour ne faisait aucun usage, mais qu'elle gardait avec respect dans un tiroir depuis un temps immémorial, en souvenir de ses appas perdus. Madame Doradour ne voulut point livrer aux tribunaux une femme qu'elle avait aimée; elle se borna à la renvoyer de chez elle, et refusa de la voir une dernière fois ; mais elle se trouva subitement dans une solitude si cruelle, qu'elle versa les larmes les plus amères. Malgré sa piété, elle ne put s'empêcher de maudire l'instabilité des choses d'ici-bas, et les impitoyables caprices du hasard, qui ne respecte pas même une vieille et douce erreur.

Un de ses bons voisins, nommé M. Després, étant venu la voir pour la consoler, elle lui demanda conseil.

— Que vais-je devenir à présent ? lui dit-elle. Je ne puis vivre seule; où trouverai-je une nouvelle amie ? Celle que je viens de perdre m'a été si chère et je m'y étais si habituée, que, malgré la triste façon dont elle m'en a récompensée, j'en suis au regret de ne l'avoir plus; qui me répondra d'une autre? Quelle confiance pourrais-je maintenant avoir pour une inconnue?

— Le malheur qui vous est arrivé, répondit M. Després, serait à jamais déplorable s'il faisait douter de la vertu une âme telle que la vôtre. Il y a dans ce monde des misérables et beaucoup d'hypocrites, mais il y a aussi d'honnêtes gens. Prenez une autre demoiselle de compagnie, non pas à la légère, mais sans y apporter non plus trop de scrupule. Votre confiance a été trompée une fois; c'est une raison pour qu'elle ne le soit pas une seconde.

— Je crois que vous dites vrai, répliqua madame Doradour; mais je suis bien triste et bien embarrassée. Je ne connais pas une âme à Paris; ne pourriez-vous me rendre le service de prendre quelques informations et de me trouver une honnête fille qui serait bien traitée ici, et qui servirait du moins à me donner le bras pour aller à Saint-François d'Assise?

M. Després, en sa qualité d'habitant du Marais, n'était ni fort ingambe ni fort répandu. Il se mit cependant en quête, et, quelques jours après, madame Doradour eut une nouvelle demoiselle, à laquelle, au bout de deux mois, elle avait donné toute son amitié, car elle était aussi légère qu'elle était bonne. Mais il fallut, au bout de deux ou trois mois, mettre la nouvelle venue à la porte, non comme malhonnête, mais comme peu honnête. Ce fut pour madame Doradour un second sujet de chagrin. Elle voulut faire un nouveau choix; elle eut recours à tout le voisinage, s'adressa même aux *Petites Affiches*, et ne fut pas plus heureuse.

Le découragement la prit; on vit alors cette bonne dame s'appuyer sur une canne et se rendre seule à l'église; elle avait résolu, disait-elle, d'achever ses jours sans l'aide de personne, et elle s'efforçait en public de porter gaiement sa tristesse et ses années; mais ses jambes tremblaient en montant l'escalier, car elle avait soixante-quinze ans; on la trouvait le soir auprès du feu, les mains jointes et la tête basse; elle ne pouvait supporter la solitude; sa santé, déjà faible, s'altéra bientôt; elle tombait peu à peu dans la mélancolie.

Elle avait un fils unique nommé Gaston, qui avait embrassé de bonne heure la carrière des armes, et qui en ce moment était en garnison. Elle lui écrivit pour lui conter sa peine et pour le prier de venir à son secours dans l'ennui où elle se trouvait. Gaston aimait tendrement sa mère : il demanda un congé et l'obtint; mais le lieu de sa garnison était, par malheur, la ville de Strasbourg, où se trouvent, comme on sait, en grande abondance les plus jolies grisettes de France. On ne voit que là de ces brunes allemandes, pleines à la fois de la langueur germanique et de la vivacité française. Gaston était dans les bonnes grâces de deux jolies marchandes de tabac, qui ne voulurent pas le laisser s'en aller; il tenta vainement de les persuader, il alla même jusqu'à leur montrer la lettre de sa mère; elles lui donnèrent tant de mauvaises raisons, qu'il s'en laissa convaincre, et retarda de jour en jour son départ.

Madame Doradour, pendant ce temps-là, tomba sérieusement malade. Elle était née si gaie, et le chagrin lui était si peu naturel, qu'il ne pouvait être pour elle qu'une maladie. Les médecins n'y savaient que faire.
— Laissez-moi, disait-elle; je veux mourir seule. Puisque tout ce que j'aimais m'a abandonnée, pourquoi tiendrais-je à un reste de vie auquel personne ne s'intéresse?

La plus profonde tristesse régnait dans la maison, et en même temps le plus grand désordre. Les domestiques, voyant leur maîtresse moribonde, et sachant son testament fait, commençaient à la négliger. L'appartement, jadis si bien entretenu, les meubles si bien rangés étaient couverts de poussière. — O ma chère Ursule! s'écriait madame Doradour, ma toute bonne, où êtes-vous? Vous me chasseriez ces marauds-là!

Un jour qu'elle était au plus mal, on la vit avec étonnement se redresser tout à coup sur son séant, écarter ses rideaux et mettre ses lunettes. Elle tenait à la main une lettre qu'on venait de lui apporter et qu'elle déplia avec grand soin. Au haut de la feuille était une belle vignette représentant le temple de l'Amitié avec un autel au milieu et deux cœurs enflammés sur l'autel. La lettre était écrite en grosse bâtarde, les mots parfaitement alignés, avec de grands traits de plume aux queues des majuscules. C'était un compliment de bonne année, à peu près conçu en ces termes :

« Madame et chère marraine,

« C'est pour vous la souhaiter bonne et heureuse que je prends la plume pour toute la famille, étant la seule qui sache écrire chez nous. Papa, maman et mes frères vous la souhaitent de même. Nous avons appris que vous étiez malade, et nous prions Dieu qu'il vous conserve, ce qui arrivera sûrement. Je prends la liberté de vous envoyer ci-jointes des rillettes, et je suis avec bien du respect et de l'attachement,

« Votre filleule et servante,
« Marguerite Piédeleu. »

Après avoir lu cette lettre, madame Doradour la mit sous son chevet ; elle fit aussitôt appeler M. Després, et elle lui dicta sa réponse. Personne, dans la maison, n'en eut connaissance ; mais, dès que cette réponse fut partie, la malade se montra plus tranquille, et peu de jours après on la trouva aussi gaie et aussi bien portante qu'elle l'avait jamais été.

II

Le bonhomme Piédeleu était Beauceron, c'est-à-dire natif de la Beauce, où il avait passé sa vie et où il comptait bien mourir. C'était un vieux et honnête fermier de la terre de la Honville, près de Chartres, terre qui appartenait à madame Doradour. Il n'avait vu de ses jours ni une forêt ni une montagne, car il n'avait jamais quitté sa ferme que pour aller à la ville ou aux environs, et la Beauce, comme on sait, n'est qu'une plaine. Il avait vu, il est vrai, une rivière, l'Eure, qui coulait près de sa maison. Pour ce qui est de la mer, il y croyait comme au paradis, c'est-à-dire qu'il pensait qu'il fallait y aller voir; aussi ne trouvait-il en ce monde que trois choses dignes d'admiration, le clocher de Chartres, une belle fille et un beau champ de blé. Son érudition se bornait à savoir qu'il fait chaud en été, froid en hiver, et le prix des grains au dernier marché. Mais quand, par le soleil de midi, à l'heure où les laboureurs se reposent, le bonhomme sortait de la basse-cour pour dire bonjour à ses moissons, il faisait bon voir sa haute taille et ses larges épaules se dessiner sur l'horizon. Il semblait alors que les blés se tinssent plus droits et plus fiers que de coutume, que le soc des charrues fût plus étincelant. A sa vue, ses garçons de ferme, couchés à l'ombre et en train de dîner, se découvraient respectueusement tout en avalant leurs belles tranches de pain et de fromage. Les bœufs ruminaient en bonne contenance, les chevaux se redressaient sous la main du maître qui frappait leur croupe rebondie. — Notre pays est le grenier de la France, disait quelquefois le bonhomme ; puis il penchait la tête en marchant, regardait ses sillons bien alignés, et se perdait dans cette contemplation.

Madame Piédeleu, sa femme, lui avait donné neuf enfants, dont huit garçons, et, si tous les huit n'avaient pas six pieds de haut, il ne s'en fallait guère. Il est vrai que c'était la taille du bonhomme, et la mère avait ses cinq pieds cinq pouces ; c'était la plus belle femme du pays. Les huit garçons, forts comme des taureaux, terreur et admiration du village, obéissaient en esclaves à leur père. Ils étaient, pour ainsi dire, les premiers et les plus zélés de ses domestiques, faisant tour à tour le métier de charretiers, de laboureurs, de batteurs en grange. C'était un beau spectacle que ces huit gaillards, soit qu'on les vît, les manches retroussées, la fourche au poing, dresser une meule, soit qu'on les rencontrât le dimanche allant à la messe bras dessus bras dessous, leur père marchant à leur tête ; soit enfin que le soir, après le travail, on les vît, assis autour de la longue table de la cuisine, deviser en mangeant la soupe et choquer en trinquant leurs grands gobelets d'étain.

Au milieu de cette famille de géants était venue au monde une petite créature, pleine de santé, mais toute mignonne; c'était le neuvième enfant de madame Piédeleu, Marguerite, qu'on appelait Margot. Sa tête ne venait pas au coude de ses frères, et, quand son père l'embrassait, il ne manquait jamais de l'enlever de terre et de la poser sur la table. La petite Margot n'avait pas seize ans; son nez retroussé, sa bouche bien fendue, bien garnie et toujours riante, son teint doré par le soleil, ses bras potelés, sa taille rondelette, lui donnaient l'air de la gaieté même ; aussi faisait-elle la joie de la famille. Assise au milieu de ses frères, elle brillait et réjouissait la vue, comme un bluet dans un bouquet de blé. — Je ne sais, ma foi, disait le bonhomme, comment ma femme s'y est prise pour me faire cet enfant-là : c'est un cadeau de la Providence; mais toujours est-il que ce brin de fillette me fera rire toute ma vie.

Margot dirigeait le ménage; la mère Piédeleu, bien qu'elle fût encore verte, lui en avait laissé le soin, afin de l'habituer de bonne heure à l'ordre et à l'économie. Margot serrait le linge et le vin, avait la haute main sur la vaisselle, qu'elle ne daignait pas laver; mais elle mettait le couvert, versait à boire et chantait la chanson au dessert. Les servantes de la maison ne l'appelaient que mademoiselle Marguerite, car elle avait un certain quant-à-soi. Du reste, comme disent les bonnes gens, elle était sage comme une image. Je ne veux pas dire qu'elle ne fût pas coquette; elle était jeune, jolie et fille d'Ève. Mais il ne fallait pas qu'un garçon, même des plus huppés de l'endroit, s'avisât de lui serrer la taille trop fort; il ne s'en serait pas bien trouvé : le fils d'un fermier, nommé Jarry, qui était ce qu'on appelle un *mauvais gas*, l'ayant embrassée un jour à la danse, avait été payé d'un bon soufflet.

M. le curé professait pour Margot la plus haute estime. Quand il avait un exemple à citer, c'était elle qu'il choisissait. Il lui fit même un jour l'honneur de parler d'elle en plein sermon et de la donner pour modèle à ses ouailles. Si le progrès des lumières, comme on dit, n'avait pas fait supprimer les rosières, cette vieille et honnête coutume de nos aïeux, Margot eût porté les roses blanches, ce qui eût mieux valu qu'un sermon; mais ces messieurs de 89 ont supprimé bien autre chose. Margot savait coudre et même broder; son père avait voulu, en outre, qu'elle sût lire et écrire, et qu'elle apprît l'orthographe, un peu de grammaire et de géographie. Une religieuse carmélite s'était chargée de son éducation. Aussi Margot était-elle l'oracle de l'endroit; dès qu'elle ouvrait la bouche, les paysans s'ébahissaient. Elle leur disait que la terre était ronde, et ils l'en croyaient sur parole. On faisait cercle autour d'elle, le dimanche, lorsqu'elle dansait sur la pelouse; car elle avait eu un maître de danse, et son *pas de bourrée* émerveillait tout le monde. En un mot, elle trouvait moyen d'être en même temps aimée et admirée, ce qui peut passer pour difficile.

Le lecteur sait déjà que Margot était filleule de madame Doradour, et que c'était elle qui lui avait écrit, sur un beau papier à vignettes, un compliment de bonne année. Cette lettre, qui n'avait pas dix lignes, avait coûté à la petite fermière bien des réflexions et bien de la peine, car elle n'était pas forte en littérature. Quoi qu'il en soit, madame Doradour, qui avait toujours beaucoup aimé Margot, et qui la connaissait pour la plus honnête fille du pays, avait résolu de la demander à son père, et d'en faire, s'il se pouvait, sa demoiselle de compagnie.

Le bonhomme était un soir dans sa cour, fort occupé à regarder une roue neuve qu'on venait de remettre à une de ses charrettes. La mère Piédeleu, debout sous le hangar, tenait gravement avec une grosse pince le nez d'un taureau ombrageux, pour l'empêcher de remuer pendant que le vétérinaire le pansait. Les garçons de ferme bouchonnaient les chevaux qui revenaient de l'abreuvoir. Les bestiaux commençaient à rentrer; une majestueuse procession de vaches se dirigeait vers l'étable au soleil couchant, et Margot, assise sur une botte de trèfle, lisait un vieux numéro du *Journal de l'Empire*, que le curé lui avait prêté*.

---

* Ce paragraphe est la description exacte d'un intérieur de ferme que l'auteur avait vu, en 1818, à l'âge de sept ans, et dont le tableau s'était gravé dans sa mémoire.

Le curé lui-même parut en ce moment, s'approcha du bonhomme et lui remit une lettre de la part de madame Doradour. Le bonhomme ouvrit la lettre avec respect; mais il n'en eut pas plus tôt lu les premières lignes, qu'il fut obligé de s'asseoir sur un banc, tant il était ému et surpris. — Me demander ma fille! s'écria-t-il, ma fille unique, ma pauvre Margot!

A ces mots, madame Piédeleu épouvantée accourut; les garçons, qui revenaient des champs, s'assemblèrent autour de leur père; Margot seule resta à l'écart, n'osant bouger ni respirer. Après les premières exclamations, toute la famille garda un morne silence.

Le curé commença alors à parler et à énumérer tous les avantages que Margot trouverait à accepter la proposition de sa marraine. Madame Doradour avait rendu de grands services aux Piédeleu, elle était leur bienfaitrice; elle avait besoin de quelqu'un qui lui rendît la vie agréable, qui prît soin d'elle et de sa maison; elle s'adressait avec confiance à ses fermiers; elle ne manquerait pas de bien traiter sa filleule et d'assurer son avenir. Le bonhomme écouta le curé sans mot dire, puis il demanda quelques jours pour réfléchir avant de prendre une détermination.

Ce ne fut qu'au bout d'une semaine, après bien des hésitations et bien des larmes, qu'il fut résolu que Margot se mettrait en route pour Paris. La mère était inconsolable; elle disait qu'il était honteux de faire de sa fille une servante, lorsqu'elle n'avait qu'à choisir parmi les plus beaux garçons du pays pour devenir une riche fermière. Les fils Piédeleu, pour la première fois de leur vie, ne pouvaient réussir à se mettre d'accord; ils se querellaient toute la journée, les uns consentant, les autres refusant; enfin, c'était un désordre et un chagrin inouïs dans la maison. Mais le bonhomme se souvenait que, dans une mauvaise année, madame Doradour, au lieu de lui demander son terme, lui avait envoyé un sac d'écus; il imposa silence à tout le monde, et décida que sa fille partirait.

Le jour du départ arrivé, on mit un cheval à la carriole, afin de mener Margot à Chartres, où elle devait prendre la diligence. Personne n'alla aux champs ce jour-là; presque tout le village se rassembla dans la cour de la ferme. On avait fait à Margot un trousseau complet; le dedans, le derrière et le dessus de la carriole étaient encombrés de boîtes et de cartons : les Piédeleu n'entendaient pas que leur fille fît mauvaise figure à Paris. Margot avait fait ses adieux à tout le monde, et allait embrasser son père, lorsque le curé la prit par la main et lui fit une allocution paternelle sur son voyage, sur la vie future et sur les dangers qu'elle allait courir. — Conservez votre sagesse, jeune fille, s'écria le digne homme en terminant, c'est le plus précieux des trésors; veillez sur lui, Dieu fera le reste.

Le bonhomme Piédeleu était ému jusqu'aux larmes, quoiqu'il n'eût pas tout compris clairement dans le discours du curé. Il serra sa fille sur son cœur, l'embrassa, la quitta, revint à elle et l'embrassa encore; il voulait parler, et son trouble l'en empêchait.—Retiens bien les conseils de M. le curé, dit-il enfin d'une voix altérée; retiens-les bien, ma pauvre enfant... Puis il ajouta brusquement : Mille pipes de diables! n'y manque pas.

Le curé, qui étendait les mains pour donner à Margot sa bénédiction, s'arrêta court à ce gros mot. C'était pour vaincre son émotion que le bonhomme avait juré; il tourna le dos au curé et rentra chez lui sans en dire davantage.

Margot grimpa dans la carriole, et le cheval allait partir, lorsqu'on entendit un si gros sanglot que tout le monde se retourna. On aperçut alors un petit garçon de quatorze ans à peu près, auquel on n'avait pas fait attention. Il s'appelait Pierrot, et son métier n'était pas bien noble, car il était gardeur de dindons; mais il aimait passionnément Margot, non pas d'amour, mais d'amitié. Margot aimait aussi ce pauvre petit diable; elle lui avait donné maintes fois une poignée de cerises ou une grappe de raisin pour accompagner son pain sec. Comme il ne manquait pas d'intelligence, elle se plaisait à le faire causer et à lui apprendre le peu qu'elle savait, et comme ils étaient tous deux presque du même âge, il était souvent arrivé que, la leçon finie, la maîtresse et l'écolier avaient joué ensemble à cligne-musette. En ce moment, Pierrot portait une paire de sabots que Margot lui avait donnée, ayant pitié de le voir marcher pieds nus. Debout dans un coin de la cour, entouré de son modeste troupeau, Pierrot regardait ses sabots et pleurait de tout son cœur. Margot lui fit signe d'approcher et lui tendit sa main : il la prit et la porta à son visage, comme s'il eût voulu la baiser, mais il la posa sur ses yeux; Margot la retira toute baignée de larmes. Elle dit une dernière fois adieu à sa mère, et la carriole se mit en marche.

III

Lorsque Margot monta en diligence à Chartres, l'idée de faire vingt lieues et de voir Paris la bouleversait à tel point qu'elle en avait perdu le boire et le manger. Toute désolée qu'elle était de quitter son pays, elle ne pouvait s'empêcher d'être curieuse, et elle avait si souvent entendu parler de Paris comme d'une merveille, qu'elle avait peine à s'imaginer qu'elle allait voir de ses yeux une si belle ville. Parmi ses compagnons de route se trouva un commis voyageur, qui, selon les habitudes du métier, ne manqua pas de bavarder. Margot l'écoutait faire ses contes avec une attention religieuse. Au peu de questions qu'elle hasarda, il vit combien elle était novice, et, renchérissant sur lui-même, il fit de la capitale un portrait si extravagant et si ampoulé, qu'on n'aurait su, à l'entendre, s'il s'agissait de Paris ou de Pékin. Margot n'avait garde de le reprendre, et, pour lui, il n'était pas homme à s'arrêter à la pensée qu'au premier pas qu'elle ferait elle verrait qu'il avait menti. C'est en quoi on ne peut trop admirer le suprême attrait de la forfanterie. Je me souviens qu'allant en Italie, il m'en arriva autant qu'à

Margot : un de mes compagnons de voyage me fit une description de Gênes, que j'allais voir ; il mentait sur le bateau qui nous y conduisait, il mentait en vue de la ville, et il mentait encore dans le port.

Les voitures qui viennent de Chartres entrent à Paris par les Champs-Élysées. Je laisse à penser l'admiration d'une Beauceronne à l'aspect de cette magnifique entrée qui n'a pas sa pareille au monde, et qu'on dirait faite pour recevoir un héros triomphant, maître du reste de l'univers. Les tranquilles et étroites rues du Marais parurent ensuite bien tristes à Margot. Cependant, quand son fiacre s'arrêta devant la porte de madame Doradour, la belle apparence de la maison l'enchanta. Elle souleva le marteau d'une main tremblante, et frappa avec une crainte mêlée de plaisir. Madame Doradour attendait sa filleule ; elle la reçut à bras ouverts, lui fit mille caresses, l'appela sa fille, l'installa dans une bergère, et lui fit d'abord donner à souper.

Étourdie du bruit de la route, Margot regardait les tapisseries, les lambris et les meubles dorés, mais surtout les belles glaces qui décoraient le salon. Elle qui ne s'était jamais coiffée que dans le miroir à barbe de son père, il lui semblait charmant et prodigieux de voir son image répétée autour d'elle de tant de manières différentes. Le ton délicat et poli de sa marraine, ses expressions nobles et réservées, lui faisaient aussi une grande impression. Le costume même de la bonne dame, son ample robe de pou-de-soie à fleurs, son grand bonnet et ses cheveux poudrés donnaient à penser à Margot et lui faisaient voir qu'elle se trouvait en face d'un être particulier. Comme elle avait l'esprit prompt et facile, et, en même temps, ce penchant à l'imitation qui est naturel aux enfants, elle n'eut pas plus tôt causé une heure avec madame Doradour, qu'elle essaya de se modeler sur elle. Elle se redressa, rajusta sa cornette, et appela à son secours tout ce qu'elle savait de grammaire. Malheureusement un peu de fort bon vin que sa marraine lui avait fait boire pur, pour réparer la fatigue du voyage, avait embrouillé ses idées; ses paupières se fermaient. Madame Doradour la prit par la main et la conduisit dans une belle chambre; après quoi, l'ayant embrassée de nouveau, elle lui souhaita une bonne nuit et se retira.

Presque aussitôt on frappa à la porte; une femme de chambre entra, débarrassa Margot de son châle et de son bonnet, et se mit à genoux pour la déchausser. Margot dormait tout debout et se laissait faire. Ce ne fut que lorsqu'on lui ôta sa chemise qu'elle s'aperçut qu'on la déshabillait, et, sans réfléchir qu'elle était toute nue, elle fit un grand salut à sa femme de chambre; elle expédia ensuite sa prière du soir, et se mit promptement au lit. A la lueur de sa veilleuse, elle vit que sa chambre avait aussi des meubles dorés, et qu'il s'y trouvait une de ces magnifiques glaces qui lui tenaient si fort au cœur. Au-dessus de cette glace était un trumeau, et les petits amours qui y étaient sculptés lui parurent autant de bons génies qui l'invitaient à se mirer. Elle se promit bien de n'y pas manquer, et, bercée par les plus doux songes, elle s'endormit délicieusement.

On se lève de bonne heure aux champs; notre petite campagnarde s'éveilla le lendemain avec les oiseaux. Elle se mit sur son séant, et, apercevant dans sa chère glace son joli minois chiffonné, elle s'honora d'un gracieux sourire. La femme de chambre reparut bientôt, et demanda respectueusement si mademoiselle voulait prendre un bain. En même temps, elle lui posa sur les épaules une robe de flanelle écarlate, qui parut à Margot la pourpre d'un roi.

La salle de bain de madame Doradour était un réduit plus mondain qu'il n'appartient à un bain de dévote; elle avait été construite sous Louis XV. La baignoire, exhaussée sur une estrade, était placée dans un cintre de stuc encadré de roses dorées, et les inévitables amours foisonnaient autour du plafond. Sur le panneau opposé à l'estrade, on voyait une copie des Baigneuses de Boucher, copie faite peut-être par Boucher lui-même. Une guirlande de fleurs se jouait sur le lambris; un tapis moelleux couvrait le parquet, et un rideau de soie, galamment retroussé, laissait pénétrer, à travers la persienne, un demi-jour mystérieux. Il va sans dire que tout ce luxe était un peu fané par le temps, et que les dorures avaient vieilli; mais, par cette raison même, on s'y plaisait mieux, et on y sentait comme un reste de parfum de ces soixante années de folie où régna le roi bien-aimé.

Margot, seule dans cette salle, s'approcha timidement de l'estrade. Elle examina d'abord les griffons dorés placés de chaque côté de la baignoire ; elle n'osait entrer dans l'eau, qui lui semblait devoir, pour le moins, être de l'eau de rose ; elle y fourra doucement une jambe, puis l'autre, puis elle resta debout en contemplation devant le panneau. Elle n'était pas connaisseuse en peinture ; les nymphes de Boucher lui parurent des déesses ; elle n'imaginait pas que de pareilles femmes pussent exister sur la terre, qu'on pût manger avec des mains si blanches, ni marcher avec de si petits pieds. Que n'eût-elle pas donné pour être aussi belle ! Elle ne se doutait pas qu'avec ses mains hâlées elle valait cent fois mieux que ces poupées. Un léger mouvement du rideau la tira de sa distraction ; elle frémit à l'idée d'être surprise ainsi, et se plongea dans l'eau jusqu'au cou.

Un sentiment de mollesse et de bien-être ne tarda pas à s'emparer d'elle. Elle commença, comme font les enfants, par jouer dans l'eau avec le coin de son peignoir ; elle s'amusa ensuite à compter les fleurs et les rosaces de la chambre ; puis elle examina les petits amours, mais leurs gros ventres lui déplaisaient. Elle appuya sa tête sur le bord de la baignoire, et regarda par la fenêtre entr'ouverte.

La salle de bain était au rez-de-chaussée, et la fenêtre

donnait sur le jardin. Ce n'était pas, comme on le pense bien, un jardin anglais, mais un antique jardin à la mode française, qui en vaut bien une autre. De belles allées sablées bordées de buis, de grands parterres brillant de couleurs bien assorties, de jolies statues d'espace en espace, et, dans le fond, un labyrinthe en charmille. Margot regardait le labyrinthe, dont la sombre entrée la faisait rêver. La cligne-musette lui revenait en mémoire, et elle pensait que dans les détours de la charmille il devait y avoir de bonnes cachettes.

Un beau jeune homme en costume de hussard sortit en ce moment du labyrinthe, et se dirigea vers la maison. Après avoir traversé le parterre, il passa si près de la fenêtre de la salle de bain, que son coude ébranla la persienne. Margot ne put retenir un léger cri que la frayeur lui arracha; le jeune homme s'arrêta, ouvrit la persienne, et avança la tête; il aperçut Margot dans son bain, et, quoique hussard, il rougit. Margot rougit aussi, et le jeune homme s'éloigna.

IV

Il y a sous le soleil une chose fâcheuse pour tout le monde, et particulièrement pour les petites filles : c'est que la sagesse est un travail, et que, pour être seulement raisonnable, il faut se donner beaucoup de mal, tandis que, pour faire des sottises, il n'y a qu'à se laisser aller. Homère nous apprend que Sisyphe était le plus sage des mortels; cependant les poètes le condamnent unanimement à rouler une grosse roche au haut d'une montagne, d'où elle retombe aussitôt sur ce pauvre homme, qui recommence à la rouler. Les commentateurs se sont épuisés à chercher la raison de ce supplice; quant à moi, je ne doute pas que, par cette belle allégorie, les anciens n'aient voulu représenter la sagesse. La sagesse est, en effet, une grosse pierre que nous roulons sans désemparer, et qui nous retombe sans cesse sur la tête. Notez que, le jour où elle nous échappe, il ne nous est tenu aucun compte de l'avoir roulée pendant nombre d'années, tandis qu'au contraire, si un fou vient à faire, par hasard, une action raisonnable, on lui en sait un gré infini. La folie est bien loin d'être une pierre; c'est une bulle de savon qui s'en va dansant devant nous, et se colorant, comme l'arc-en-ciel, de toutes les nuances de la création. Il arrive, il est vrai, que la bulle crève et nous envoie quelques gouttes d'eau dans les yeux ; mais aussitôt il s'en forme une nouvelle, et pour la maintenir en l'air nous n'avons besoin que de respirer.

Par ces réflexions philosophiques, je veux montrer qu'il n'est pas étonnant que Margot fût un peu amoureuse du jeune garçon qui l'avait aperçue dans son bain, et je veux dire aussi que pour cela on ne doit pas prendre mauvaise opinion d'elle. Lorsque l'amour se mêle de nos affaires, il n'a pas grand besoin qu'on l'aide, et on sait que lui fermer la porte n'est pas le moyen de l'empêcher d'entrer ; mais il entra ici par la croisée, et voici comment :

Ce jeune garçon en habit de hussard n'était pas autre que Gaston, fils de madame Doradour, qui s'était arraché, non sans peine, aux amourettes de sa garnison, et qui venait d'arriver chez sa mère. Le ciel voulut que la chambre où logeait Margot fût à l'angle de la maison, et que celle du jeune homme y fût aussi, c'est-à-dire que leurs deux croisées étaient presque en face l'une de l'autre, et en même temps fort rapprochées. Margot dînait avec madame Doradour, et passait près d'elle l'après-midi, jusqu'au souper ; mais de sept heures du matin jusqu'à midi, elle restait dans sa chambre. Or Gaston, la plupart du temps, était dans la sienne à cette heure-là. Margot n'avait donc rien de mieux à faire que de coudre près de la croisée et de regarder son voisin.

Le voisinage a, de tout temps, causé de grands malheurs ; il n'y a rien de si dangereux qu'une jolie voisine ; fût-elle laide, je ne m'y fierais pas, car à force de la voir sans cesse, il arrive tôt ou tard un jour où l'on finit par la trouver jolie. Gaston avait un petit miroir rond accroché à sa fenêtre, selon la coutume des garçons. Devant ce miroir, il se rasait, se peignait et mettait sa cravate. Margot remarqua qu'il avait de beaux cheveux blonds qui frisaient naturellement ; cela fut cause qu'elle acheta d'abord un flacon d'huile à la violette, et qu'elle prit soin que les deux petits bandeaux de cheveux noirs qui sortaient de son bonnet fussent toujours bien lisses et bien brillants. Elle s'aperçut enfin que Gaston avait de jolies cravates et qu'il les changeait fort souvent ; elle fit emplette d'une douzaine de foulards, les plus beaux qu'il y eût dans tout le Marais. Gaston avait, en outre, cette habitude qui indignait si fort le philosophe de Genève, et qui le brouilla avec son ami Grimm : il se faisait les ongles, comme dit Rousseau, avec un instrument fait exprès. Margot n'était pas un si grand philosophe que Rousseau ; au lieu de s'indigner, elle acheta une brosse, et, pour cacher sa main, qui était un peu rouge, comme je l'ai déjà dit, elle prit des mitaines noires qui ne laissaient voir que le bout de ses doigts. Gaston avait encore bien d'autres belles choses que Margot ne pouvait imiter, par exemple, un pantalon rouge et une veste bleu de ciel avec des tresses noires. Margot possédait, il est vrai, une robe de chambre de flanelle écarlate; mais que répondre à la veste bleue? Elle prétendit avoir mal à l'oreille, et elle se fit, pour le matin, une petite toque de velours bleu. Ayant aperçu au chevet de Gaston le portrait de Napoléon, elle voulut avoir celui de Joséphine. Enfin, Gaston ayant dit un jour, à déjeuner, qu'il aimait assez une bonne omelette, Margot vainquit sa timidité et fit un acte de courage; elle déclara que personne au monde ne savait faire les omelettes comme elle, que chez ses parents elle les faisait toujours, et qu'elle suppliait sa marraine d'en goûter une de sa main.

Ainsi tâchait la pauvre enfant de témoigner son modeste amour; mais Gaston n'y prenait pas garde. Comment un jeune homme hardi, fier, habitué aux plaisirs bruyants et à la vie de garnison, aurait-il remarqué ce manège enfantin? Les grisettes de Strasbourg s'y prennent d'autre manière lorsqu'elles ont un caprice en tête. Gaston dînait avec sa mère, puis sortait pour toute la soirée; et, comme Margot ne pouvait dormir qu'il ne fût rentré, elle l'attendait derrière son rideau. Il arriva bien quelquefois que le jeune homme, voyant de la lumière chez elle, se dit en traversant la cour : — Pourquoi cette petite fille n'est-elle pas couchée? Il arriva encore qu'en faisant sa toilette, il jeta sur Margot un coup d'œil distrait qui la pénétrait jusqu'à l'âme ; mais elle détournait la tête aussitôt, et elle serait plutôt morte que d'oser soutenir ce regard. Il faut dire aussi qu'au salon elle ne se montrait plus la même. Assise auprès de sa marraine, elle s'étudiait à paraître grave, réservée, et à écouter décemment le babillage de madame Doradour. Quand Gaston lui adressait la parole, elle lui répondait de son mieux, mais, ce qui semblera singulier, elle lui répondait presque sans émotion. Expliquera qui pourra ce qui se passe dans une cervelle de quinze ans; l'amour de Margot était, pour ainsi dire, enfermé dans sa chambre, elle le trouvait dès qu'elle y entrait, et elle l'y laissait en sortant; mais elle ôtait la clef de sa porte, pour que personne ne pût, en son absence, profaner son petit sanctuaire.

Il est facile, du reste, de supposer que la présence de madame Doradour devait la rendre circonspecte et l'obliger à réfléchir, car cette présence lui rappelait sans cesse la distance qui la séparait de Gaston. Une autre que Margot s'en serait peut-être désespérée ou plutôt se serait guérie, voyant le danger de sa passion; mais Margot ne s'était jamais demandé, même dans le plus profond de son cœur, à quoi lui servirait son amour; et, en effet, y a-t-il une question plus vide de sens que celle-là, qu'on adresse continuellement aux amoureux: A quoi cela vous mènera-t-il? — Eh! bonnes gens, cela me mène à aimer.

Dès que Margot s'éveillait, elle sautait à bas de son lit, et elle courait pieds nus, en cornette, écarter le coin de son rideau pour voir si Gaston avait ouvert ses jalousies: Si les jalousies étaient fermées, elle allait vite se recoucher, et elle guettait l'instant où elle entendrait le bruit de l'espagnolette, auquel elle ne se trompait pas. Cet instant venu, elle mettait ses pantoufles et sa robe de chambre, ouvrait à son tour sa croisée, et penchait la tête de côté et d'autre d'un air endormi, comme pour regarder quel temps il faisait. Elle poussait ensuite un des battants de la fenêtre de manière à n'être vue que de Gaston, puis elle posait son miroir sur une petite table, et commençait à peigner ses beaux cheveux. Elle ne savait pas qu'une vraie coquette se montre quand elle est parée, mais ne se laisse pas voir pendant qu'elle se pare ; comme Gaston se coiffait devant elle, elle se coiffait devant lui. Masquée par son miroir, elle hasardait de timides coups d'œil, prête à baisser les yeux si Gaston la regardait. Quand ses cheveux étaient bien peignés et retroussés, elle posait sur sa tête son petit bonnet de tulle brodé à la paysanne, qu'elle n'avait pas voulu quitter ; ce petit bonnet était toujours tout blanc, ainsi que le grand collet rabattu qui lui couvrait les épaules et lui donnait un peu l'air d'une nonnette. Elle restait alors les bras nus, en jupon court, attendant son café. Bientôt paraissait mademoiselle Pélagie, sa femme de chambre, portant un plateau et escortée du chat du logis, meuble indispensable au Marais, qui ne manquait jamais le matin de rendre ses devoirs à Margot. Il jouissait alors du privilège de s'établir dans une bergère en face d'elle, et de partager son déjeuner. Ce n'était pour elle, comme on pense, qu'un prétexte de coquetterie. Le chat, qui était vieux et gâté, roulé en boule dans un fauteuil, recevait fort gravement des baisers qui ne lui étaient pas adressés. Margot l'agaçait, le prenait dans ses bras, le jetait sur son lit, tantôt le caressait, tantôt l'irritait; depuis dix ans qu'il était de la maison, il ne s'était jamais vu à pareille fête; et il ne s'en trouvait pas précisément satisfait; mais il prenait le tout en patience, étant, au fond, d'un bon naturel, et ayant beaucoup d'amitié pour Margot. Le café pris, elle s'approchait de nouveau de la fenêtre, regardait encore un peu s'il faisait beau temps, puis elle poussait le battant resté ouvert, mais sans le fermer tout à fait. Pour qui aurait eu l'instinct du chasseur, c'était alors le temps de se mettre à l'affût. Margot achevait sa toilette, et veux-je dire qu'elle se montrait? Non pas; elle mourait de peur d'être vue, et d'envie de se laisser voir. Et Margot était une fille sage? Oui, sage, honnête et innocente. Et que faisait-elle? Elle se chaussait, mettait son jupon et sa robe, et de temps en temps, par la fente de la fenêtre, on aurait pu la voir allonger le bras pour prendre une épingle sur la table. Et qu'eût-elle fait si on l'eût guettée? Elle aurait sur-le-champ fermé sa croisée. Pourquoi donc la laisser entr'ouverte? Demandez-le-lui, je n'en sais rien.

Les choses en étaient là, lorsqu'un certain jour madame Doradour et son fils eurent un long entretien tête à tête. Il s'établit entre eux un air de mystère, et ils se parlaient souvent à mots couverts. Peu de temps après, madame Doradour dit à Margot : — Ma chère enfant, tu vas revoir ta mère; nous passerons l'automne à la Honville.

V

L'habitation de la Honville était à une lieue de Chartres, et à une demi-lieue environ de la ferme où demeuraient les parents de Margot. Ce n'était pas tout à fait un château, mais une très belle maison avec un grand parc. Madame Doradour n'y venait pas souvent, et depuis nombre d'années on n'y avait vu qu'un régisseur. Ce voyage précipité, les entretiens secrets entre le jeune homme et la vieille dame, surprenaient Margot et l'inquiétaient.

Il n'y avait que deux jours que madame Doradour était arrivée, et tous les paquets n'étaient pas encore déballés, lorsqu'on vit s'avancer dans la plaine dix colosses marchant en bon ordre ; c'était la famille Piédeleu qui venait faire ses compliments : la mère portait un panier de fruits, les fils tenaient à la main chacun un pot de giroflées, et le bonhomme se prélassait, ayant dans ses poches deux énormes melons qu'il avait choisis lui-même et jugés les meilleurs de son potager. Madame Doradour reçut ces présents avec sa bonté ordinaire; et comme elle avait prévu la visite de ses fermiers, elle tira aussitôt de son armoire huit gilets de soie à fleurs pour les garçons, une dentelle pour la mère Piédeleu, et, pour le bonhomme, un beau chapeau de feutre à larges bords dont la ganse était retenue par une boucle d'or. Les compliments étant échangés, Margot, brillante de joie et de santé, comparut devant sa famille; après qu'elle eut été embrassée à la ronde, sa marraine fit tout haut son éloge, vanta sa douceur, sa sagesse, son esprit, et les joues de la jeune fille, toutes vermeilles des baisers qu'elle avait reçus, se colorèrent encore d'une pourpre plus vive. La mère Piédeleu, voyant la toilette de Margot, jugea qu'elle devait être heureuse, et elle ne put s'empêcher, en bonne mère, de lui dire qu'elle n'avait jamais été si jolie. — C'est ma foi vrai, dit le bonhomme. — C'est vrai, répéta une voix qui fit trembler Margot jusqu'au fond du cœur : c'était Gaston qui venait d'entrer.

En ce moment, la porte étant restée ouverte, on aperçut dans l'antichambre le petit gardeur de dindons, Pierrot, qui avait tant pleuré au départ de Margot. Il avait suivi ses maîtres à quelque distance, et, n'osant entrer dans le salon, il fit de loin un salut craintif. — Quel est donc ce petit gas? dit madame Doradour. Approche donc, petit, viens nous dire bonjour. Pierrot salua de nouveau, mais rien ne put le décider à entrer; il devint rouge comme le feu et se sauva à toutes jambes.

— C'est donc vrai que vous me trouvez jolie? se répéta Margot à voix basse en se promenant seule dans le parc, lorsque sa famille fut partie. Mais quelle hardiesse ont les garçons pour dire des choses pareilles devant tout le monde! Moi qui n'ose pas le regarder en face, comment se fait-il qu'il me dise tout haut une chose que je ne puis entendre sans rougir? Il faut que ce soit chez lui une grande habitude, ou qu'il le regarde comme indifférent : et pourtant, dire à une femme qu'on la trouve jolie, c'est beaucoup, cela ressemble un peu à une déclaration d'amour.

A cette pensée, Margot s'arrêta, et se demanda ce que c'était, au juste, qu'une déclaration d'amour. Elle en avait beaucoup entendu parler, mais elle ne s'en rendait pas compte bien clairement. Comment dit-on qu'on aime? se demanda-t-elle, et elle ne pouvait se figurer que ce fût seulement en disant : Je vous aime. Il lui semblait que ce devait être bien autre chose, qu'il devait y avoir pour cela un secret, un langage particulier, quelque mystère plein de péril et de charme. Elle n'avait jamais lu qu'un roman, j'ignore quel en était le titre; c'était un volume dépareillé qu'elle avait trouvé dans le grenier de son père; il y était question d'un brigand sicilien qui enlevait une religieuse, et il s'y trouvait bien quelques phrases inintelligibles qu'elle avait jugées devoir être des paroles d'amour; mais elle avait entendu dire au curé que tous les romans n'étaient que des sottises, et c'était la vérité seule qu'elle brûlait de connaître; mais à qui oser la demander?

La chambre de Gaston, à la Honville, n'était plus si

près qu'à Paris. Plus de coups d'œil furtifs, plus de bruits d'espagnolette. Tous les jours, à cinq heures du matin, la cloche résonnait faiblement. C'était le garde-chasse qui réveillait Gaston, la cloche se trouvant près de sa fenêtre. Le jeune homme se levait et partait pour la chasse. Cachée derrière sa persienne, Margot le voyait, entouré de ses chiens, le fusil au poing, monter à cheval et se perdre dans le brouillard qui couvrait les champs. Elle le suivait des yeux avec autant d'émotion que si elle eût été une châtelaine captive dont l'amant partait pour la Palestine. Il arrivait souvent que Gaston, au lieu d'ouvrir le premier échalier, le faisait franchir à son cheval. Margot, à cette vue, poussait des soupirs ignorés, mais à la fois bien doux et bien cruels. Elle se figurait qu'à la chasse on courait les plus grands dangers. Quand Gaston rentrait le soir, couvert de poussière, elle le regardait des pieds à la tête pour s'assurer qu'il n'était point blessé, comme s'il fût revenu d'un combat ; mais, lorsqu'elle le voyait tirer de son carnier un lièvre ou une couple de perdrix, et les déposer sur la table, il lui semblait voir un guerrier vainqueur chargé des dépouilles de l'ennemi.

Ce qu'elle craignait arriva un jour : Gaston, en sautant une haie, fit une chute de cheval ; il tomba au milieu des ronces, et en fut quitte pour quelques égratignures. De quelles poignantes émotions ce léger accident fut la cause ! La prudence de Margot faillit l'abandonner; elle fut d'abord près de se trouver mal. On la vit joindre les mains et prier tout bas : que n'eût-elle pas donné pour avoir la permission d'essuyer le sang qui coulait sur la main du jeune homme! Elle mit dans sa poche son plus beau mouchoir, le seul en sa possession qui fût brodé, et elle attendait impatiemment quelque occasion de le tirer à l'improviste pour que Gaston en pût envelopper un instant sa main; mais elle n'eut pas même cette consolation. Le cruel garçon étant à souper, et quelques gouttes de sang coulant de sa blessure, il refusa le mouchoir de Margot et roula sa serviette autour de son poignet. Margot en sentit un tel déplaisir, que ses yeux se remplirent de larmes.

Elle ne pouvait penser cependant que Gaston méprisât son amour; mais il l'ignorait : que faire à cela? Tantôt Margot se résignait, et tantôt elle s'impatientait. Les événements les plus indifférents devenaient tour à tour pour elle des motifs de joie ou de chagrin. Un mot obligeant, un regard de Gaston, la rendaient heureuse une journée entière; s'il traversait le salon sans prendre garde à elle, s'il se retirait le soir sans lui adresser un léger salut qu'il avait coutume de lui faire, elle passait la nuit à chercher en quoi elle avait pu lui déplaire. S'il s'asseyait près d'elle par hasard, et s'il lui faisait un compliment sur sa tapisserie, elle rayonnait d'aise et de reconnaissance; s'il refusait, à dîner, de manger d'un plat qu'elle lui offrait, elle s'imaginait qu'il ne l'aimait plus.

Il y avait de certains jours où elle se faisait, pour ainsi dire, pitié à elle-même ; elle en venait à douter de sa beauté et à se croire laide toute une après-dînée. En d'autres moments, l'orgueil féminin se révoltait en elle ; quelquefois, devant son miroir, elle haussait les épaules de dépit en pensant à l'indifférence de Gaston. Un mouvement de colère et de découragement lui faisait chiffonner sa colerette et enfoncer son bonnet sur ses yeux ; un élan de fierté réveillait sa coquetterie ; elle paraissait tout à coup, au milieu de la journée, revêtue de tous ses atours, et dans sa robe du dimanche, comme pour protester de tout son pouvoir contre l'injustice du destin.

Margot, dans sa nouvelle condition, avait conservé les goûts de son premier état. Pendant que Gaston était à la chasse, elle passait souvent ses matinées dans le potager ; elle savait manier à propos la serpe, le râteau et l'arrosoir, et plus d'une fois elle avait donné un bon conseil au jardinier. Le potager s'étendait devant la maison et servait en même temps de parterre ; les fleurs, les fruits et les légumes y venaient en compagnie. Margot affectionnait surtout un grand espalier couvert des plus belles pêches ; elle en prenait un soin extrême, et c'était elle qui, chaque jour, y choisissait d'une main économe quelques fruits pour le dessert. Il y avait sur l'espalier une pêche beaucoup plus grosse que toutes les autres. Margot ne pouvait se décider à cueillir cette pêche ; elle la trouvait si veloutée, et d'une si belle couleur de pourpre, qu'elle n'osait la détacher de l'arbre, et qu'il lui semblait que c'eût été un meurtre de la manger. Elle ne passait jamais devant sans l'admirer, et elle avait recommandé au jardinier qu'on ne s'avisât pas d'y toucher, sous peine d'encourir sa colère et les reproches de sa marraine. Un jour, au soleil couchant, Gaston, revenant de la chasse, traversa le potager; pressé par la soif, il étendit la main en passant près de l'espalier, et le hasard fit qu'il en arracha le fruit favori de Margot, dans lequel il mordit sans respect. Elle était à quelques pas de là, arrosant un carré de légumes; elle accourut aussitôt, mais le jeune homme, ne la voyant pas, continua sa route. Après une ou deux bouchées, il jeta le fruit à terre et entra dans la maison. Margot avait vu, du premier coup d'œil, que sa chère pêche était perdue. Le brusque mouvement de Gaston, l'air d'insouciance avec lequel il avait jeté la pêche, avaient produit sur la petite fille un effet bizarre et inattendu. Elle était désolée et en même temps ravie, car elle pensait que Gaston devait avoir grand'soif, par le soleil ardent qu'il faisait, et que ce fruit devait lui avoir fait plaisir. Elle ramassa la pêche, et, après avoir soufflé dessus pour en essuyer la poussière, elle regarda si personne ne pouvait la voir, puis elle y déposa un baiser furtif; mais elle ne put s'empêcher en même temps de donner un petit coup de dent pour y goûter. Je ne sais quelle singulière idée lui traversa l'esprit, et, pensant peut-être au fruit, peut-être à elle-même : — Méchant garçon, murmura-t-elle, comme vous gaspillez sans le savoir !

Je demande grâce au lecteur pour les enfantillages que je lui raconte ; mais comment raconterais-je autre chose, mon héroïne étant un enfant ? Madame Doradour avait été invitée à dîner dans un château des environs. Elle y mena Gaston et Margot ; on se sépara fort tard, et il faisait nuit close quand on reprit le chemin de la maison. Margot et sa marraine occupaient le fond de la voiture ; Gaston, assis sur le devant, et n'ayant personne à côté de lui, s'était étendu sur le coussin, en sorte qu'il y était presque couché. Il faisait un beau clair de lune, mais l'intérieur de la voiture était fort sombre ; quelques rayons de lumière n'y pénétraient que par instants ; la conversation languissait ; un bon dîner, un peu de fatigue, l'obscurité, le balancement moelleux de la berline, tout invitait nos voyageurs au sommeil. Madame Doradour s'endormit la première, et, en s'endormant, elle posa son pied sur la banquette de devant, sans s'inquiéter si elle gênait Gaston. L'air était frais ; un épais manteau, jeté sur les genoux, enveloppait à la fois la marraine et la filleule. Margot, enfoncée dans son coin, ne bougeait pas, quoique bien éveillée ; mais elle était fort inquiète de savoir si Gaston dormait. Il lui semblait que, puisqu'elle avait les yeux ouverts, il devait les avoir aussi ; elle le regardait sans le voir, et elle se demandait s'il en faisait de même. Dès qu'un peu de clarté glissait dans la voiture, elle se hasardait à tousser légèrement. Le jeune homme était immobile, et la petite fille n'osait parler, de peur de troubler le sommeil de sa marraine. Elle avança la tête et regarda au dehors; l'idée d'un long voyage a tant de ressemblance avec l'idée d'un long amour, qu'en voyant le clair de lune et les champs, Margot oublia aussitôt qu'elle était sur le chemin de la Honville; elle ferma à demi les paupières, et, tout en regardant passer les arbres, elle se figura qu'elle partait pour la Suisse ou l'Italie avec madame Doradour et son fils. Ce rêve, comme on pense, lui en fit faire bien d'autres, et de si doux, qu'elle s'y abandonna entièrement. Elle se vit, non pas femme de Gaston, mais sa fiancée, allant courir le monde, aimée de lui, ayant droit de l'aimer, et au bout du voyage était le bonheur, ce mot charmant qu'elle se répétait sans cesse, et que, heureusement pour elle, elle comprenait si peu. Pour mieux rêver, elle ferma tout à fait les yeux; elle s'assoupit, et, par un mouvement involontaire, elle fit comme madame Doradour : elle étendit le pied sur le coussin qui était devant elle; le hasard fit qu'elle posa ce pied, fort bien chaussé d'ailleurs et très petit, précisément sur la main de Gaston. Gaston ne parut rien sentir; mais Margot s'éveilla en sursaut; elle ne retira pourtant pas son pied tout de suite, elle le glissa seulement un peu à côté. Son rêve l'avait si bien bercée, que le réveil même ne l'en tirait pas; et ne peut-on mettre son pied sur la banquette où dort son amant,

quand on part avec lui pour la Suisse? Peu à peu, toutefois, l'illusion se dissipa; Margot commença à penser à l'étourderie qu'elle venait de faire. — S'en est-il aperçu? se demanda-t-elle; dort-il, ou en fait-il semblant? S'il s'en est aperçu, comment n'a-t-il pas ôté sa main? et, s'il dort, comment cela ne l'a-t-il pas réveillé? Peut-être me méprise-t-il trop pour daigner me montrer qu'il a senti mon pied; peut-être qu'il en est bien aise, et qu'en feignant de ne pas le sentir, il s'attend que je vais recommencer; peut-être croit-il que je dors moi-même. Il n'est pourtant pas agréable d'avoir le pied d'un autre sur sa main, à moins qu'on n'aime cette personne-là. Mon soulier doit avoir sali son gant, car nous avons beaucoup marché aujourd'hui; mais peut-être qu'il ne veut pas avoir l'air de tenir à si peu de chose. Que dirait-il si je recommençais? mais il sait bien que je n'oserai jamais; peut-être devine-t-il mon incertitude, et s'amuse-t-il à me tourmenter? Tout en réfléchissant ainsi, Margot retirait doucement son pied, avec toute la précaution possible : ce petit pied tremblait comme une feuille; en tâtonnant dans l'obscurité, il effleura de nouveau le bout des doigts du jeune homme, mais si légèrement que Margot elle-même eut à peine le temps de s'en apercevoir. Jamais son cœur n'avait battu si vite; elle se crut perdue, et s'imagina qu'elle avait commis une imprudence irréparable.
— Que va-t-il penser, se dit-elle; quelle opinion aura-t-il de moi? Dans quel embarras vais-je me trouver?

Je n'oserai plus le regarder en face. C'était déjà une grande faute de l'avoir touché la première fois, mais c'est bien pis maintenant. Comment pourrais-je prouver que je ne l'ai pas fait exprès? Les garçons ne veulent jamais rien croire. Il va se moquer de moi et le dire à tout le monde, à ma marraine peut-être, et ma marraine le dira à mon père; je ne pourrai plus me montrer dans le pays. Où irai-je? que vais-je devenir? J'aurai beau me défendre, il est certain que je l'ai touché deux fois, et que jamais une femme n'a fait une chose pareille. Après ce qui vient de se passer, le moins qu'il puisse m'arriver, c'est de sortir de la maison. A cette idée, Margot frissonna. Elle chercha longtemps dans sa tête quelque moyen de se justifier; elle fit le projet d'écrire le lendemain une grande lettre à Gaston, qu'elle lui ferait remettre en secret, et dans laquelle elle lui expliquerait que c'était par mégarde qu'elle avait posé son pied sur sa main, qu'elle lui en demandait pardon, et qu'elle le priait de l'oublier. — Mais s'il ne dort pas? pensa-t-elle encore; s'il se doute que je l'aime? s'il m'a devinée? si c'était lui qui vînt demain me parler le premier de notre aventure? s'il me disait qu'il m'aime aussi? s'il me faisait une déclaration?... La voiture s'arrêta en ce moment. Gaston, qui dormait en conscience, étendit les bras en se réveillant avec fort peu de cérémonie. Il lui fallut quelque temps pour se rappeler où il était; à cette triste découverte, les rêveries de Margot s'évanouirent; et, quand le jeune homme lui offrit, pour descendre, la main qu'elle avait effleurée, elle ne vit que trop clairement qu'elle venait de voyager seule.

VI

Deux événements imprévus, dont l'un fut ridicule et l'autre sérieux, arrivèrent presque en même temps. Gaston était un matin dans l'avenue de la maison, essayant un cheval qu'il venait d'acheter, lorsqu'un petit garçon, à demi couvert de haillons et presque nu, vint à lui d'un air résolu et s'arrêta devant son cheval. C'était Pierrot, le gardeur de dindons. Gaston ne le reconnut pas, et, croyant qu'il lui demandait l'aumône, il lui jeta quelques sous dans son bonnet. Pierrot mit les sous dans sa poche, mais, au lieu de s'éloigner, il courut après le cavalier et se replaça devant lui quelques pas plus loin. Gaston lui cria deux ou trois fois de se garer, mais en vain; Pierrot le suivait et l'arrêtait toujours.

— Que me veux-tu, petit drôle? demanda le jeune homme; as-tu juré de te faire écraser?

— Monsieur, répondit Pierrot sans se déranger, je voudrais être domestique de monsieur.

— De qui?

— De vous, monsieur.

— De moi? Et à propos de quoi me fais-tu cette demande?

— Pour être domestique de monsieur.

— Mais je n'ai pas besoin de domestique ; qui t'a dit que j'en cherchais un ?

— Personne, monsieur.

— Que viens-tu donc faire alors ?

— Je viens demander à monsieur d'être son domestique.

— Est-ce que tu es fou, ou te moques-tu de moi ?

— Non, monsieur.

— Tiens, laisse-moi en repos.

Gaston lui jeta encore quelque monnaie, et, détournant son cheval, il continua sa route. Pierrot s'assit sur le bord de l'avenue, et Margot, venant à y passer quelque temps après, l'y trouva pleurant à chaudes larmes. Elle accourut à lui aussitôt.

— Qu'as-tu, mon pauvre Pierrot ? que t'est-il arrivé ?

Pierrot refusa d'abord de répondre. — Je voulais être domestique de monsieur, dit-il enfin en sanglotant, et monsieur ne veut pas.

Ce ne fut pas sans peine que Margot parvint à le faire s'expliquer. Elle comprit enfin de quoi il s'agissait. Depuis qu'elle avait quitté la ferme, Pierrot s'ennuyait de ne plus la voir. Moitié honteux et moitié pleurant, il lui raconta ses chagrins, et elle ne put s'empêcher d'en rire et d'en avoir en même temps pitié. Le pauvre garçon, pour exprimer ses regrets, parlait à la fois de son amitié pour Margot, de ses sabots qui étaient usés, de sa triste solitude dans les champs, d'un de ses dindons qui était mort; tout cela se mêlait dans sa tête. Enfin, ne pouvant plus supporter sa tristesse, il avait pris le parti de venir à la Honville et de s'offrir à Gaston comme domestique ou comme palefrenier. Cette détermination lui avait coûté huit jours de réflexions, et, comme on vient de le voir, elle n'avait pas eu grand succès. Aussi parlait-il de mourir plutôt que de retourner à la ferme. — Puisque monsieur ne veut pas de moi, dit-il en terminant son récit, et puisque je ne peux pas être auprès de lui comme vous êtes auprès de madame Doradour, je me laisserai mourir de faim. Je n'ai pas besoin de dire que ces derniers mots furent accompagnés d'un nouveau déluge de larmes.

Margot le consola de son mieux, et, le prenant par la main, l'emmena à la maison. Là, en attendant qu'il fût temps pour lui de mourir de faim, elle le fit entrer dans l'office et lui donna un morceau de pain avec du jambon et des fruits. Pierrot, inondé de larmes, mangea de bon appétit en regardant Margot de tous ses yeux. Elle lui fit comprendre aisément que, pour entrer au service de quelqu'un, il faut attendre qu'il y ait une place vacante, et elle lui promit qu'à la première occasion elle se chargerait de sa demande. Elle le remercia de son amitié, l'assura qu'elle l'aimait de même, essuya ses larmes, l'embrassa sur le front avec un petit air maternel, et le décida enfin à s'en retourner. Pierrot, convaincu, fourra dans ses poches ce qui restait de son déjeuner; Margot lui donna en outre un écu de cent sous pour s'acheter un gilet et des sabots. Ainsi consolé, il prit la main de la jeune fille et y colla ses lèvres en lui disant d'une voix émue : Au revoir, mam'selle Marguerite. Pendant qu'il s'éloignait à pas lents, Margot s'aperçut que le petit garçon commençait à devenir grand. Elle fit réflexion qu'il n'avait qu'un an de moins qu'elle, et elle se promit, à la première occasion, de ne plus l'embrasser si vite.

Le lendemain, elle remarqua que Gaston, contre son ordinaire, n'était point allé à la chasse, et qu'il y avait dans sa toilette plus de recherche que de coutume. Après dîner, c'est-à-dire vers quatre heures, le jeune homme donna le bras à sa mère, et tous deux se dirigèrent vers l'avenue. Ils causaient à voix basse, et paraissaient inquiets; Margot, restée seule au salon, regardait avec anxiété par la fenêtre, lorsqu'une chaise de poste entra dans la cour. Gaston courut ouvrir la portière; une vieille dame descendit d'abord, puis une jeune demoiselle d'environ dix-neuf ans, élégamment vêtue et belle comme le jour. A l'accueil qu'on fit aux deux étrangères, Margot jugea qu'elles n'étaient pas seulement des personnes de distinction, mais qu'elles devaient être des parentes de sa marraine; les deux meilleures chambres de la maison avaient été préparées. Lorsque les nouvelles arrivées entrèrent au salon, madame Doradour fit un signe et dit tout bas à Margot de se retirer. Celle-ci s'éloigna à contre-cœur, et le séjour de ces deux dames ne lui sembla rien promettre d'agréable.

Elle hésitait, le jour suivant, à descendre au déjeuner, quand sa marraine vint la prendre, et la présenta à madame et à mademoiselle de Vercelles; ainsi se nommaient les deux étrangères. En entrant dans la salle à manger, Margot vit qu'il y avait une serviette blanche à sa place ordinaire, qui était à côté de Gaston. Elle s'assit en silence, mais non sans tristesse, à une autre place; la sienne fut prise par mademoiselle de Vercelles, et il ne fut pas difficile de voir bientôt que le jeune homme regardait beaucoup sa voisine. Margot resta muette pendant le repas; elle servit un plat qui était devant elle, et, quand elle en offrit à Gaston, il n'eut pas même l'air de l'avoir entendue. Après le déjeuner, on se promena dans le parc; lorsqu'on eut fait quelques tours d'allée, madame Doradour prit le bras de la vieille dame et Gaston offrit aussitôt le sien à la belle jeune fille; Margot, restée seule, marchait derrière la compagnie, personne ne pensait à elle ni ne lui adressait la parole; elle s'arrêta et revint à la maison. A dîner, madame Doradour fit apporter une bouteille de frontignan, et, comme elle avait conservé en tout les vieilles coutumes, elle tendit son verre, avant de boire, pour inviter ses hôtes à trinquer. Tout le monde imita son exemple, excepté Margot, qui ne savait trop quoi faire. Elle souleva pourtant aussi un peu son verre, espérant être encouragée. Personne ne répondit à son geste craintif, et elle remit le verre devant elle sans avoir bu ce qu'il contenait. — C'est dommage que nous n'ayons pas un cinquième, dit madame de Vercelles après dîner, nous ferions une bouillotte (on jouait alors la bouillotte à cinq). Margot, assise dans un coin, se garda bien de dire qu'elle savait y jouer, et sa marraine proposa un whist. Le souper venu, au dessert, on pria mademoiselle de Vercelles de chanter; la demoiselle se fit longtemps prier, puis elle entonna d'une voix fraîche et légère un petit refrain assez joyeux. Margot ne put s'empêcher, en l'écoutant, de soupirer, et de songer à la maison de son père, où c'était elle qui chantait au dessert; lorsqu'il fut temps de se retirer, elle trouva, en entrant dans sa chambre, qu'on en avait enlevé deux meubles qui étaient ceux qu'elle préférait, une grande bergère et une petite table en marqueterie sur laquelle elle posait son miroir pour se coiffer. Elle entr'ouvrit sa croisée en tremblant, pour regarder un instant la lumière qui brillait ordinairement derrière les rideaux de Gaston : c'était son adieu de tous les soirs ; mais ce jour-là point de lumière, Gaston avait fermé ses volets ; elle se coucha la mort dans l'âme, et ne put dormir de la nuit.

Quel motif amenait les deux étrangères, et combien de temps durerait leur séjour? Voilà ce que Margot ne pouvait savoir; mais il était clair que leur présence se rattachait aux entretiens secrets de madame Doradour et de son fils. Il y avait là un mystère impossible à deviner, et, quel que fût ce mystère, Margot sentait qu'il devait détruire son bonheur. Elle avait d'abord supposé que ces dames étaient des parentes ; mais on leur témoignait à la fois trop d'amitié et trop de politesse pour qu'il en fût ainsi. Madame Doradour, pendant la promenade, avait pris grand soin de faire remarquer à la mère jusqu'où s'étendaient les murs du parc ; elle lui avait parlé à l'oreille des produits et de la valeur de sa terre ; peut-être s'agissait-il de vendre la Honville, et, dans ce cas, que deviendrait la famille de Margot ? Un nouveau propriétaire conserverait-il les anciens fermiers ? Mais, d'une autre part, quel motif pouvait avoir madame Doradour pour vendre une maison où elle était née, où son fils paraissait se plaire, lorsqu'elle jouissait d'une si grande fortune ? Les étrangères venaient de Paris, elles en parlaient à tout propos, et ne semblaient pas d'humeur à vivre aux champs. Madame de Vercelles avait fait entendre à souper qu'elle approchait souvent l'impératrice, qu'elle l'accompagnait à la Malmaison, et qu'elle avait ses bonnes grâces. Peut-être était-il question de demander de l'avancement pour Gaston, et il devenait alors naturel qu'on fît de grandes flatteries à une dame en crédit. Telles étaient les conjectures de Margot ; mais, quelque effort qu'elle pût faire, son esprit n'en était pas satisfait, et son cœur l'empêchait de s'arrêter à la seule supposition vraisemblable qui eût été en même temps la seule vraie.

Deux domestiques avaient apporté à grand'peine une grosse caisse de bois dans l'appartement qu'occupait mademoiselle de Vercelles. Au moment où Margot sortit de sa chambre, elle entendit le son d'un piano ; c'était la première fois de sa vie que de pareils accords frappaient ses oreilles ; elle ne connaissait, en fait de musique, que les contredanses de son village. Elle s'arrêta pleine d'admiration. Mademoiselle de Vercelles jouait une valse ; elle s'interrompit pour chanter, et Margot s'approcha doucement de la porte, afin d'écouter les paroles. Les paroles étaient italiennes. La douceur de cette langue inconnue parut encore plus extraordinaire à Margot que l'harmonie de l'instrument. Qu'était-ce donc que cette belle demoiselle qui prononçait ainsi des mots mystérieux au milieu d'une si étrange mélodie ? Margot, vaincue par la curiosité, se baissa, essuya ses yeux, où roulaient encore quelques larmes, et regarda par le trou de la serrure. Elle vit mademoiselle de Vercelles en déshabillé, les bras nus, les cheveux en désordre, les lèvres entr'ouvertes et les yeux au ciel. Elle crut voir un ange ; jamais rien de si charmant ne s'était offert à ses regards. Elle s'éloigna à pas lents, éblouie et en même temps consternée, sans pouvoir distinguer ce qui se passait en elle. Mais, tandis qu'elle descendait l'escalier, elle répéta plusieurs fois d'une voix émue : Sainte Vierge ! la belle beauté !

VII

Il est singulier qu'aux choses de ce monde, ceux qui se trompent le mieux soient précisément ceux qui y sont intéressés. A la contenance de Gaston près de mademoiselle de Vercelles, le plus indifférent témoin aurait deviné qu'il en était amoureux. Cependant Margot ne le vit pas d'abord, ou plutôt ne voulut pas le voir. Malgré le chagrin qu'elle en éprouvait, un sentiment inexprimable, et que bien des gens croiraient impossible, l'empêcha longtemps de discerner la vérité : je veux parler de cette admiration que mademoiselle de Vercelles lui avait inspirée.

Mademoiselle de Vercelles était grande, blonde, avenante. Elle faisait mieux que plaire ; elle était, si l'on peut s'exprimer ainsi, d'une beauté consolante. Il y avait, en effet, dans son regard et dans son parler, un calme si singulier et si doux, qu'il n'était pas possible de résister au plaisir que causait sa présence. Au bout de quelques jours, elle témoigna à Margot beaucoup d'amitié ; elle lui fit même les premières avances. Elle lui enseigna quelques petits secrets de broderie et de tapisserie ; elle lui prit le bras à la promenade, et lui fit chanter, en l'accompagnant au piano, les airs de son village. Margot fut d'autant plus touchée de ces marques de bienveillance qu'elle avait le cœur déchiré. Il y avait près de trois jours qu'elle vivait dans l'abandon le plus cruel, lorsque la jeune Parisienne s'approcha d'elle et lui adressa pour la première fois la parole. Margot tressaillit d'aise, de crainte et de surprise. Elle souffrait de se voir entièrement oubliée par Gaston, et elle en soupçonnait bien la cause. Elle trouva dans cette action de sa rivale je ne sais quel charme mêlé d'amertume ; elle sentit d'abord avec joie qu'elle allait sortir de l'isolement où elle venait de tomber tout à coup ; elle fut en même temps flattée de se voir distinguée par une si belle personne. Cette beauté, qui aurait dû ne lui donner que de la jalousie, l'enchanta dès le premier mot. Devenue peu à peu plus familière, elle se prit de passion pour mademoiselle de Vercelles. Après avoir admiré son visage, elle admira sa démarche, son exquise simplicité, ses airs de tête et jusqu'au moindre ruban qu'elle portait. Elle ne la quittait presque pas des yeux, et elle l'écoutait parler avec une attention extrême. Quand mademoiselle de Vercelles se mettait au piano, les regards de Margot étincelaient et semblaient dire à tout le monde : Voilà ma bonne amie qui va jouer, car c'est ainsi qu'elle l'appelait, non sans éprouver intérieurement un petit mouvement de vanité. Quand elles traversaient le village ensemble, les paysans se retournaient. Mademoiselle de Vercelles n'y prenait pas garde, mais Margot rougissait de plaisir. Presque tous les matins elle faisait, avant le déjeuner, une visite à sa bonne amie; elle l'aidait à sa toilette, la regardait laver ses belles mains blanches, l'écoutait chanter dans son doux langage italien. Puis elle descendait au salon avec elle, fière d'avoir retenu quelque ariette, qu'elle fredonnait dans l'escalier. Au milieu de tout cela, elle était dévorée de chagrin, et, dès qu'elle était seule, elle pleurait.

Madame Doradour avait l'esprit trop léger pour s'apercevoir de quelque changement dans sa filleule. — Il me semble que tu es pâle, lui disait-elle quelquefois; est-ce que tu n'as pas bien dormi ? Puis, sans attendre de réponse, elle s'occupait d'autre chose. Gaston était plus clairvoyant, et, quand il se donnait la peine d'y penser, il ne se méprenait pas sur la tristesse de Margot, mais il se disait que ce n'était sûrement qu'un caprice d'enfant, un peu de jalousie naturelle aux femmes, et qui passerait avec le temps. Il faut observer que Margot avait toujours évité toute occasion de se trouver seule avec lui. La pensée d'un tête-à-tête la faisait frémir, et, du plus loin qu'elle le voyait, lorsqu'elle se promenait seule, elle se détournait, en sorte que les précautions qu'elle prenait pour cacher son amour paraissaient au jeune homme l'effet d'un caractère sauvage. — Singulière petite fille ! s'était-il dit souvent en la voyant s'enfuir dès qu'il faisait mine de l'approcher; et, pour se divertir de son trouble, il l'avait quelquefois abordée malgré elle. Margot baissait alors la tête, ne répondait que par monosyllabes, et se repliait, pour ainsi dire, sur elle-même, comme une sensitive.

Les journées s'écoulaient dans une monotonie extrême ; Gaston n'allait plus à la chasse, on jouait peu, on se promenait rarement ; tout se passait en entretiens, et deux ou trois fois par jour madame Doradour avertissait Margot de se retirer, afin de ne pas gêner la compagnie. La pauvre enfant ne faisait que descendre de sa chambre et y remonter. S'il lui arrivait d'entrer au salon mal à propos, elle voyait les deux mères échanger des signes, et tout le monde se taisait ; lorsqu'on la rappelait, après une longue conversation secrète, elle s'asseyait sans regarder personne, et l'inquiétude qu'elle sentait ressemblait à ce qu'on éprouve en mer lorsqu'un orage s'annonce au loin et s'avance lentement au milieu d'un ciel calme.

Elle passait un matin devant la porte de mademoiselle de Vercelles, lorsque celle-ci l'appela. Après quelques mots indifférents, Margot remarqua au doigt de sa bonne amie une jolie bague.

— Essayez-la, dit mademoiselle de Vercelles, et voyons un peu si elle vous irait.

— Oh ! mademoiselle, ma main n'est pas assez belle pour porter de pareils bijoux.

— Laissez donc, cette bague vous va à merveille. Je vous en ferai cadeau le jour de mes noces.

— Est-ce que vous allez vous marier ? demanda Margot en tremblant.

— Qui sait? répondit en riant mademoiselle de Vercelles ; nous autres filles, nous sommes exposées tous les jours à ces choses-là.

Je laisse à penser dans quel trouble ces paroles jetèrent Margot ; elle se les répéta cent fois jour et nuit, mais presque machinalement et sans oser y réfléchir. Cependant, peu de temps après, comme on apportait le café après souper, Gaston lui en ayant présenté une tasse, elle le repoussa doucement en lui disant : — Vous me donnerez cela le jour de vos noces. Le jeune homme sourit et parut un peu étonné ; il ne répondit rien, mais madame Doradour fronça le sourcil et pria Margot avec humeur de se mêler de ses affaires.

Margot se le tint pour dit ; ce qu'elle désirait et craignait tant de savoir lui sembla prouvé par cette circonstance. Elle courut s'enfermer dans sa chambre ; là elle posa son front dans ses mains et pleura amèrement. Dès qu'elle fut revenue à elle-même, elle eut soin de tirer son verrou, afin que personne ne fût témoin de sa douleur. Ainsi enfermée, elle se sentit plus libre et commença à démêler peu à peu ce qui se passait dans son âme.

Malgré son extrême jeunesse et le fol amour qui l'occupait, Margot avait beaucoup de bon sens. La première chose qu'elle sentit, ce fut l'impossibilité où elle était de lutter contre les événements. Elle comprit que Gaston aimait mademoiselle de Vercelles, que les deux familles s'étaient accordées et que le mariage était décidé.

Peut-être le jour était-il fixé déjà ; elle se souvenait d'avoir vu dans la bibliothèque un homme habillé de noir qui écrivait sur du papier timbré ; c'était probablement un notaire qui dressait le contrat. Mademoiselle de Vercelles était riche, Gaston devait l'être après la mort de sa mère ; que pouvait-elle contre des arrangements pris, si naturels, si justes ? Elle s'attacha à cette pensée, et plus elle s'y appesantit, plus elle trouva l'obstacle invincible. Ne pouvant empêcher ce mariage, elle crut que tout ce qui lui restait à faire était de ne pas y assister. Elle tira de dessous son lit une petite malle qui lui appartenait, et elle la plaça au milieu de la chambre, pour y mettre ses hardes, résolue à retourner chez ses parents ; mais le courage lui manqua : au lieu d'ouvrir la malle, elle s'assit dessus et recommença à pleurer. Elle resta ainsi près d'une heure dans un état vraiment pitoyable. Les motifs qui l'avaient d'abord frappée se troublaient dans son esprit ; les larmes qui coulaient de ses yeux l'étourdissaient ; elle secouait la tête comme pour s'en délivrer. Pendant qu'elle s'épuisait à chercher le parti qu'elle avait à prendre, elle ne s'était pas aperçue que sa bougie allait s'éteindre. Elle se trouva tout à coup dans les ténèbres ; elle se leva et ouvrit sa porte, afin de demander de la lumière ; mais il était tard et tout le monde était couché. Elle marchait néanmoins à tâtons, ne croyant pas l'heure si avancée.

Lorsqu'elle vit, en descendant, que l'escalier était obscur, et qu'elle était, pour ainsi dire, seule dans la maison, un mouvement de frayeur, naturel à son âge, la saisit. Elle avait traversé un long corridor qui menait à sa chambre; elle s'arrêta, n'osant revenir sur ses pas. Il arrive quelquefois qu'une circonstance, en apparence peu importante, change le cours de nos idées; l'obscurité, plus que toute autre chose, produit cet effet. L'escalier de la Honville était, comme dans beaucoup de vieux bâtiments, construit dans une petite tourelle qu'il remplissait en entier, tournant en spirale autour d'une colonne de pierre. Margot, dans son hésitation, s'appuya sur cette colonne, dont le froid, joint à la peur et au chagrin, lui glaça le sang. Elle demeura quelque temps immobile; une pensée sinistre se présenta tout à coup à elle; la faiblesse qu'elle éprouvait lui donna l'idée de la mort, et, chose étrange, cette idée, qui ne dura qu'un instant et s'évanouit aussitôt, lui rendit ses forces. Elle regagna sa chambre, et s'y enferma de nouveau jusqu'au jour.

Dès que le soleil fut levé, elle descendit dans le parc. Cette année-là, l'automne était superbe; les feuilles, déjà jaunies, paraissaient comme dorées. Rien ne tombait encore des rameaux, et le vent calme et tiède semblait respecter les arbres de la Honville. On venait d'entrer dans cette saison où les oiseaux font leurs dernières amours. La pauvre Margot n'en était pas si avancée; mais, à la chaleur bienfaisante du soleil, elle sentit sa peine s'adoucir. Elle commença à songer à son père, à sa famille, à sa religion; elle revint à son premier dessein, qui était de s'éloigner et de se résigner. Bientôt même elle ne le jugea plus si indispensable qu'il lui avait semblé la veille; elle se demanda quel mal elle avait fait pour mériter d'être bannie des lieux où elle avait passé ses plus heureux jours. Elle s'imagina qu'elle pouvait y rester, non sans souffrir, mais en souffrant moins que si elle partait. Elle s'enfonça dans les sombres allées, tantôt marchant à pas lents, tantôt de toutes ses forces; puis elle s'arrêtait et disait : Aimer, c'est une grande affaire; il faut avoir du courage pour aimer. Ce mot d'*aimer*, et la certitude que personne au monde ne se doutait de sa passion, la faisaient espérer malgré elle, quoi? elle l'ignorait, et par cela même espérait plus facilement. Son secret chéri lui semblait un trésor caché dans son cœur; elle ne pouvait se résoudre à l'en arracher; elle se jurait de l'y conserver toujours, de le protéger contre tous, dût-il y rester enseveli. En dépit de la raison, l'illusion reprenait le dessus, et, comme elle avait aimé en enfant, après s'être désolée en enfant, elle se consolait de même. Elle pensa aux cheveux blonds de Gaston, aux fenêtres de la rue du Perche; elle essaya de se persuader que le mariage n'était pas conclu, et qu'elle avait pu se tromper à ce qu'avait dit sa marraine. Elle se coucha au pied d'un arbre, et, brisée d'émotion et de fatigue, elle ne tarda pas à s'endormir.

Il était midi lorsqu'elle s'éveilla. Elle regarda autour d'elle, se souvenant à peine de ses chagrins. Un léger bruit qu'elle entendit à peu de distance lui fit tourner la tête. Elle vit venir à elle sous la charmille Gaston et mademoiselle de Vercelles ; ils étaient seuls ; et Margot, cachée par un taillis épais, ne pouvait être aperçue d'eux. Au milieu de l'allée, mademoiselle de Vercelles s'arrêta et s'assit sur un banc ; Gaston resta quelque temps debout devant elle, la regardant avec tendresse ; puis il fléchit le genou, l'entoura de ses bras, et lui donna un baiser. A ce spectacle, Margot se leva hors d'elle-même ; une douleur inexprimable la saisit, et, sans savoir où elle allait, elle s'enfuit en courant vers la campagne.

VIII

Depuis que Pierrot avait échoué dans la grande entreprise qu'il avait formée d'être pris pour domestique par Gaston, il était devenu de jour en jour plus triste. Les consolations que Margot lui avait données l'avaient satisfait un moment; mais cette satisfaction n'avait pas duré plus longtemps que les provisions qu'il avait emportées dans ses poches. Plus il pensait à sa chère Margot, plus il sentait qu'il ne pouvait vivre loin d'elle, et, à dire vrai, la vie qu'il menait à la ferme n'était pas faite pour le distraire, non plus que la compagnie avec laquelle il passait son temps; or, le jour même du désespoir de notre héroïne, il s'en allait rêvant le long de la rivière, chassant ses dindons devant lui, lorsqu'il vit, à une centaine de pas de distance, une femme qui courait à perdre haleine, et qui, après avoir erré de côté et d'autre, disparut tout à coup au milieu des saules qui bordaient la rive. Cela le surprit et l'inquiéta; il se mit à courir aussi pour tâcher d'atteindre cette femme, mais, en arrivant à l'endroit où elle avait disparu, il la chercha en vain dans les champs environnants; il pensa qu'elle était entrée dans un moulin qui se trouvait dans le voisinage; toutefois il suivit le cours de l'eau avec un pressentiment de mauvais augure. L'Eure était enflée ce jour-là par des pluies abondantes, et Pierrot, qui n'était pas gai, trouvait les flots plus sinistres que de coutume. Il lui sembla bientôt apercevoir quelque chose de blanc qui s'agitait dans les roseaux; il s'approcha, et, s'étant mis à plat ventre sur le rivage, il attira à lui un cadavre qui n'était pas autre que Margot elle-même : la malheureuse fille ne donnait plus aucun signe de vie; elle était sans mouvement, froide comme le marbre, les yeux ouverts et immobiles.

A cette vue, Pierrot poussa des cris qui firent sortir du moulin tous ceux qui s'y trouvaient. Sa douleur fut si violente, qu'il eut d'abord l'idée de se jeter à l'eau à son tour et de mourir à côté du seul être qu'il eût aimé. Il fit cependant réflexion qu'on lui avait dit que les noyés pouvaient revenir à la vie s'ils étaient secourus à temps. Les paysans affirmèrent, il est vrai, que Margot était morte sans retour, mais il ne voulut pas les en croire, ni les laisser déposer le corps dans le moulin; il le chargea sur ses épaules, et, marchant aussi vite qu'il put, il le porta dans la masure qu'il habitait. Le ciel voulut que, dans sa route, il rencontrât le médecin du village, qui s'en allait à cheval faire ses visites aux environs : il l'arrêta et l'obligea à entrer chez lui, afin d'examiner s'il restait quelque espoir.

Le médecin fut du même avis que les paysans; à

peine eut-il vu le cadavre, qu'il s'écria : — Elle est bien morte, et il n'y a plus qu'à l'enterrer; d'après l'état où se trouve le corps, il doit avoir séjourné sous l'eau plus d'un quart d'heure. Sur quoi, le docteur sortit de la chaumière, et se disposa à remonter à cheval, ajoutant qu'il fallait aller chez le maire faire la déclaration voulue par la loi.

Outre qu'il aimait passionnément Margot, Pierrot était fort obstiné; il savait très bien qu'elle n'était pas restée un quart d'heure dans la rivière, puisqu'il l'avait vue s'y jeter. Il courut après le médecin et le supplia au nom du ciel de ne pas s'en aller avant d'être bien sûr que ses secours étaient inutiles. — Et quels secours veux-tu que je lui donne? s'écria le médecin de mauvaise humeur. Je n'ai pas un seul des instruments qui me seraient indispensables.

— Je les irai chercher chez vous, monsieur, répondit Pierrot; dites-moi seulement ce que c'est, et attendez-moi ici; je serai bientôt revenu.

Le médecin, pressé de partir, se mordit les lèvres de la sottise qu'il venait de faire en parlant de ses instruments; bien qu'il fût convaincu que la mort était réelle, il sentit qu'il ne pouvait se refuser à tenter quelque chose, sous peine de se faire tort dans le pays et de compromettre sa réputation. —Va donc et dépêche-toi, dit-il à Pierrot; tu prendras une boîte de fer-blanc que ma gouvernante te donnera; et tu me retrouveras ici; je vais, en attendant, envelopper le corps dans ces couvertures, et essayer des frictions. Tâche, en même temps, de trouver de la cendre que nous puissions faire chauffer; mais tout cela ne servira à rien qu'à perdre mon temps, ajouta-t-il en haussant les épaules et en frappant du pied; allons! entends-tu ce que je te dis?

— Oui, monsieur, dit Pierrot, et pour aller plus vite, si monsieur veut, je vais prendre le cheval de monsieur.

Et sans attendre la permission du docteur, il sauta sur le cheval et disparut. Un quart d'heure après, il revint au galop avec deux gros sacs pleins de cendre, l'un devant, l'autre derrière lui. — Monsieur voit que je n'ai pas perdu de temps, dit-il en montrant le cheval qui n'en pouvait plus; je ne me suis pas amusé à causer, je n'ai dit un mot à personne; votre gouvernante était sortie, et j'ai tout arrangé moi-même.

— Que le diable t'emporte! pensa le docteur, voilà mon cheval en bon état pour la journée! et, tout en murmurant tout bas, il commença à souffler, au moyen d'une vessie, dans la bouche de la pauvre Margot, pendant que Pierrot lui frottait les bras. Le feu s'alluma; quand la cendre fut chaude, ils la répandirent sur le lit de telle sorte que le corps y était entièrement enseveli. Le médecin versa alors quelques gouttes de liqueur sur les lèvres de Margot, puis il secoua la tête et tira sa montre. — J'en suis désolé, dit-il d'un ton pénétré, mais il ne faut pas que les morts fassent tort aux malades; on m'attend fort loin, et je m'en vais.

— Si monsieur voulait rester encore une demi-heure, dit Pierrot, je lui donnerais bien un écu.

— Non, mon garçon, c'est impossible; et je ne veux pas de ton argent.

— Le voilà, l'écu, répondit Pierrot en le mettant dans la main du médecin, sans avoir l'air de l'écouter.

C'était toute la fortune du pauvre garçon; il venait de tirer de la paillasse de son lit toutes ses économies, et le docteur les prit, bien entendu.

— Soit, dit-il, encore une demi-heure, mais après cela je pars sans rémission, car tu vois bien que tout est inutile.

Au bout d'une demi-heure, Margot, toujours roide et glacée, n'avait pas donné le moindre signe de connaissance. Le médecin lui tâta le pouls, puis, décidé à en finir, il prit sa canne et son chapeau, et se dirigea vers son cheval. Pierrot, n'ayant plus d'argent, et voyant que les prières ne serviraient de rien, suivit le médecin hors de la chaumière, puis il se posta devant le cheval avec le même air de tranquillité que le jour où il avait arrêté Gaston dans l'avenue.

— Qu'est-ce à dire? demanda le docteur; veux-tu me faire coucher ici?

— Nenni, monsieur, répondit Pierrot, mais il vous faut rester encore une demi-heure; ça reposera votre bidet. En parlant ainsi, il tenait à la main un échalas, et regardait de travers d'une façon si étrange, que le médecin rentra pour la troisième fois dans la chaumière; mais, cette fois, il ne se contraignit plus.

— Maudit soit l'entêté! s'écria-t-il; ce garnement me fera perdre un louis avec ses six francs!

— Mais, monsieur, répliqua Pierrot, puisqu'on dit qu'on en revient au bout de six heures.

— Jamais; où as-tu pris cela? il ne me manquerait plus que de passer six heures dans ton galetas!

— Et vous les y passerez, les six heures, poursuivit Pierrot; ou bien vous me laisserez la boîte, les tuyaux, et tout, sauf votre permission, et, quand je vous aurai vu travailler encore une couple d'heures, je saurai peut-être bien m'en servir.

Le médecin eut beau se mettre en fureur, il fallut céder bon gré mal gré, et rester encore deux heures entières. Ce temps expiré, Pierrot, qui commençait à désespérer lui-même, laissa sortir son prisonnier. Il resta seul alors, au chevet du lit, immobile, dans un morne abattement; il passa ainsi le reste du jour, sans bouger, les regards fixés sur Margot. La nuit venue, il se leva, et pensa qu'il était temps d'aller prévenir le bonhomme Piédeleu de la mort de sa fille. Il sortit de la chaumière, et ferma sa porte; en la fermant, il crut entendre une voix faible qui l'appelait; il tressaillit et courut au lit, mais rien ne remuait; il jugea qu'il s'était trompé : c'en fut assez cependant de cet instant d'espérance pour qu'il ne pût se décider à quitter la place.

— J'irai aussi bien demain, se dit-il, et il se rassit au chevet.

En regardant attentivement Margot, il crut remarquer tout à coup un changement sur son visage. Il lui semblait que, lorsqu'il avait voulu la quitter, elle avait les dents serrées, et maintenant ses lèvres étaient entr'ouvertes; il s'empara aussitôt de l'instrument du docteur, et essaya de souffler comme lui dans la bouche de Margot, mais il ne savait comment s'y prendre; le tuyau ne s'adaptait pas bien à la vessie. Pierrot s'épuisait à souffler, et l'air se perdait; il versa quelques gouttes d'ammoniaque sur les lèvres de la malade, mais elles ne purent pénétrer dans sa gorge; il eut de nouveau recours au tuyau; rien ne réussissait.—Quelles sottes machines, s'écria-t-il enfin, lorsqu'il fut hors d'haleine; tout ça n'est rien et ne fait rien qui vaille. Il jeta l'instrument, s'inclina sur Margot, posa ses lèvres sur les siennes, et, dans un effort désespéré, soufflant de toute la force de ses robustes poumons, il fit pénétrer l'air vital dans la poitrine de la jeune fille; au même instant, la cendre s'agita, deux bras mourants se soulevèrent, puis retombèrent sur le cou de Pierrot. Margot poussa un profond soupir, et s'écria :—Je gèle, je gèle!

— Non, tu ne gèles pas, répondit Pierrot, tu es dans de la bonne cendre chaude.

— Tu as raison; pourquoi m'a-t-on mise là?

— Pour rien, Margot; pour te faire du bien. Comment te portes-tu à présent?

—Pas mal; je suis seulement bien lasse; aide-moi un peu à me lever.

Le bonhomme Piédeleu et Madame Doradour, avertis par le médecin, entrèrent dans la chaumière au moment où la noyée, à demi nue, nonchalamment penchée dans les bras de Pierrot, avalait une cuillerée d'eau de cerises.

— Ah! çà, qu'est-ce que vous venez me chanter? s'écria le bonhomme. Savez-vous bien que ça ne se fait pas, de venir dire aux gens que leur fille est morte! Il ne faudrait pas recommencer, mille tonnerres! Ça ne se passerait pas comme ça.

Et il sauta au cou de sa fille. — Prenez garde, cher père, dit celle-ci en souriant, ne me serrez pas trop fort; il n'y a pas encore bien longtemps que je ne suis plus morte.

Je n'ai pas besoin de peindre la surprise, la joie de madame Doradour et de tous les parents de Margot, qui arrivèrent les uns après les autres. Gaston et mademoiselle de Vercelles vinrent aussi, et madame Doradour ayant pris le bonhomme à part, il commença à comprendre de quoi il s'agissait. Les conjectures qu'on avait faites trop tard, avaient aisément tout expliqué. Lorsque le bonhomme eut appris que l'amour était la cause du désespoir de sa fille, et qu'elle avait failli payer de sa vie son séjour chez sa marraine, il se promena quelque temps de long en large. — Nous sommes quittes, dit-il enfin brusquement à madame Doradour. Je vous devais beaucoup, et je vous ai beaucoup payé. Il prit alors sa fille par la main et la mena dans un coin de la chaumière. — Tiens, malheureuse, lui dit-il en lui montrant un drap préparé pour servir de linceul, prends ça, et si tu es une honnête fille, garde-le pour moi et ne t'avise plus de te noyer. Il s'approcha ensuite de Pierrot, et, lui donnant une bonne tappe sur l'épaule : Parlez donc, monsieur, lui dit-il, qui soufflez si bien dans la bouche des filles. Est-ce qu'il ne faut pas qu'on te le rende, cet écu que tu as donné au docteur?

— Monsieur, s'il vous plaît, répondit Pierrot, je veux bien qu'on me rende mon écu, mais je ne veux pas davantage, entendez-vous? non pas par fierté, mais c'est qu'on a beau n'être rien dans ce monde...

— Va donc, bêta! répliqua le bonhomme en lui donnant une seconde tape, va donc un peu soigner ta malade; ce gaillard-là lui a soufflé dans la bouche, mais il ne l'a seulement pas embrassée.

IX

Dix ans s'étaient passés. Les victorieux désastres de 1814 couvraient la France de soldats. Enveloppé par l'Europe entière, l'Empereur finissait comme il avait commencé, et retrouvait en vain, au terme de sa carrière, les inspirations des campagnes d'Italie. Les divisions russes, en marche sur Paris par les rives de la Seine, venaient d'être mises en déroute au combat de Nangis, où dix mille étrangers avaient succombé ; un officier, gravement blessé, avait quitté le corps d'armée commandé par le général Gérard, et gagnait, par Etampes, la route de la Beauce. Il pouvait à peine se tenir à cheval ; épuisé de fatigue, il frappa un soir à la porte d'une ferme de belle apparence, où il demanda un gîte pour la nuit. Après lui avoir donné un bon souper, le fermier, qui n'avait pas plus de vingt-cinq ans, lui amena sa femme, jeune et jolie campagnarde à peu près du même âge et déjà mère de cinq enfants. En la voyant entrer, l'officier ne put retenir un cri de surprise, et la belle fermière le salua d'un sourire. — Ne me trompé-je pas? dit l'officier; n'avez-vous pas été demoiselle de compagnie auprès de madame Doradour, et ne vous appelez-vous pas Marguerite?

— A votre service, répondit la fermière, et c'est au colonel comte Gaston de la Honville que j'ai l'honneur de parler, si j'ai bonne mémoire. Voici Pierre Blanchard, mon mari, à qui je dois d'être encore au monde; embrassez mes enfants, monsieur le comte : c'est tout ce qui reste d'une famille qui a longtemps et fidèlement servi la vôtre.

— Est-ce possible? répondit l'officier; que sont donc devenus vos frères?

— Ils sont restés à Champaubert et à Montmirail, dit la fermière d'une voix émue, et, depuis six ans, notre père les attendait.

— Et moi aussi, poursuivit l'officier, j'ai perdu ma mère, et, par cette seule mort, j'ai perdu autant que vous. A ces mots, il essuya une larme.

— Allons, Pierrot, ajouta-t-il gaiement en s'adressant au mari et en lui tendant son verre, buvons à la mémoire des morts, mon ami, et à la santé de tes enfants! Il y a de rudes moments dans la vie; le tout est de savoir les passer.

Le lendemain, en quittant la ferme, l'officier remercia ses hôtes, et, au moment de remonter à cheval, il ne put s'empêcher de dire à la fermière :

— Et vos amours d'autrefois, Margot, vous en souvient-il?

— Ma foi, monsieur le comte, répondit Margot, ils sont restés dans la rivière.

— Et avec la permission de monsieur, ajouta Pierrot, je n'irai pas les y repêcher.

FIN DE MARGOT.

Toutes les Nouvelles contenues dans ce volume ont paru pour la première fois dans la *Revue des Deux Mondes*, du 1er août 1837 au 1er octobre 1838.

FIN DU TOME SIXIÈME.

TABLE

DU TOME SIXIÈME.

Emmeline...	1
Les Deux Maitresses..	69
Frédéric et Bernerette..	159
Le Fils du Titien...	237
Margot...	309

www.ingramcontent.com/pod-product-compliance
Lightning Source LLC
Chambersburg PA
CBHW060610170426

43201CB00009B/967